30 分钟教会你

软文营销

十类软文的写作技巧

周慧敏◎编著

中国铁道出版社有限公司
CHINA RAILWAY PUBLISHING HOUSE CO., LTD.

内 容 简 介

医疗、房地产、服装、美容、食品、数码、旅游、汽车、教育、游戏等热门行业的软文写作技巧、营销方法与成功案例相结合，可现学现用，让营销效果立竿见影。

本书结构清晰，案例丰富，实用性强，适合广大对软文写作感兴趣的人士，特别适用于医疗、房地产、服装、美容、食品、数码、旅游、汽车、教育、游戏等热门行业的营销人员；希望通过软文这个新领域获得第一桶金的投资者、创业者、各类企业的营销经理、广告策划人员、产品经理、软文开发部门经理，以及企业的决策者。同时也适用于电子商务专员、政府媒体工作人员以及相关专业的学生等。

图书在版编目（CIP）数据

30 分钟教会你软文营销：十类软文的写作技巧 / 周慧敏编著 . —北京：中国铁道出版社，2016.5（2022.1 重印）

ISBN 978-7-113-21198-1

Ⅰ . ① 3… Ⅱ . ①周… Ⅲ . ①市场营销学－文书－写作 Ⅳ . ① F713.50

中国版本图书馆 CIP 数据核字（2015）第 297673 号

书　　名：30 分钟教会你软文营销：十类软文的写作技巧
作　　者：周慧敏

责任编辑：张亚慧　　编辑部电话：(010) 51873035　　邮箱：lampard@vip.163.com
封面设计：MXK DESIGN STUDIO
责任印制：赵星辰

出版发行：中国铁道出版社有限公司（100054，北京市西城区右安门西街 8 号）
印　　刷：佳兴达印刷（天津）有限公司
版　　次：2016 年 5 月第 1 版　　2022 年 1 月第 4 次印刷
开　　本：700 mm×1 000 mm　1/16　印张：20　字数：389 千
书　　号：ISBN 978-7-113-21198-1
定　　价：58.00 元

前言 Foreword

写作驱动

软文已经成为各大行业主要的营销方法，现如今，效果显著的软文被广泛应用于医疗、房地产、服装、美容、食品、数码、旅游、汽车、教育、游戏等多个热门行业。

软文是生命力最强的一种广告形式。固然，越来越多的行业每天都会有软文广告的发布，但效果不佳，那是因为人们没有完全掌握住软文写作的方法与技巧，不懂得每个行业都有属于自身特点的软文撰写方式。因此，笔者才想推出此书，让大家能在30分钟内快速、有效率地学习软文的写作。

笔者写下自己的经历、见阅，最终的目的是让每一个读者都能更加了解软文的魅力，让读者不仅是从理论出发，还提供不少的案例，让读者更加清晰明了地了解软文写作、使用不同行业间的写作技巧等。

本书不是鸿篇大论的理论指导书，而是一本侧重实际应用的案例实战宝典，既帮助对软文感兴趣的读者全面掌握软文写作技巧，更对想通过使用软文解决实际问题的读者提供操作方法。

内容特色

（1）详细具体，体系完整，通过十大行业精解：从理论到细分行业并进行了专题内容的详解，包括医疗、房地产、服装、美容、食品、数码、旅游、汽车、教育、游戏10种行业的软文写作，集理论指导、成功案例于一体，帮助读者彻底认识和学习到软文的写作。

（2）图文结合，内容全面、专业性强：不仅讲述了软文写作的相关理论知识，同时还结合图片，通过行业案例，指导帮助读者彻底认识、玩转软文的写作。

（3）案例丰富，列举100多个案例分析：全面剖析当前各大热门行业对软文写作的技巧与方法，并配以经典案例和一线营销人员的独到见解，分析大量的真实案例，告诉各位读者轻松玩转软文写作的具体方法和技巧。

适合人群

本书适合广大对软文写作感兴趣的人士，特别适合医疗、房地产、服装、美容、食品、数码、旅游、汽车、教育、游戏等热门行业的营销人士；希望通过软文这个新领域获得第一桶金的投资者、创业者、各类企业的营销经理、广告策划人员、产品经理软文开发部门经理，以及企业的决策者。同时也适用于电子商务专员、政府媒体工作人员以及相关专业的学生等。

编 者

2016年1月

目录 Contents

第3章　医疗类软文

第4章　房地产类软文

第5章 服装类软文

第6章 美容类软文

第8章 数码类软文

第9章 旅游类软文

第10章 汽车类软文

第12章　游戏类软文

第1章

告别"菜鸟"：软文基础写作必知

不管互联网怎样的快速发展，都不会让人们将软文给替换掉，软文不管在哪里都能与其他营销手段结合起来，为企业赚取更大的财富。当然，软文的写作是必须学会的，只有将写作技巧、方法、规则都学会了才能让软文发挥它独有的作用。

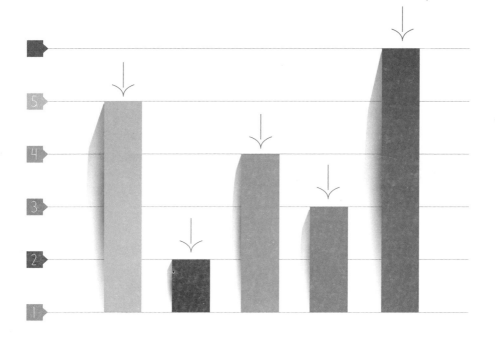

1.1　软文就是写文章——绝对不是

有很多企业认为"软文=文章"，其实不然，两者之间还是有很大的区别，下面就从软文与文章的区别开始了解，慢慢进入软文的大世界。

1.1.1　软文PK文章，从概念开始

在生活中，有很多文章都围绕在人们的身边，例如，小时候学的《沁园春·长沙》，通过作者对长沙秋景的描绘和对青年时代革命斗争生活的回忆，让人们感受到了革命青年对国家命运的感慨和以天下为己任，蔑视反动统治者，改造旧中国的豪情壮志，激起读者心中的涟漪。

又如，很多著名的散文作家——冰心、林清玄、安东尼等所写的文章，就算他们的散文不著名，但读者一看到软文就能快速联想到作者是谁。

因为他们文章的语言都具有自己的风格和特点，做到"风格即人，文如其人"，文章与文章之间能因为作者的不同而区别开。

很多文章的作者达不到让读者一读自己的文章就能知道作者是谁的高度，但是在文章作者心中，是热爱创作的，是在文章上进行执著地追求和努力，他们在写作上永远有一种执着的精神不断地提醒自己，继续撰写富有自己风格的文章，如图1-1所示。

文章有时候会做到，语不惊人死不休的境界，不会去迎合读者的心思，文章作者会以"文品即人品"，来提高自己的思想境界，这样才能使得自己站得高、看得远，写出的文章才会有高度、有境界。

图1-1　文章作者的写作劲头

一篇好文章，能让读者感受到作者在文章中所传达的精神与风骨，看到作者的灵魂和品格，达到"文章之内见真情，文章之外见真人"的高度境界。

并且好的文章一定会具有深刻的思想内涵、思想高度和境界，读者可以从文章的字里行间，感受到作者一种伟岸的形象，一种精神气质，真实不虚假的情感，给读者一股无形的力量。

说了这么多，下面来介绍什么是软文。

软文还有一个不文雅的名字，就是"伪原创"，而什么是"伪原创"呢？顾名思义，就是借鉴别人的文章，进行修改，变成自己的东西。而这只是软文字面上的一种理解，其实软文相对于文章来说，比较烦琐。

软文有浓厚的"广告"成分，它不像传统广告那样，直接、生硬地将广告信息传达给消费者，而是将广告藏进文字中，让广告信息好似绵里藏针，收而不露，克敌于无形，等到读者发现这是一篇软文之时，已经掉入被精心设计过的"软文广告"陷阱中。

更加简单、直白地说，**软文就是以文字的形式对企业产品进行推广，来促进销售**。软文具有两种定义，如图1-2所示。

图1-2　软文的两种定义

1. 宣传软文

宣传软文是指通过策划，在杂志、网络、APP、报纸、手机短信等宣传载体上刊登的可以提升企业品牌形象和知名度，或可以促进企业销售的一些宣传性、阐释性的文章，其中也包括特定的新闻报道、付费短文广告、媒体访谈等。

例如，在网络上会出现很多手机、电脑等数码产品的评测文章、发布文章，而这些都属于软文宣传的一类，下面就来看一篇关于彩色iPhone6定制版的宣传软文：《苹果iPhone6惊现粉色版，真相竟是这样！》，如图1-3所示。

苹果iPhone6惊现粉色版，真相竟是这样！

责任编辑　2015-09-14 10:21:00 [██████ 在线 原创]　作者：██飞　责编：██飞

★ 收藏文章　　✎ 分享到 ∨　　💬 评论(191)

　　苹果iPhone 6S已经推出粉色版，很少有人知道iPhone 6/6 Plus也有女人粉，近日一组彩色 iPhone6 /6 Plus现身网络，和官方售卖的黑白金不一样，这些iPhone不仅有女生喜欢的粉色，玫红色、紫色、蓝色等多种色系也一并亮相，不少网友看后表示非常喜欢，纷纷询问去哪儿购买？笔者查询苹果官网发现并没有开卖，那么彩色iPhone6/6 Plus 怎样才能买到呢？经过一番调查笔者发现，这其实是专业团队推出的iPhone6系列定制服务，任何用户都可以购买彩色iPhone定制版，或者由I Color专业团队上门为已经购买iPhone6系列的用户更换彩色后壳。

图1-3　宣传软文

2. 付费文字广告

　　付费文字广告，是指企业花钱在报纸或杂志等宣传载体上刊登的文字广告，如图1-4所示。

图1-4　付费文字广告

下面总结一下软文与文章之间的区别，如图1-5所示。

软文	文章
软文主要核心目的是：推广企业的产品、品牌	文章主要核心目的是：作者抒发自己的情感
软文追求的是一种春风化雨、润物无声的传播效果	文章追求的是一种突出作者风格和特点的效果
软文，大多数都是软文撰写者借鉴别人的	文章是原创的，是作者精心撰写出来的
软文中会有推广企业的名称、品牌、产品	文章几乎没有广告，都是一些作者真实想表达的事物、情感
软文不需要太丰富的写作经验和技巧，在文笔方面没有太多的要求	一篇好的文章是需要作者具有足够能抓住读者内心的文笔

图1-5 软文与文章之间的区别

TIPS：

软文不一定全是"伪原创"，这全凭软文撰写者的喜好，最好的软文撰写者一天能在众多的软文之中发布几篇高质量、原创的软文，这样可能在其他软文竞争者中脱颖而出，被消费者赏识。

1.1.2 软文PK文章，从要素结束

不管是软文还是文章，都需要一个个要素结合起来，才能变成一篇合格的作品，下面就从写作要素着手，来打破"软文=文章"的误言。

对于文章来说，一般具有3个写作要素，如图1-6所示。

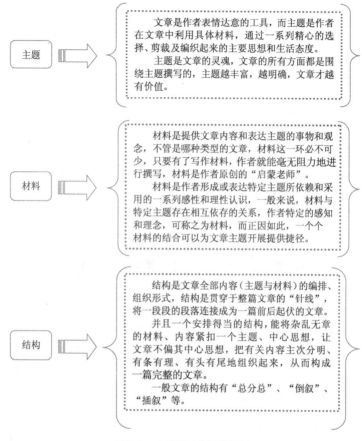

图1-6 文章的3个写作要素

了解文章的写作要素之后，下面来了解软文的写作要素，如图1-7所示。

1. 素材

软文的写作，不是拍摄科幻电影，不是写武侠小说，要的不是天马行空的想象和跳跃的构思，而是立足于素材之上的一种创作。

素材一般来自软文撰写者的积累，来自采访，来自阅读，来自于思考。只要有了足够的积累，就能在写作时候随时将它们拿出来用，而不是绞尽脑汁地去编。

正如"巧妇难为无米之炊"，素材即"米"，无米则无法"下锅"。所以，只要软文撰写者拥有素材，软文必定也能快速出炉。当然，素材都基于软文撰写者对日常生活的留心，软文的撰写没有捷径，属于一个日积月累的过程。

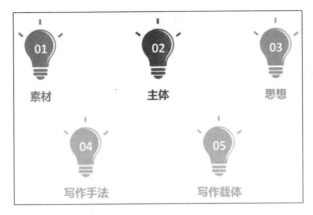

图1-7 软文的4个写作要素

2. 主体

软文中的主体是指"核心主角"，而这里的"主角"指的并不仅仅是一个人，而是所成立的事物，如企业、品牌、产品、网站等。

软文撰写者在写软文之前，需要将软文主体确定下来，并且明确软文主体的发展方向：是为了打响企业品牌？是单纯地用来表明作者的观点？是为了推广网站，追求网站知名度？还是为了推广某类某款产品，以期达到一定的销售目的等。

总之，软文写作之前，主体一定要确定好，这样才能达到软文的效果，才能使得软文不偏离核心思想，从而才能达到软文撰写者撰写软文的目的。

3. 思想

思想，能决定写作的层次，决定软文的最终成败。一篇富有独特思想、正确见解的软文，能得到不少的读者进行"围观"。一般来说，写作是作者的思想展现、表达，是作者对人生的感慨、感悟、感叹，是对自己身边事物的回忆、回想。

总之，文章就是作者的思想层次、思考特点与思维整理。而对于软文来说，思想是一个吸引读者的利器，是软文撰写者提高思维水平、写作层次、思考能力的核心要素之一。

4. 写作手法

对于软文来说，写作手法是将素材与软文内容进行加工、整理的手段。写作手法追求两点，如图1-8所示。

技巧
有一套适合自己的软文技巧

文风
写作的风格，富有特色

图1-8 软文写作手法的特点

虽说软文没有文章那么高的"门槛"，需要有一定的文采，才能展现在大家的眼前，但还是需要追求文风的，一个独一无二的文风，能在如今这个铺天盖地都是软文的时局中，成为一个独特的、具有吸引力的"大赢家"。

每个软文撰写者最好都要具有自己的软文写作技巧，这样才能快速写出软文，使写作水平变得成熟。

TIPS：

软文撰写者，最好是先找到软文的写作技巧，再来规定自己的写作风格，这样循序渐进、步步成长，才能使得软文发挥营销效果。

5. 写作载体

软文撰写者在写软文之前还要确定好软文发布的渠道，届时软文撰写者可以根据发布渠道的特点，来撰写软文，这样会有事半功倍的效果。

一般写作载体是纸媒体，是指报纸、杂志等，而网络媒体是指网站、论坛等地方，并且纸媒体与网上写作不同，网上写作和网站写作又不同，给不同的媒体写文章又各有特点。

作者只有对各种载体的特点和发文方式具有一定的了解和研究，掌握软文写作载体的特点，才能掌握软文发表的根本源头。

TIPS：

总的来说，软文写作除了要找到写作载体、确立软文思想，以及主题并非只是"人"之外，还与文章有异曲同工之妙。

1.2　软文就是要玩新鲜

软文不是那种中规中矩的、图片类的文章，它是一种需要让读者感到新鲜、有趣的文章，下面就从"痛点"和场景两个方面来讲解软文的写作技巧。

1.2.1　软文需要"痛点"

企业想要让自己的软文能成功地吸引读者的注意力，就需要将软文变得有吸引力，而这种吸引力可以在"痛点"中获取。

那么"痛点"是什么呢？"痛点"是指读者在正常的生活当中所碰到的问题、纠结和抱怨，如果这件事情不能得到解决，那么读者就会浑身不自在，会让他感到痛苦，这就是读者的"痛点"。

而软文撰写者能想办法将读者存在的"痛点"体现在软文中，并且给予解决方法，那么这样一篇软文，必会吸引一部分读者的注意力。

例如，王老吉的一句"怕上火，就喝王老吉"，堪称经典，如图1-9所示。

图1-9　王老吉"痛点"软文广告

【分析】：

"上火"算是一个人们在生活中都会遇到的问题。比如，在炎热的夏天，有一部分人，对香辣火锅情有独钟，于是不畏上火，一心投入火锅的"怀抱"中，还有一部分人，也同样钟爱火锅，可是怕自己在这炎热的夏天上火，导致不敢吃，于是就选择放弃吃火锅，而去选择其他的食物，届时很有可能会影响人们的食欲，影响他们正常的生活所需。

因此，王老吉以"怕上火，就喝王老吉"为软文广告语，以"怕上火"来点出正在困扰消费者的问题，再以"就喝王老吉"来解决消费者的困扰，名正言顺地提出来告诉消费者："我能帮你解决这个问题"，如此一举在当时获得不小的成就。

又如，脑白金以"过节还收脑白金"来解决消费者的"痛点"。图1-10所示为脑白金的软文广告。

其软文广告语的核心就是为了解决消费者送礼的困惑，人们在想送礼的时候，不知道买什么样的礼品，从而开始纠结起来，而这种纠结也就属于消费者"痛点"的范畴。

于是脑白金抓住了"送礼"的"痛点"，来帮助消费者选择送礼时的礼物，成为用户心中送礼的优选。

总之，**消费者在生活当中所担心的、纠结的、不方便的问题，就称为"痛点"。**软文撰写者需要做的就是发现消费者的"痛点"，以这个"痛点"为核心，找到解决"痛点"的方法，并且将方法和企业产品联系在一起，最后堂而皇之融入软文的主题中，明确地告诉读者一种思想，让他们沉浸在软文的糖衣炮弹中，寻求解决问题的方案，如图1-11所示。

图1-10 脑白金"痛点"软文广告

图1-11 "痛点"软文告诉读者的思想

一般来说，企业需要从连点出发，来寻找关于消费者的"痛点"：

● 企业需要对消费者的消费心理有充分的解读。

● 企业需要对自己的产品和服务有充分的了解。

"痛点"是一个长期观察挖掘的过程，不可能一蹴而就，很多企业都面临着一个问题，就是如何寻找"痛点"，"痛点"其实并没有企业想象中那么难找。

企业对于"痛点"的寻找，有以下两点必须需要注意：

- 对自身的产品和服务有充分的了解，还有就是对竞争对手的产品或服务有充分的了解。

- 对消费者消费心理有充分的解读。

TIPS:

　　"痛点"是一个长期观察挖掘的过程，不可能一蹴而就，这些都是细节上的问题，都是消费者最敏感的细节，企业挖掘一到两个细节，感同身受地体会自己的需求与冲动点，才能够挖掘到消费者的"痛点"。这样的软文才能触动读者的心弦。

1.2.2　软文需要场景

　　软文并不只是用文字堆砌起来就完事了，而是需要用平平淡淡的文字拼凑成一篇带有画面的文章，让读者能边读文字，边想象出一个与生活息息相关的场景，只有这样才能更好地吸引读者继续阅读的兴趣。

　　一般软文撰写者在撰写软文场景时，可以从两个方面出发，如图1-12所示。

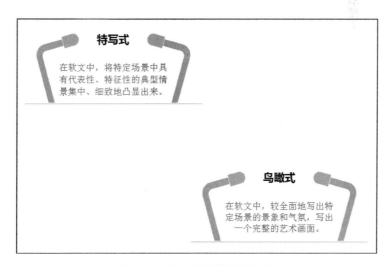

图1-12　软文场景的撰写方法

1.3 标题应该这样写

标题对于软文来说，是不可忽视的一部分，可以这么理解，若是软文标题没有具有吸引读者的效果，那么整篇软文必定不会被读者点击查看，所以对于软文来说，标题是非常重要的，下面就来了解各种常用的软文标题。

1.3.1 一本正经式标题

一本正经式标题一般都是比较正规的，就像新闻一样，能给人一种让人信赖的感觉，这类软文标题在新闻类网站经常看见。**一本正经式标题有单行、双行等多种形式，只需清楚描述时间、地点、人物等几个基本的要素即可**，如图1-13所示。

360与酷派和解持股增至75% 酷派或逐渐淡出奇酷

阅读:802 评论:1

搜狐科技获悉，360公司今天正式对外宣布，公司已与酷派集团就双方合资公司奇酷科技的股权调整问题达成了新协议。酷派持有奇酷科技股份将由50.5%降至25%，而360所持奇酷科技股份将增加到75%。

为何二手车也有很大市场？

我们都知道，买车当然喜欢买新车，但为何二手车作为一种二手货也会有很大的市场存在，除了价格外，还有什么原因？

小长假"红色旅游"大热 青年游客是主力军

2015年09月10日18:35

在纪念抗战胜利暨世界反法西斯战争胜利70周年之际，全国各地掀起了红色旅游热潮。国家旅游局值班室9月5日监测显示，各大红色旅游景区人气爆棚，并将持续至国庆节黄金周。

图1-13 一本正经式标题

TIPS:

由于一本正经式标题经常出现在新闻类网站中，所以具备了新闻标题的特点，有一针见血般的权威性，这样编辑出来的软文放在网站的"企业新闻"或"行业新闻"等类似的栏目中，也会显得比较有权威性。

1.3.2 疑团式标题

在软文营销中用疑团式标题，可以引发读者的思考，使读者自然而然地跟着作者的思路进行阅读、思考。

企业在设置软文营销中的疑团式标题之前，需要将答案设置好，然后**根据答案再来设置疑团标题，毕竟疑团是为了答案服务的**，如果过于设置标题的噱头，而答案平实无质量，只会变成恶意炒作。

下面就来看几篇疑团式标题示例，如图1-14所示。

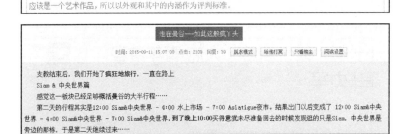

图1-14 疑团式标题

疑团式标题往往要更增加软文内容的可读性，否则疑团设置后，内容太苍白或者太过于常规会给读者一种失望的感觉，从而在读者心中大打折扣，很有可能对企业的美誉度具有一定的影响。

TIPS:

疑团式标题贯穿于现实和网络中，如果在软文营销中不抓住悬疑式标题，那真可谓是错失良机。但是企业不要看中了一样东西就猛地往里撞，应该掌握一些技巧。

要谨记软文中的疑团式标题仅仅只是为了设置疑团，这样可以博取大众1～3次的眼球，很难长久，如果内容太无趣、无法达到软文引流的目的，那就是一篇失败的软文，会导致软文营销活动也随之付之东流。

所以企业在软文营销中设置悬疑式标题的时候需要非常慎重，并且要有较强的逻辑性，切忌为了标题走钢索，而忘却了软文营销的目的和软文的质量。

1.3.3　直接式标题

所谓直接式标题就是直奔主题，将软文中核心主题直接体现在标题上，直接把企业品牌、产品以及主打的内容通过标题透露给读者，这样既可以节省读者的浏览时间，又可以使企业的产品或品牌曝光到目标客户或潜在客户的视野中，增加产品销量、品牌关注度、企业美誉度。

图1-15所示为直接式标题。

39元就送卡!KFC《英雄联盟》主题餐今日开售

> 摘要　今年LOL四周年庆典上《英雄联盟》官方主张希望有更多的召唤师能够找到自己的玩伴，并在四周年庆典上宣布将于肯德基相聚在一起。给予玩家"边吃边撸"的畅爽体验！等待了许久，肯德基《英雄联盟》主题套餐今日发售。据称，最低39元套餐就送卡，随机皮肤CDK。

小长假"红色旅游"大热 青年游客是主力军

 喜欢 0

T 小字　T 大字

| 2015年09月10日18:35

在纪念抗战胜利暨世界反法西斯战争胜利70周年之际，全国各地掀起了红色旅游热潮。国家旅游局值班室9月5日监测显示，各大红色旅游景区人气爆棚，并将持续至国庆节黄金周。

图1-15　直接式标题

1.3.4 比对式标题

比对式标题是通过与竞争对手同类产品进行的对比，来突出自己产品的优点，加深读者对产品的认识。

比对式标题还可以加入悬念式标题的手法，能更加突显出标题的特色，吸引读者的注意力，这样的软文既用了对比，又有悬念，很符合当代大众的口味，如《思想的天使，肉体的魔鬼》、《上海只适合XX，不适合XX》等。

图1-16所示为对比式标题。

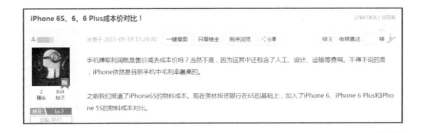

图1-16 比对式标题

1.3.5　分享式标题

　　分享式标题一般深受读者的喜爱，这样的文章给读者感觉有很强的层次性，对写手的逻辑性要求也很高，通过对大量文章的阅读对比给读者一个眼前一亮的结果，简单而明了，这给读者们省去不少时间。

　　分享式标题一般吸引读者的地方在于分享经验，这是很多读者所喜欢的，如图1-17所示。

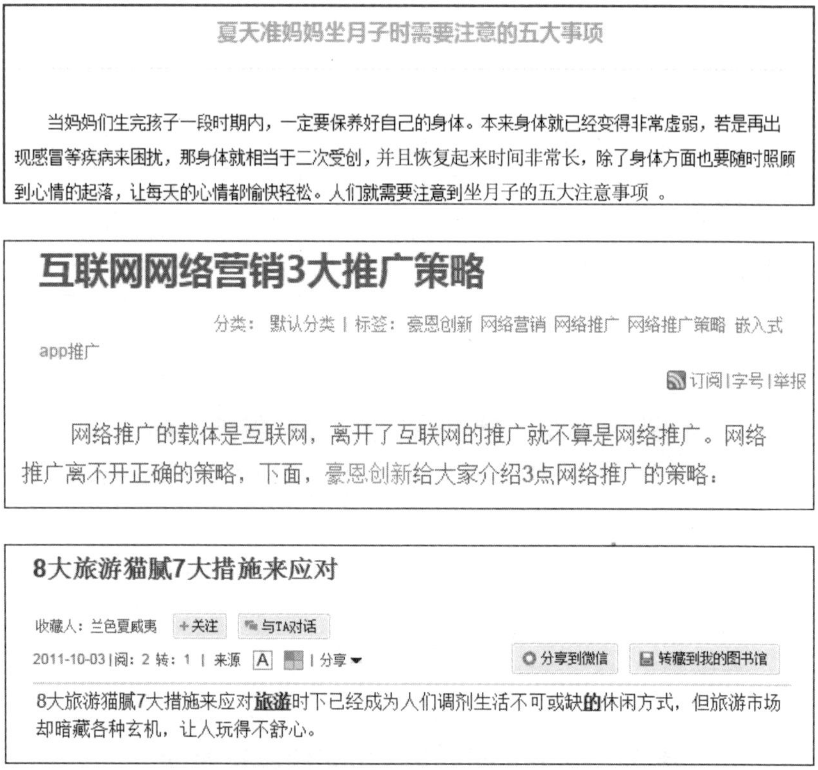

　　　夏天准妈妈坐月子时需要注意的五大事项

　　当妈妈们生完孩子一段时期内，一定要保养好自己的身体。本来身体就已经变得非常虚弱，若是再出现感冒等疾病来困扰，那身体就相当于二次受创，并且恢复起来时间非常长，除了身体方面也要随时照顾到心情的起落，让每天的心情都愉快轻松。人们就需要注意到坐月子的五大注意事项 。

　互联网网络营销3大推广策略

　　　　　　分类：默认分类 | 标签：豪恩创新 网络营销 网络推广 网络推广策略 嵌入式
app推广

　　　　　　　　　　　　　　　　　　　　　　　　📶订阅|字号|举报

　　网络推广的载体是互联网，离开了互联网的推广就不算是网络推广。网络推广离不开正确的策略，下面，豪恩创新给大家介绍3点网络推广的策略：

　8大旅游猫腻7大措施来应对

收藏人：兰色夏威夷　+关注　💬与TA对话
2011-10-03|阅：2 转：1 | 来源 A |　| 分享▾　　　◎ 分享到微信　🔖 转藏到我的图书馆
8大旅游猫腻7大措施来应对 **旅游**时下已经成为人们调剂生活不可或缺的休闲方式，但旅游市场却暗藏各种玄机，让人玩得不舒心。

图1-17　分享式标题

16

第2章

告别平庸：软文技巧怎能不会

软文的写作，不管从哪些方面着手都是非常重要的，本章将从软文的标题入手，以7个小技巧，来展示出常见的软文标题写作，以10个注意事项，为想学习软文写作的人群指引软文写作的正确道路。

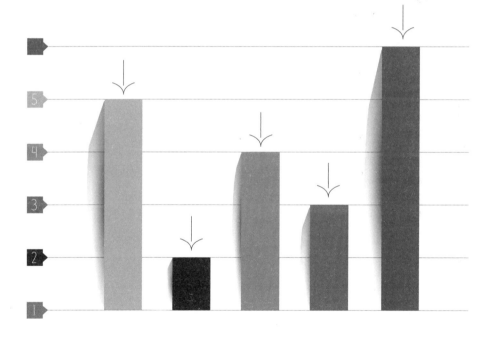

2.1 标题也是讲究设计的

如今是一个快节奏的时代，人们通常以第一印象来判定是否继续了解、深入下去，面试如此，相亲如此，人们选择阅读书籍亦是如此。

而对于软文来说，"第一印象"就落在标题上。通常情况下，软文的标题是最先接触读者的，如果将两篇内容一样，一个标题普通，一个标题有趣的软文，同时放在读者的面前，可想而知，读者必然会选择那个能吸引到他的标题文章，而一个有趣的标题必然比普通标题要更吸引读者。下面就来探究一下软文标题的7种技巧。

2.1.1 符号标题

软文标题的一大重任就是为了吸引读者的兴趣，让读者愿意阅读标题下的内容，一般在软文中可以适当使用一些标点符号，这样会有妙笔生花的作用。

在软文标题中，尽可能地只出现一次符号为好，因为太多的符号会给读者一种凌乱感，从而影响读者的阅读兴趣，如图2-1所示。

图2-1 标题符号繁多与简洁之间的对比

下面来了解几个在标题中常见的标点符号，如图2-2所示。

1. 感叹号

一般在软文标题中出现感叹号"！"，主要可以抒发6种感情，引起读者的兴趣，如图2-3所示。

图2-2　标题中常见的标点符号

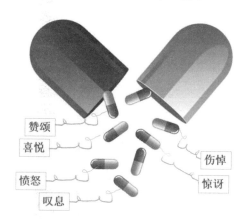

图2-3　感叹号在标题中可以抒发的情感

图2-4所示为几个带有感叹号的软文标题。

2015全球微型摄影机十大品牌全新排名！

http://www.██████.com　　2015年09月15日16:23　　来源：███电子网　　T|T

　　微型摄影机，是一种小体积、个性化的机器，主要包含运动摄影机、数码摄影机、监控摄影机、行车记录仪几大类，作为一种全新影像语言，不用依靠复杂的器材随时能将身边的精彩记录下来，越来越多的人将微型摄像机从极限运动应用到普通的日常生活中。

懒女孩挚爱食谱　"1菜N吃"轻松解决三餐！

2015-09-16 来源：███尚网

　　每周都有忙不完的工作，干不完的活儿，到了周末还要为一日三餐操心，这日子过得就太过"艰辛"了。但其实对于有些懒女孩来说这根本不叫事儿。今天编者就为你揭秘懒女孩们的挚爱食谱，1菜N吃法让你轻松解决一日三餐。

图2-4　带有感叹号的标题

挑战舌尖上的美味，3D食物打印机来了！

2015-09-21 20:08:37　打印　打印机　食物　👁 阅读(2493)　💬 评论(0)

举报

导读

　　一个家庭的核心是让生活变得更加高科技。据报道，台湾厂商XYZ研发了一款3D食物打印机，它可以将各种生鲜食材混合处理并打印成可口的料理。而且这些食材事先并不需要经过烘焙等处理。

图2-4　带有感叹号的标题（续）

2. 冒号

　　在软文标题中加入冒号"："，可以用来隔开标题内容。当然，标点符号的作用远远不止于此。图2-5所示为几个带有冒号的软文标题。

流言揭秘：揉眼睛会导致散光吗？

2015-09-14 10:01:31　来源：▮▮▮.cn　作者：▮▮　责任编辑：▮锐

文章来源：科普中国微平台

当你的眼睛发痒或者干涩的时候，你会怎么做？很多小伙伴可能下意识的就会用手来揉一揉眼睛……

最近，在网络上有这样一条帖子在流传：千万别再揉眼睛了！因为有可能把视网膜揉掉，甚至爱揉眼睛的人都是散光！这条消息未免有点吓人，但也侧面阻止了大家揉眼睛的坏习惯。但是，揉眼睛真的会导致散光吗？

戳穿"伪微商平台"：90后微商自立门户

作者：▮▮▮网　来源：▮▮网　2015-09-16 06:00:37

　　【编者按】创业秀是亿邦动力网针对创业者推出的一档新栏目，用独特的视角、观察、勾勒电商新人的创业故事，每周一期。创业无大小，藉此展示创业者的梦想、远见、勇气和希望。

　　相比满大街的"微商女神"、"微商达人"，李萌应该可以称得上祖师级微商了。2012年刚毕业就开始利用微信、微博来销售产品的她认为，"服务型微商"才具有真正的价值和可持续发展性，而这些微商同样需要依托于一个货源、服务平台。

图2-5　带有冒号的标题

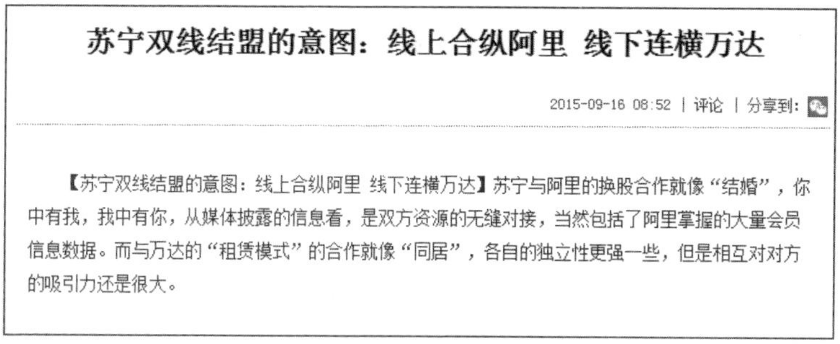

苏宁双线结盟的意图：线上合纵阿里　线下连横万达

2015-09-16 08:52 | 评论 | 分享到：

【苏宁双线结盟的意图：线上合纵阿里　线下连横万达】苏宁与阿里的换股合作就像"结婚"，你中有我，我中有你，从媒体披露的信息看，是双方资源的无缝对接，当然包括了阿里掌握的大量会员信息数据。而与万达的"租赁模式"的合作就像"同居"，各自的独立性更强一些，但是相互对对方的吸引力还是很大。

图2-5　带有冒号的标题（续）

3．问号

在软文标题中的问号"？"，可以将标题变成疑问句、设问句和反问句，给读者留下悬念。图2-6所示为几个带有问号的软文标题。

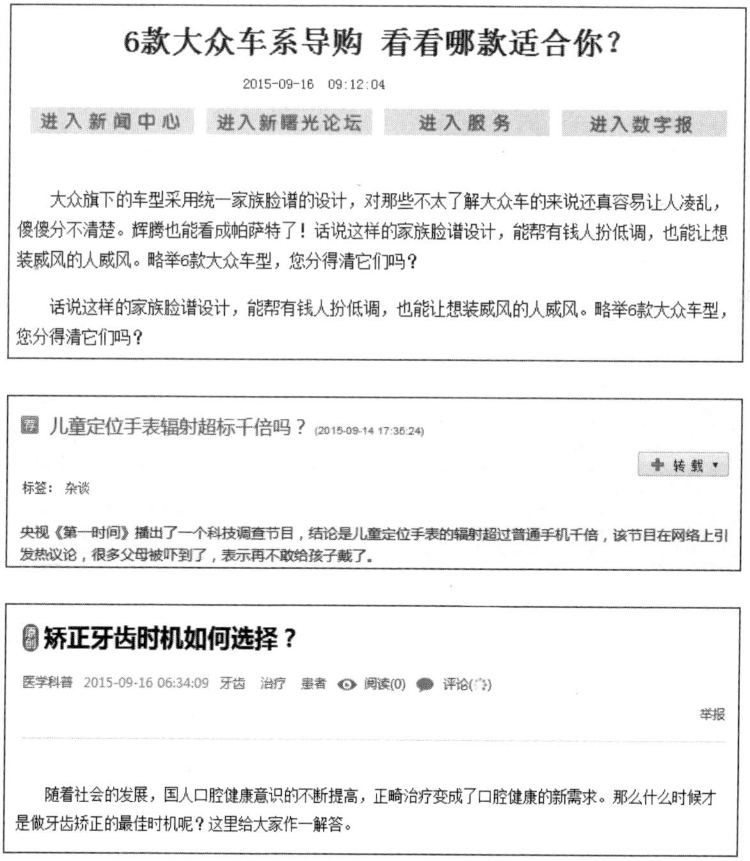

6款大众车系导购　看看哪款适合你？

2015-09-16　09:12:04

进入新闻中心　　进入新曙光论坛　　进入服务　　进入数字报

大众旗下的车型采用统一家族脸谱的设计，对那些不太了解大众车的来说还真容易让人凌乱，傻傻分不清楚。辉腾也能看成帕萨特了！话说这样的家族脸谱设计，能帮有钱人扮低调，也能让想装威风的人威风。略举6款大众车型，您分得清它们吗？

话说这样的家族脸谱设计，能帮有钱人扮低调，也能让想装威风的人威风。略举6款大众车型，您分得清它们吗？

儿童定位手表辐射超标千倍？ (2015-09-14 17:35:24)

＋ 转载 ▼

标签：杂谈

央视《第一时间》播出了一个科技调查节目，结论是儿童定位手表的辐射超过普通手机千倍，该节目在网络上引发热议论，很多父母被吓到了，表示再不敢给孩子戴了。

矫正牙齿时机如何选择？

医学科普 2015-09-16 06:34:09 牙齿 治疗 患者 ◎ 阅读(0) ○ 评论(0)

举报

随着社会的发展，国人口腔健康意识的不断提高，正畸治疗变成了口腔健康的新需求。那么什么时候才是做牙齿矫正的最佳时机呢？这里给大家作一解答。

图2-6　带有问号的标题

聊一聊英文分级读物，该如何读英文绘本？

萌芽研究所BUD 2015-09-15 10:58:20 童书绘本 幼儿英语 👁 阅读(948) 💬 评论(0)

为什么要阅读英文绘本？

英文绘本制作精美，形式多样，主题丰富。英语国家的英文绘本起步早，发展得比较成熟。形式多样，有布书、纸版书、翻翻书、洞洞书、玩具书等；主题丰富，涵盖小朋友生活成长的各个方面，相较于中文绘本更有优势。

图2-6　带有问号的标题（续）

4．破折号

在软文标题中带有破折号"——"，具有转接话题或语气的功能，常用解释说明某些事物，当语句较长时，就会在标题中使用破折号表明。图2-7所示为几个带有破折号的软文标题。

中国百强整形专家——罗奇谈"隆胸" [复制链接]

📄 发表于 2015-5-9 17:42:51 | 只看该作者 ▶

　　拥有一副玲珑浮凸的傲人身材是每个爱美女性的梦想，姣好的容颜傲人的身材更能令女性散发迷人魅力。但是即便天生丽质，也需要不断的呵护，"完美"往往需要付出代价。我身边有很多女性朋友，拥有了蜂腰翘臀但胸部平平，总是不能"挺"起胸来；还有些女性朋友有着姣好的面容，高挑的身材，但是自己所爱慕的"王子"还是拜倒在胸部丰满的"性感尤物"石榴裙下。如果你再完美一些，有一对丰满挺拔的美胸那么生活都会变的美妙绝伦。

波澜人生——我那平凡人生中不平凡的经历

😐 楼主：雨晴不对雨 时间：2015-08-10 11:02:00 点击：21266 回复：912 脱水模式 给他打赏 只看楼主 阅读设置
上一页 1 2 3 4 … 10 下页 到 页 确定

十年之功，鬼魅魍魉心中去，留得正气射苍穹

　　人有朝夕祸福，月有阴晴圆缺。人生，有时候挺奇怪的，你以为你张牙舞爪摆出一副天不怕地不怕的样子，世界就会给你让路，可是命运只需要轻蔑地一笑，一个巴掌便能把你扇得满地打滚，世界观重塑。我姓李，家中排行老幺，兄弟四人，最大的是大姐，上头也是一个小姐姐，天生是个带弟型的命。爸是村里建国后的第一任书记，那时候的集体生活物资虽然匮乏，吃肉要用粮票换，但兄弟姐妹几人还是日子过得自在，有几个小说也是个孩子王。湘西北地处丘陵，大小湖泊星罗棋布，在大哥二哥的带领下，没少浑水摸鱼，偷集体的东西糊嘴，不过也就最多是偷些吃的东西，那时候叫一个吃字。印象最深的是偷村头一个老头子屋后边的桃子，这老头子也是个妙人，家里没有秀才，自家的桃子总感觉我们吃得多，他吃得少，农村的夏天天乘凉，他总把一把破扇子在屋旁边老柳树下乘凉，那棵树也大，不知道多少年的树了，枝繁叶茂的，确实凉快。我可是盯树盯得最多的。

【干货】7天50场重磅活动——2015春季糖酒会活动最全攻略

| 正文 | 我来说两句(1人参与) | | 📱 扫描到手机 |

2015-03-16 10:29:23　　📱手机看新闻 | 保存到博客 🔳🔳 🖨

　　3月26日～28日，以"酒业新常态，消费新趋势"为主题的第92届全国糖酒商品交易会将在成都举行。记者收集了此次糖酒盛宴信息，让您一贴了解所有活动！

图2-7　带有破折号的标题

当然软文中不止只有以上几种标题符号能加入，还可以加入省略号"……"，给读者一种意犹未尽的感觉；加入双引号" "，让读者根据双引号下的词汇，无尽的遐想词汇所表达的意思等。

一般来说，同一个标题利用不同的标点符号，会有不同的效果，如图2-8所示。

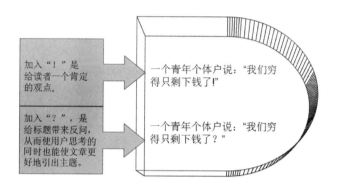

图2-8　不同标点符号的效果

软文撰写者需要善于利用标点符号来吸引读者的眼球。切记，在利用标点符号时，一定要明确软文的主题，不要在标题上乱用标题符号，不然会带来反面效果。

2.1.2　借力借势

所谓的借力，对于中小企业来说，各方面的力量和影响力都不太强，并没有过多的资金投入在软文营销上，因此就需要善于借力，借政府的力、借专家的力、借社会潮流的力、借新闻媒体的力。

而**借势就是借取别人的名气**，进行标题的撰写，再直白一点就是利用名人或热点事件的名气为噱头，一定会吸引不少读者的眼球。

例如，最近一部比较火爆的动画片电影《大圣归来》上映时，就出现了一篇名为"《大圣归来》太火！曝郭敬明到影院买票看"的文章，而这一个标题就是一个借势式标题，此标题利用"郭敬明"的名气，来进一步为"大圣归来"做推广，如图2-9所示。

《大圣归来》太火！曝郭敬明到影院买票看

2015-07-15 08:38:13

　　新浪娱乐讯 7月13日，网友通过微博晒出一组巧遇郭敬明[微博]在南京某影院观看《西游记之大圣归来》排队买票的照片。照片中的男子与郭敬明身形相似，身穿牛仔裤深色衬衫，头戴棒球帽，大口罩遮面，全副武装，全程都在低头玩手机。此组照片曝光后，网友纷纷为郭敬明点赞，称："这就是郭敬明，一个最真实的他，他真的有一直在关注国产动画，不得不说他真的很棒！"也有网友调侃称："四爷来南京拍爵迹偷个懒被发现了！"

　　据悉，虽然面对郭敬明的《小时代4》，还有何炅[微博]的导演处女作《栀子花开》的强势夹击，国产动画片《大圣归来》仅凭10%左右的排片，票房截至昨日(7月13日)已达1.31亿元，更难得的是，13日《大圣归来》的单日票房更是首次超越《小时代4》。

图2-9　借势式标题

2.1.3　利用悬念

人类天生具有好奇的本能，这类标题专在这点上着力，一下子把读者的注意力抓住，在他们寻求答案的过程中不自觉地产生兴趣。

比如有这样一则眼镜广告，其标题是："救救你的灵魂"，初听之时令人莫明其妙；正文接着便说出一句人所共知的名言"眼睛是心灵的窗户。"救眼睛便是救心灵，妙在文案人员省去了这个中介，就获得了一种特殊效果。

又有这样一则香烟广告："禁止抽各种香烟，连555牌香烟也不例外。"读者的第一印象便是"555"有点特殊，接着就是想为什么它值得单独提出，于是忍不住要尝一尝它究竟有什么与众不同。

在软文中应用悬念式的标题，可以引发读者的思考，让用户可以带着作者给他的思考引导去阅读文章，例如标题"厕所也玩O2O，Uber化能否打造'寻厕版美团'？"因为读者心中都有这样一个疑团，如果看到这样的标题，会有一种可能会在本文找到答案的感觉，也能引起其他一些没关注过此类话题读者的思考，所以会点击进来仔细阅读，如图2-10所示。

厕所也玩O2O，Uber化能否打造“寻厕版美团”？

吴俊宇　10月05日 07:50

uber　厕所　O2O　分类：互联网

阅读 25351　抢沙发

所谓的“Uber化”一方面指的是去中心化，另一方面则是万物共享。民宿可以通过短租的方式“Uber化”，汽车可以通过专车的方式“Uber化”……如今，甚至连厕所这样一种相对私密的场所都可以“Uber 化”。

图2-10　悬念式标题

2.1.4　亮眼词汇

“亮眼词汇”是指在标题中利用比较流行性的字眼，如“duang”、“醉了”、“差评”、“hold”等，能让读者觉得有新意，且愿意去点击查看的词汇，如图2-11所示。

DuangDuang车仆公测开启！ 车主即刻尝鲜

正文　我来说两句(0人参与)

2015年09月23日15:58　扫描到手机

DuangDuang车仆大型公测开启 北京车主即刻尝鲜

“DuangDuang车仆是中国首家综合维修企业B2C电商服务平台，致力于汽车互联网的产业发展。通过互联网+的方式，帮助车主解决维修保养等用车方面的难题。”……从创立之日起就力求打造车主保姆式服务，涵盖车主维修保养保险理赔等多方位全方面需求的DuangDuang车仆APP已于9月上线。

最简即是最好 低马尾带你hold住所有场合

发布日期：2015-10-06　09:22

图2-11　亮眼词汇式标题

绍兴兰亭的精锐神豪团队只有项链是差评

时间：2015-10-06   作者：佚名(官方)   📱手机订阅   参与评论(0)【投稿】

文章摘要	绍兴兰亭精锐神豪团队展示，看装备应当是成员中的法系和物理系曝光了

绍兴兰亭精锐神豪团队展示，看装备应当是成员中的法系和物理系曝光了，基本都是大无级别吧，就一条项链格格不入，估计是带破血的吧，要是全是大无级别的话，就比较完美了！

图2-11 亮眼词汇式标题（续）

2.1.5 利用文化特点

所谓的文化特点式标题，可以分为两个方面，一方面是将企业文化、企业故事、产品概念、产品亮点等融入标题中，让读者通过标题的阐述，大概了解企业或者是产品的一些内涵，如图2-12所示。

小米的野心与焦虑：从小米4C三号位角色说起

09月23日 07:14

小米4c   小米   魅族   分类:互联网

阅读:116318   🖉抢沙发   🇼🇼🇼🇼🇼🇼

"

小米4C依旧是价格屠夫，寄予了小米冲击8000万销量的野心。作为小米产品线的三号位角色，小米4C展现了小米的焦虑，作为小米5发布之前的主力，小米4C承受了巨大的市场压力。

百度上门服务已在二线铺开，这回有看头了

10月04日 17:30

百度   上门服务   O2O   分类:互联网

阅读:388   🖉抢沙发   🇼🇼🇼🇼🇼🇼

"

不同于百度在一线城市，寻求海底捞、良子足道等传统门店加盟的模式。百度此次在西北推出的上门服务入驻的几乎全是出互联网平台的商家。

图2-12 关于产品文化的标题

26

另一方面，还可以运用名言警句、诗词、成语典故、歇后语、影视、戏曲、歌曲等，将标题上升一个高度，让读者在阅读标题的过程中，还需动脑筋、回味那些比较出名的句子，如图2-13所示。

图2-13 关于出名句子、词汇的标题

2.1.6 利用修辞手法

软文标题往往是文章能否吸引读者眼光的重点，软文撰写者想要软文得到更多的点击率，除了要将标题紧扣文章内容之外，还要有新意，创意出彩，用气势吸引用户扫描的目光。标题的出彩主要来自于修辞手法的巧妙运用。

一般来说，软文在标题上常用的修辞手法有比喻、夸张、拟人，通过这样的修辞手法来展现标题，可以将标题从普通提升到吸引人的境界，增添一份被读者阅读的机会。

图2-14所示为几个利用修辞手法的软文标题。

图2-14　利用修辞手法的标题

2.1.7　选择、变化、对比

选择、变化、对比这三种方式，就是给读者一种不一样的阅读体验，它们不能放在一起，而是需要——进行分析。

1. 选择

所谓的选择，就是在标题上给读者一个选择的机会，一般是与问题式标题一起使用，让标题出现一种模式："提出一个问题，给出两个答案"，让读者自己选择一个答案，而不是像问题式标题一样，只是给读者一个问题而已，这样读者就能更加明确以及带着自己选择的答案去阅读文章，如图2-15所示。

"缺位"男装：向左走，向右走？

0人参与 0条评论 ▤ 打印 ▥ 转发 ✉ 字号：T | T

往下是Jack Jones、Zara、CK，往上是Armani、Prada等奢侈品牌，似乎除了高级定制，国内鲜有针对28～35岁、价格介于1500～3500之间的中端男装品牌。时尚男装很"缺位"，很"无趣"。一些新兴男装品牌正试图填补这一空白，但没有强大品牌知名度之前，必须靠设计获得认可。这样的结果是，淘汰率也很高。走品牌路线还是走设计路线、向左还是向右成了困扰新兴品牌的一道难题。

图2-15　选择式标题

2. 变化

所谓的变化，就是将企业或产品之前的方针改变过来并体现在标题上，一个大转变的标题，尤其能让那些一直关注企业或者产品的人群感兴趣，如图2-16所示。

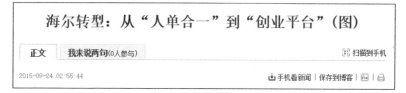

图2-16　变化式标题

3. 对比

所谓对比，就是在标题上通过某样事物与自己或同行进行比较，来显示自己的优越性，使读者对软文所要宣传的产品或服务的独特之处有深刻的认识。图2-17所示为对比式标题。

"补血" Vs "补气血"—你补对了吗？

2015-09-30 20:24:49　气血　药血　中医　👁 阅读(39994)　💬 评论(5)

举报

"你气血和吗？你气血和吗？你气血和吗？很多女人不了解自己……"这广告词已经让大家耳朵起茧子了。据说某小区住户，还因为每天要被这个广告强奸耳朵4320次向物业投诉。小编也是醉了！气血不足，补气血，这本身没有错。可问题在于，"气血"和"血"，是一回事吗？你知道什么是气血不足吗？大多数老百姓没有把"贫血"和"气血不足"的关系分清楚，以至于在临床工作中不遵医嘱，延误病情。

#每日话题# 华为被台积电拖后腿！18.6万VS400万 佳能变态相机

发表于 2015-07-31 11:29:26　一键看图　只看楼主　倒序浏览　分享　　楼主　电梯直达　楼

47989阅读 / 26回复

小学生和大学生的差距？DOTA VS 英雄联盟

2015-08-25 05:40:00

★ 收藏文章　　< 分享到 ˇ　　💬 评论(147)

2003年11月18日，国家体育总局正式批准，将电子竞技列为第99个正式体育竞赛项目。从此，电子竞技褪去了"不入流"的外衣，为大众所接受。随着近些年行业回暖以及职业赛事关注度的不断升温，越来越多的玩家涌入到MOBA类游戏的潮流之中，尤其以DOTA和LOL两款游戏为众。

图2-17　对比式标题

2.2　软文写作的10个注意事项

软文写作的方法、技巧有很多种，可是软文撰写者在撰写软文时，总会走入不该有的误区，从而导致软文的效果并没有理想中的那么好，因此软文撰写者需要规避写作误区，下面来了解软文写作的10个注意事项。

2.2.1　先定标题，再写正文

标题是软文的"脸面"，在如今这个"颜值"时代，"脸面"是吸引读者的第一要素，所以软文撰写者可以先拟定好标题，再去撰写正文，让整篇文章跟随着标题而走，规避"文不对题"、"标题党"等让读者厌恶的事情发生。

标题是一个软文撰写者最高文字水平的体现，一个好的标题，能激发读者的阅读欲望，增强文章逻辑性。

当然，"先定标题，再写正文"是需要在已经确定好文章主题后再实施的，不然会出现"没有重心"的情况，甚至会偏离起初撰写软文的目的。

2.2.2　多用肯定，少用含糊

在软文中，最好多用确切的语句及肯定性语句，少用叙述性语句和不确定性、询问性语句，以此使文章生动起来，并且带有肯定性的语句更容易说服读者，让读者相信软文中所讲的内容，这类写作手法，比较适合医疗行业，语言越是坚定，就越能吸引读者的注意力。

一般在医疗行业软文中，出现"假如"、"也许"、"能不能"、"似乎"等不确定性词语，只会让读者更加不确信产品的功效，以及增加读者的防备性，反而坚定的语气，能为软文增添不少的底气。

当然，并不是只适合医疗行业，所有行业都适合，这要看软文撰写者如何去运用它。总之，不管是哪种类型的软文，含糊其辞只会让读者一头雾水，若是能用肯定的语气，读者反而会更加注意软文中的内容。

2.2.3　3行一段，不拢长

软文撰写者，不要一心只放在撰写软文上，还需要注意读者的视觉效果，一个比较舒适的视觉环境，能让读者多一些的耐心，停留在一篇文章上。

因此，最好每个自然段，不超过150个字，一般以3行一段，2~3个句号，来给读者阅读喘息的机会。

当然并不是每一篇文章都是这样，撰写软文并不具有固定的写作手法，每篇软文都有自己独特的写作技巧，而这些技巧要看软文撰写者有没有抓住，若是没有把握，则可以按照"3行一段，不拢长"的做法进行。

2.2.4　条理清晰，少说废话

软文并不需要用无关紧要的话语将文章堆砌起来，凑字数，软文是需要"质"而不是"量"，若一篇软文将重心放在篇幅上，那么软文定然是失败的。

因此，软文撰写者需要将整篇软文的条理梳理清晰，少说废话，尽量将最为核心的以及对读者有益的东西展现出来，这样才能博得读者的阅读感。

TIPS:

软文撰写者不是搬运工，没有必要到处"搬运"相关观点和描写，必须力保文章简单明确。

2.2.5　准确运用"的、地、得"

软文撰写者需要注意软文词汇的用法，不要混乱使用，"的、地、得"是非常容易混用的词汇，有些读者比较注意这方面，看到文字有用错的词汇，便会降低对软文的信赖性，从而软文效果将会大打折扣。

所以，软文撰写者在发布软文之前，需要经常校对文章，看有没有错误的地方，需要严格依照字典上的规范，区别"的、地、得"间的不同使用环境，准确运用，下面来进一步了解这3者的用法，如图2-18所示。

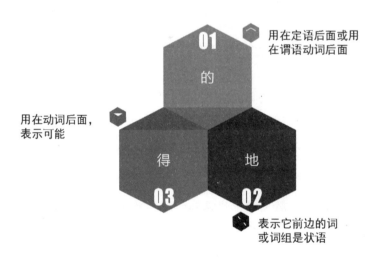

图2-18　"的、地、得"的运用

2.2.6　专业术语，勤加注解

不管是哪个行业，多少都会有自己行业的一些专业性较强的术语，当软文撰写者在撰写电影专业术语的软文时，要勤加注解，除非是给内行人看。

若是给外行人看，那么必须添加注解，不然读者在阅读文章时，会产生抵触情绪，根本看不懂，甚至会出现读到一半就不读下去的情况。

因此，在出现专业术语的地方，软文撰写者还是多留点心，将注解给补上，这样才能排除读者的阅读障碍，让读者顺利吸收软文所要传达的内容。

2.2.7 拒绝流水账，一个亮点

软文写作无须很有特点，只需有一个亮点即可，这样才不会显得杂乱无章，能扣住核心。

如今，很多的软文在表达某一信息时，通篇就像记"流水账"一般，毫无亮点，这样的文章其实根本就没有阅读的价值性，并且字符比较多，往往会将可看性大大地降低，让读者不知所云。不管是怎样的软文，都需要选取一个细小的点来展开文章脉络，要有一个亮点，才能将文字有主题地聚合起来，形成一篇阅读价值强的软文。

2.2.8 固定结构，导语提炼

软文撰写者千万不要毫无章法地撰写软文，将软文布局看得非常轻，这样是不行的。一般来说，普通软文的结构分为3个层次，如图2-19所示。

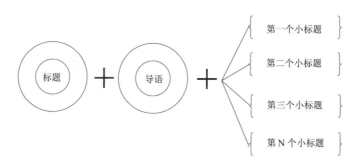

图2-19 普通软文的结构

如果软文撰写者需要撰写新闻软文的话，就分为6个层次，如图2-20所示。

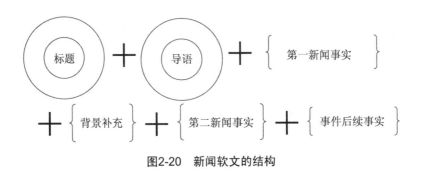

图2-20　新闻软文的结构

TIPS:
　　导语应高度提炼，以打动读者往下看。正文亦以分析评论为主，第一、第二、第三条理清晰，逻辑严密，必要时，可在文后单独追加解释性内容。

2.2.9　标点符号，要选对

　　标点符号是帮助软文撰写者和读者顺利读懂文章的工具，软文撰写者在撰写软文时，必须严格遵循语法规则，使用各种标点符号，千万不要一整段都是逗号，也不要胡乱使用标点符号。

　　在软文标题上要尤为注意，标点符号不要胡乱使用，一定要按照整篇文章的内容来决定标题的标点符号，要考虑标点符号需要带给读者怎样的视觉效果，只有确定好了标题的作用，才能断定标题中是否需要加标点符号，加哪些标点符号等。

　　例如，软文撰写者想要标题让读者产生疑问感，进行思考就需要使用逗号"，"；若想要读者看到标题就很惊讶就可以使用感叹号"！"。

2.2.10　数字要准，上下一致

　　软文中所出现的数字需要准确，特别是数据行的内容，需要是真实的，有依据的，不能凭空捏造，用的时候还需要与原始资料反复核对，这样才会避免出现不必要的错误。

　　对于在软文中以数字举例的排序，需要一遍遍地核对清楚，不要出现"前面说是10个方面，后面实际只有9个方面"的情况，上下文一定要一致，不然读者会觉得软文撰写者不够细心，减少了几分信赖感。

第3章

医疗类软文

医疗行业在软文中也有不错的造诣，不管是网络媒体还是纸媒体中，医疗软文随处可见，在论坛上可见，或在报纸上，抑或在街边的传单上。正因如此，人们对这些铺天盖地的软文已经产生麻木之感。一般质量不高的软文，都不会引起人们的注意。所以，医疗企业只有将软文的质量提高才能获得收益。

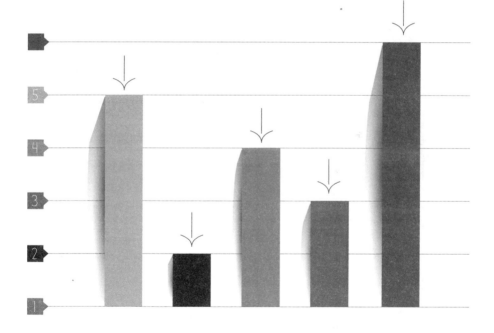

3.1 从标题入手

泛滥成灾的医疗行业软文，需要在读者的"第一眼"上入手，才能进行软文的使命，而一般能抓住读者"第一眼"的部分，就要从标题说起，下面来了解医疗行业软文的常用标题。

3.1.1 专业式标题

对于医疗行业来说，专业性的软文标题，比较受读者的关注，让读者在标题上能够一目了然地知道软文中的主体内容，并且以传递知识为噱头，吸引读者的注意力，让读者认为，文章能教他们一些医疗知识。下面来认识几则医疗专业式标题示例，如图3-1所示。

当心！抗过敏药也会致敏

2015年03月25日 10:35

6人参与　　2评论

春季天气干燥，万物复苏，是皮肤过敏最常见季节。不少市民选择自行用药，然而不少人并没有遵守相应的用药规范，造成病情加重，而不少抗过敏药也会加重过敏，以下三个用药原则需要加以注意。

剧烈运动增加肺癌风险

2015年06月24日 11:52

1人参与　　1评论

肺癌是现在生活中一个高发的疾病，很多人都是因为平时不注意才引起的。专家说，肺癌的患者不仅要积极的去治疗，还要多加的锻炼和护理。那你知道有哪些治疗肺癌晚期的偏方吗？

心情好有助于降血压

2015年06月24日 11:48

6人参与　　5评论

近年来，根据我国的流行病学调查显示，高血压患病率呈明显上升趋势，伴随着诸多不良的生活习惯，使我国每年新增高血压患者1000万。我国高血压呈现出"三高三低"的特点，即患病率、致残率和病死率高；知晓率、治疗率和控制达标率低。下面有几个问题可以帮助大家更了解高血压。

图3-1 专业式标题示例

3.1.2 视觉式标题

在医疗软文中，视觉式标题是专门利用数字，来对读者的视觉产生冲击效果，一般那种带有"几步"、"几个"、"几大"等标题，能快速引起读者的好奇心，想要得知数字背后的内容。

图3-2所示为几则数字式标题示例。

图3-2　视觉式标题示例

3.1.3　提醒式标题

在医疗软文中，利用提醒式标题更容易获得读者的青睐，通过提醒、警告、恐吓等手法吸引读者对软文的关注，特别是有某种疾病的患者，看到相关软文后更容易引发共鸣，从而产生一种危机感。

图3-3所示为几则医疗行业提醒式标题示例。

三类人喝蜂蜜等于喝毒药

2015年09月21日 07:46

1人参与　0评论

　　蜂蜜是人类最为熟悉的蜂产品，其由蜜蜂从植物花朵中采集花蜜回巢辛勤酿造而成。其色香味质因采集的花卉、季节以及地区不同而各具特色。主要含有60多种人体所需的无机物和有机物、葡萄糖、果糖、酶值、蛋白质以及18种氨基酸。

女孩猝死卫生间　部分医生推测与憋尿有关

2015-09-18 11:25:00

分享到：

　　俗话说"活人怎么能让尿憋死"，这个不幸事件真的是因为憋尿引起的吗？"卫生间猝死"的背后究竟有着哪些需要注意的安全风险？

国人减寿十大因素　高血压排第一位

2015-09-15 10:28:00

分享到：

7

　　高血压、高盐饮食、水果吃太少等成为中国居民健康损失的十大因素，有些曾被我们丢掉的好习惯，现在则成了致病减寿的坏因素。

长1种痣是肝病

2015年09月21日06:30　　　　收藏本文　　　A⁻ A⁺

　　在公司里，老李可是一颗冉冉升起的"新星"，虽然四十不到，却已是公司的副总。但是，风光背后也有不为人知的苦恼，这半年，他一直为失眠发愁，原来很好的酒量没了踪影，饭吃得稍多还会觉得恶心。老李觉得可能因为工作太辛苦，就没太在意。谁知年底的体检却让他大吃一惊：脂肪肝。医生说："职场中人本来就是脂肪肝的重灾区。他们生活中一些不适，有可能只是'冰山一角'，水面之下潜伏的可能就是脂肪肝。"

图3-3　提醒式标题示例

💡 **TIPS:**

　　一般来说，提醒式标题下的内容，应由陈述某个事实开始，凭靠事实让读者自我意识到之前所作所为是错误的，从而产生一种极度的危机感。

3.1.4　前缀式标题

在医疗行业中，前缀式标题比较具有权威性、吸引性，所谓的前缀式标题，就是以表达观点为核心的一种标题撰写形式，在此观点之前，加入一些比较能取得读者信赖的词汇，如一个医疗专家的名字、研究、科学家等。

一般会在标题上精准到人，会将人名放置在标题上，在人名的后面会紧接着对某件事的个人观点或看法，下面来看几种前缀式标题的常用公式：

- "研究：_____"
- "专家：_____"
- "科学家：_____"
- "某某：_____"

图3-4所示为前缀式标题示例。

研究：坏情绪让你少活20年！

2015-09-16 17:43:00

分享到： 😊 🔵 L 💬 ☆ 👁 👤 ▣　　　　　　　✍ 9

　　近期，多项国际研究聚焦情绪对寿命的影响。争吵、烦躁、愤怒……这些常不知从哪冒出来的坏情绪，也许会让你的寿命大大缩短。

专家：抗体基因重排对杀伤MERS病毒有重大作用

2015-09-15 22:16:00

分享到： 😊 🔵 L 💬 ☆ 👁 👤 ▣　　　　　　　✍ 150

　　据悉，"m336抗体"是对MERS病毒具有极强杀伤力的全人源单克隆抗体，因而成为中东呼吸系统综合征冠状病毒(MERS-CoV)具有极强杀伤力的候选药物。

图3-4　专家式标题示例

科学家：每天跳跃两分钟能有效避免骨折

2015-09-14 15:38:00

分享到：

科学家称，每天坚持单脚跳两分钟能使运动者在一年之内快速提高骨密度，从而增强骨骼，减少骨折风险。

杨国安：心脏病屠刀杀向迪拜酋长长子

健康大家杨国安 2015-09-19 21:50:05 心脏病 心血管 阅读(0) 评论(0) 举报

据央视新闻当地时间9月19日消息，阿联酋迪拜酋长长子拉希德·穆罕默德·拉希德·马克图姆突发心脏病去世，年仅34岁。拉希德是迪拜酋长谢赫穆罕默德最年长的儿子，为迪拜多家投资公司、银行主要合伙人，曾被福布斯评为全球最热门年轻皇室成员之一，还多次获国际耐力赛奖项。

图3-4　专家式标题示例（续）

3.1.5　情感式标题

在医疗行业软文中，最为稀有的标题莫属情感式，而正因为稀有，才更能吸引读者的注意力。

医疗行业从情感式标题做突破口，其成效绝不比其他标题差，还更能引起读者的共鸣。一般来说，企业从3种情感出发，一定能使得情感式标题软文有更多的机会展现在读者的面前，如图3-5所示。

图3-5　情感式标题软文三大突破口

图3-6所示为情感式标题示例。

这个"吻"，是妈妈对你的伤害——胎记婴儿妈妈的日记[复制链接]

发表于 2015-1-13 16:40:29 | 只看读作者 ▶

　　"宝宝顺利出生了，感谢，感谢可亲又敬业的王大夫，还有小刘护士，感谢我的家人，还有我亲爱的老公，感谢你们帮助我，鼓励我。我的宝贝，你是妈妈的小天使，不，天使看到你都会忍不住亲你一下吧，呵呵……"

开心人网上药店：感恩父母最好的礼物 健康

　　和父亲节、母亲节等众多节日一样，感恩节也是一个地地道道的美国节日，虽然富有浓重的宗教色彩，但是其崇尚"心怀感恩"的本意也得到国内众多人的认可，不过在国内，"一条短信"、"一句感恩节祝福"则成为众多国人感恩节仅有的方式。

纪念我平爱的妈妈！妈，我好想你…

点击：1105　回复：26　　倒水模式　踏他打赏　只看帖主　阅读设置

　　2011年的十一月，一向身体很好的妈妈突然头晕、呕吐。在东方医院检查几日，突然全身焦黄，甚至眼睛…医生单独找我谈话?噩梦开始了…肝外胆管癌。

图3-6　情感式标题示例

3.1.6　流行式标题

　　流行式标题就是拿网间流传的热门事件、热门话题、热门词汇语言为标题噱头，如"去哪儿了"、"翻滚吧！xx君"、"哎哟"、"你造吗？"等，来吸引消费者的注意力。图3-7所示为几则流行式标题案例。

再谈乙肝抗体：抗体去哪儿了？

2015-09-20 07:51:26　乙肝　抗体　👁 阅读(22419)　💬 评论(0)

举报

　　尽管我写过多篇有关"乙肝抗体去哪儿了"的博客，可是发现许多乙肝妈妈(或乙肝爸爸)对宝宝的乙肝抗体还存在许多误区。一位乙肝妈妈昨天问我："我的宝宝1岁时检查，乙肝抗体大于1000（mIU/ml），但2岁时检查后发现，抗体仅剩400多了。如果照这个速度下降，那不是很快就降没了吗？太可怕了！我们是不是要每年复查一次呢？是不是年都要给孩子打一针疫苗呢？"甚至有医生也乱给病人解释："你的孩子抗体都下降到200多了，你再喂奶，抗体就被你奶中的病毒消耗没了！"为此，许多乙肝妈妈(或乙肝爸爸)忧心忡忡，生怕宝宝抗体没了，被自己身上的乙肝病毒感染。有些乙肝妈妈(或乙肝爸爸)甚至不敢抱孩子，把自己与孩子隔离。

翻滚吧！肥胖君；滚蛋吧！糖尿君。

2015-09-20 23:00:06　减重手术　👁 阅读(1203)　💬 评论(0)

举报

　　9月19日，苏州大学附属第一医院减重代谢中心举办的"胖友糖友万步走"大型活动在美丽的金鸡湖畔圆满落幕。告别夏日，初秋来袭，当风儿轻轻捎来枫叶的问候，蓝天与白云牵手，湖光与美景共融，点燃我们心中的热情。

图3-7　流行式标题案例

肝脏的6大"克星"你造吗

2015年07月09日 16:06

2人参与　1评论

核心提示：肝脏是人体很重要的器官，在日常生活中我们要注意保护好我们的肝脏。正常情况下，危害肝脏的因素有哪些呢？

图3-7　流行式标题案例（续）

3.1.7　问题式标题

在医疗软文中，问题式标题是通过提出问题来引起关注，促使读者产生兴趣，启发他们思考，产生共鸣，留下印象。

图3-8所示为几则医疗问题式标题示例。

睡8小时死得快？到底该睡多久

2015年09月19日 08:33

5人参与　2评论

研究发现，凌晨两点后才入睡容易打乱生理时钟，对身体脂质新陈代谢带来严重影响，容易增加心脏病风险。

1分钟自测：你是时候排毒了吗？

2015年09月21日 07:26
来源：家庭医生在线

1人参与　1评论

换季后，很多女性无论是生理还是心理都些不适应，有些甚至感觉特别疲累，精神不振，这或许是一种"毒"气攻心的表现。下面我们一起来做一个小测试，只需1分钟的时间就可以知道：你是时候排毒了吗？

白头发拔一根长十根的说法是真是假？

2015年07月17日 07:01

10人参与　4评论

民间观点：白头发拔一根长十根，越拔越多。

浙江省立同德医院皮肤科主任王一枫：包围着头发的毛囊其实在胚胎形成时，就已经形成了，虽不一定一个毛囊对应地长一根头发，但头发的数量是有规律的。每根头发都有注定的生长周期，一根脱落了，新的一根会在原地长起，如果你拔去白发，那么只能缩短这根头发的寿命。所以"越拔越多"的说法不成立。

图3-8　问题式标题示例

图3-8　问题式标题示例（续）

TIPS：

不管是什么类型的软文标题，医疗软文撰写者千万不要做"标题党"，标题和软文中的内容一定要有衔接，这样读者才不会有被欺骗的感觉。

3.2　拿技巧填充

医疗软文并不是拼凑而成的，而是需要些许小技巧，才能发挥医疗软文的特性，才能区别于其他企业的医疗软文，形成自己独有的特点，下面来了解医疗软文的写作技巧。

3.2.1　内容通俗之小小说

医疗软文撰写者可以多写一写关于情感故事的"小小说"，用情感做铺垫，故事做承接，内容通俗易懂地将"小小说"的特点体现得淋漓尽致，如图3-9所示。

TIPS：

"小小说"就是篇幅短小，千字左右的小说文体，以简短的篇幅写出一个故事，一个场景或一个片段。

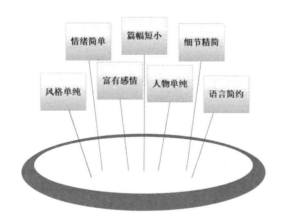

图3-9　医疗软文"小小说"的特点

　　医疗软文撰写者，尽量将故事性软文控制在1 500字左右，内容需要通俗易懂，无须华丽的辞藻，只需朴实的真情实感，再加上医疗广告的嵌入，即可将医疗"小小说"快速展现在读者的眼前，凭借着短小、感情丰富的优点，快速引起读者的共鸣。

3.2.2　标题新颖之关键词优化

　　医疗软文的标题，必须新颖，这样才能区别于其他企业的软文，脱颖而出，占有优势地出现在读者的面前。

　　而这里所谓的"新颖"分为以下两种模式：

　　● 利用热门词汇，如"我也是醉了"、"duang"等。

　　● 利用热门关键词。

　　对于医疗软文来说，权威才是硬道理，而由于热门词汇博得"笑点"的机会比较多，还是与医疗行业有一点冲突，所以这类软文标题尽量地少用。

　　因此，热门关键词成为重头戏之一，一个标题上若带有当时比较热门的关键词，那么必然会有一部分的人群去点击查看。

　　那么医疗软文撰写者该如何找到比较合适的关键词呢？该如何优化关键词呢？届时软文撰写者就可以借助搜索引擎，在搜索引擎上搜索相关产品的词汇，可以根据其衍生的关键词，定下几个可以作为标题的关键词。

例如，在百度搜索引擎上输入"肝病"，即可看到几个衍生关键词，如图3-10所示。

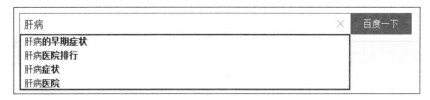

图3-10 "肝病"衍生关键词

还可以在检索页面最下方处的"相关搜索"里，寻找适合的关键词，如图3-11所示。

相关搜索		
肝病能活多久	得了肝病能活多久	治疗肝病要花多少钱
肝病症状	肝病的早期症状	肝掌
肝病医院	王冰	肝区隐痛

图3-11 "肝病""相关搜索"里的关键词

☀ TIPS:

不管是在搜索引擎还是在相关搜索上的关键词，都是人们在百度搜索引擎上搜得最多的词汇，医疗软文撰写者利用这些词汇可以让百度"蜘蛛"抓取软文的概率变大，软文在搜索引擎上的排名也有可能提前，这就意味着，出现在读者面前的概率能大大地增加。

3.2.3 软文策略之五步走

软文写作还是需要策略的，并不是医疗软文撰写者想到什么就开始记录下什么，这样不是说不好，而是太过于潦草，写出来的内容比较片断化，阅读的价值不高，所以软文定然不会有很大的效果，这是指为了写医疗软文而写医疗软文，并没有什么实际的含义。

下面就来了解医疗软文写作策略，医疗软文撰写者只要掌握了医疗软文的5个写作步骤，就能将医疗软文的价值体现出来，如图3-12所示。

1. 找到写作方向

医疗软文撰写者，需要明确自己的写作方向，才能有目标地展开医疗软文的撰写，医疗软文撰写者需要考虑"医疗软文是从什么方向来写？"、"从什么角度来写？"、"主题是什么？"、"文章的结构又是怎样的？"等。

其实这些问题的答案是医疗软文撰写者撰写医疗软文的切入点，有这么一个切入

图3-12　医疗软文写作策略

点，医疗软文自然能水到渠成地完成，并且不会偏离医疗软文撰写者的核心目标，给读者一篇不混乱、价值感比较高的文章。

例如，以"心脏病"为例，其目标是为了传播能缓解心脏病的药丸，届时医疗软文撰写者就可以用一个故事来突出"缓解心脏病药丸"的功效。

2. 拒绝"标题党"

医疗行业切记要杜绝"标题党"的横行。"标题党"是指软文的标题写得很出色、很有诱惑力，让人不得不去看看里面的内容，然而看了内容之后才发现这篇文章的内容与标题不相符合，并且质量极差，只不过标题很吸引眼球罢了。

这样一种行为，虽然骗取了点击率，但是最终取得的却是读者的鄙夷、谩骂和坏心情，读者也许再也不会去了解软文中所出现的产品了。届时软文撰写者的这一做法，无疑是得不偿失的后果。

TIPS:

对于医疗行业来说，软文写作中最重要的一点就是标题，标题是点睛之笔，如果标题起得好，那么软文撰写者的这篇软文就等于成功了三分之一，但绝不能有虚假宣传的成分存在，不然读者只会用不屑的态度来对待软文中所提的产品。

---

3. 内容的深挖

一篇好的内容是读者能够认真看下去的必要条件，也是传达医疗软文

撰写者理念和医疗软文效果最大化必须具备的东西。

　　写好医疗软文最重要的就是把软文内容写好，一篇好的文章内容是留住读者以及后续回访的基础条件，内容是医疗软文的核心、灵魂。医疗软文中的内容必须具备3个特点，如图3-13所示。

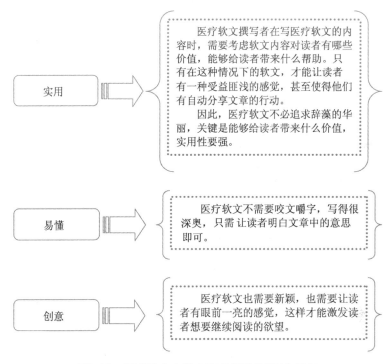

实用

　　医疗软文撰写者在写医疗软文的内容时，需要考虑软文内容对读者有哪些价值，能够给读者带来什么帮助。只有在这种情况下的软文，才能让读者有一种受益匪浅的感觉，甚至使得他们有自动分享文章的行动。
　　因此，医疗软文不必追求辞藻的华丽，关键是能够给读者带来什么价值，实用性要强。

易懂

　　医疗软文不需要咬文嚼字，写得很深奥，只需让读者明白文章中的意思即可。

创意

　　医疗软文也需要新颖，也需要让读者有眼前一亮的感觉，这样才能激发读者想要继续阅读的欲望。

图3-13　医疗软文中的内容必须具备的3个特点

4．软文发布

　　医疗软文需要找到目标用户群体聚集最多的网站，适合发布软文的网站，医疗软文撰写者根据发布的平台特点，来进一步完善软文的写作。

5．软文效果评估

　　医疗软文撰写者需要在发布一篇软文后，评估其软文带来的成效。例如可以从网站的流量、咨询的人数、软文的点击数、软文的评论数等，来评估软文对企业是否有价值，只有这样，医疗软文撰写者才能学会"扬长避短"、"取其精华去其糟粕"，从之前的软文中学习、拿取优秀的部分，融入下一篇软文中，不断地成长。

3.2.4　读者体验之温馨提示

　　医疗软文或多或少会出现一些医学专业知识，而一般读者对这些专业上的学名、病症等词汇都不甚了解，所以需要医疗软文撰写者增加一些温馨提示，将这些大众不了解的词汇，通通都解释清楚，提高读者的阅读体验。

　　软文撰写者还可以给消费者讲述解决问题后的实际效果，温馨提示消费者应该放下心来，增强消费者的信心，让消费者对解决问题充满信心。

3.2.5　峰回路转之权威认证

　　在医疗软文中，一般常规解决问题的办法，只是伏笔而已。软文撰写者需要做到峰回路转，权威认证方法或者手段，这样才能更好地解决读者的问题，并且阐述更好解决问题的办法。

3.2.6　对症下药之全面肯定

　　医疗软文撰写者在撰写软文时必须对症下药，可以开门见山，直指消费者的疑问，全文就针对这个疑问来撰写整篇医疗软文，并带出自己需要推广的产品。

　　这类软文的核心价值在于肯定消费者的疑问，清楚明白地告诉消费者所提的疑问正是困扰自身的原因，并且分析消费者出现这些问题的根本原因，从而让消费者心理有一种认同感，开始接受文章中的相关信息，并且寻找到消费者最想得到的答案。

TIPS:
　　软文撰写者需要从消费者的自身疑问出发，先肯定质疑，再分析疑问，最后告诉消费者根本原因。

3.3　医疗类软文写作案例

　　之前讲解了医疗软文的一部分写作技巧，下面从几篇医疗软文案例中，学习和巩固医疗软文写作的技巧、方法，进一步了解医疗软文。

3.3.1 【案例】不伤身，碎石取石轻松完成

下面是一篇明确写作方向的医疗软文。

不伤身，碎石取石轻松完成

在一般结石患者的印象中，治疗结石除了保守治疗没有痛苦外，其他方式将结石取出体外都会"大动干戈"。实际上，这是个错误的印象。如今，随着外科临床医学的发展，国内医学与西方临床医学接轨，治疗结石可以全程不动刀。云南和平引进的德国ESWL体外冲击波技术是目前国际上最先进的结石治疗方法，是一种治疗人体内结石病的新的非手术治疗方法，它是利用冲击波击碎体内的结石。这样，就可使结石患者不用开刀治疗，碎石后，自然随尿液排出体外。

B超、X射线双定位 体内结石无处藏身

过去，针对肾结石、胆结石、尿路结石、膀胱结石等疾病的治疗，许多患者朋友采用药物排石和手术取石等疗法，因为排石具有不确定性，不能根治，因此不少患者病情反复发作。另外，采取传统开刀手术取结石，对身体损伤大不说，患有糖尿病、心脑血管等疾病的患者也大多不适合做，只能默默忍受疾病的疼痛。如今，在和平引进国际先进的德国ESWL体外冲击波技术采用X线，B超双定位，数码显像，定位精确，让结石的治疗变得无比轻松。

全程不动刀 体外碎石创口碑

该技术是一种治疗人体内结石病的新的非手术治疗方法，全程无须动刀，它是利用冲击波击碎体内的结石。这种冲击波具有较高的能量和压力，它能在几十亿分之一秒就达到压力的高峰。体外冲击波其产生的机制是电磁冲击波将电能首先转换成电磁能，由此产生的脉冲可指向体内的结石。通过超声诊断仪对结石进行定位，以保证定位的准确性，使结石受到最大量的冲击。操作完成时结石便变成沙子一样的细粒，自然随尿液排出体外。

国际尖端碎石技术 患者无须住院

德国ESWL体外冲击波技术微创、无痛苦、效果确切、一次治愈，有效降低残石率，它很快成为众多结石患者理想的碎石方法。对于尿路结石而言，如肾结石、胆结石、尿路结石、膀胱结石等，都能达到微创的治疗效果。与传统的开刀手术治疗相比，这种技术不仅创伤小，恢复快，医疗费用低。尤其让患者欣喜的是，患者在门诊即可完成治疗，无须住院。

至今，云南和平已为上千例肾脏、胆结石、尿路结石、膀胱结石

患者轻松解除了病痛，成功率100%，而且都免除手术之苦。

微创体外碎石只需800元

和平微创结石科设备齐全、技术先进、以国际泌尿外科泰斗、我国第一例肾移植手术专家江鱼教授领衔的专家队伍阵容强大，并引进国际领先的德国ESWL体外冲击波碎石技术、德国气压弹道碎石技术、输尿管镜取石术、腹腔镜微创取石术、经皮肾镜取石术等一系列先进的微创结石治疗技术，针对胆结石、肾结石、输尿管结石、膀胱结石进行分型治疗效果极佳。使结石患者告别了传统手术带来的巨大痛苦，开创了治疗结石病微创无痛的新时代。此外和平微创结石科在省内独家推出的德国ESWL体外冲击波碎石技术微创体外碎石包干价800元，以绝对的价格优势，深受结石患者的喜爱。（本文来自云南九洲医院）

【分析】：

此篇医疗软文，在标题上以"碎石"、"取石"来吸引患者的注意力，并且会使读者产生疑团，到底是"胆结石"，还是"肾结石"抑或是其他结石类的病症呢？从而扩大了读者人群。

在文章的开头，将治好结石病症需要"大动干戈"的问题提出来，并否决了它的正确性，进而将软文关键词"云南和平"提出来，并用"德国ESWL体外冲击波技术"做噱头，使得后文以解释"德国ESWL体外冲击波技术"来烘托出"云南和平医院"关于结石病，具有比较先进的设备以及技术，让读者进一步相信"云南和平医院"具有的优势。

此篇医疗软文以"二级标题"来布局整篇文章，使得读者一扫而过也能了解此软文的大概内容，软文以"治疗轻松"→"无须动刀"→"无须住院"→"800包干"这4个方面，循序渐进地将"云南和平医院"的师资雄厚体现得淋漓尽致，让读者减少一丝防备，从而对"云南和平医院"产生些许的信赖之感。

并且这4个方面，都是消费者面对问题想要的答案。例如，消费者会遇到治疗费用太贵、怕动手术、不想住院等问题，而这篇医疗软文将这些问题都一一解决，进一步使得相关患者有想去治疗的欲望。

TIPS:

此篇软文是以一个"技术"来开展软文的铺设,医疗软文撰写者能从这方面入手,也以介绍某个比较厉害的"技术",来突显出某医院的特点、师资力量以及其能力,是个不错的撰写方法。

3.3.2 【案例】老年痴呆日：是谁动了你脑中的"橡皮擦"

下面是一篇不一样的医疗前缀式标题软文案例。

老年痴呆日：是谁动了你脑中的"橡皮擦"

2015年9月21日,是第22个"世界老年痴呆日",不少人认为老年痴呆是一种生理现象,可在医学上它却还有一个名字——阿尔茨海默病,相信看过电影《我脑海中的橡皮擦》的人会对电影女主人公表示深深的惋惜,她的脑海里就如同有一块橡皮擦,不断擦去记忆,越是最近的越是忘记,亲情、爱情、友情的美好回忆却因为疾病而消失殆尽。

千万不要以为这样的故事只发生在电影中,就在我们周围,不少的家庭同样上演着这样的不幸。据了解,在我国65岁以上每20人就有1人患老年痴呆,他们所有的记忆如同被橡皮擦一道一道抹掉,更可怕的是,一旦开始,握着橡皮擦的那只手就不会停下来……究竟是什么原因导致出现老年痴呆呢?有没有任何预防措施?借此机会,我们请来南方医科大学南方医院神经内科主任医师王教授为大家解析是谁动了你脑中的"橡皮擦"?

每20位65岁以上老人中就有一位患老年痴呆,你怕了吗

"我国早在2010年老年痴呆患者数就已居世界第1位,保守估计已达919万,中国65岁以上的老人患病率大约是5%,相当于每20位65岁以上老人中就有一位患老年痴呆。"王群教授表示,患病率还随着年龄增加呈指数增长,年龄每增加5岁,患病率增长一倍,每4位85岁以上的老人中就有1位是老年痴呆。

是谁动了老年人脑中的"橡皮擦"

在美国一项针对60岁及以上老年人的调查"老年人最怕患上哪些疾病"中,回答最怕患上"阿尔茨海默症或其他痴呆症"的比例最高,达35%。害怕原因排名前三的依次是：我会忘记我的亲人、我会成为家庭的负担、我将不能照顾自己。

更让人害怕的是，阿尔茨海默病还未找到真正的"元凶"。王教授介绍，目前阿尔茨海默病的机制和病因尚不明确，年龄是其高危因素，遗传也是其发病的因素之一。"阿尔茨海默病患者根据发病年龄，以65岁为界，分为早发型及晚发型。早发型患者目前已经筛查到了3个致病基因（APP、PSEN1、PSEN2），这些致病基因多为常染色体显性遗传基因，遵循孟德尔遗传定律，外显率超过85%。目前携带这些致病基因，一旦检测到，被认为是阿尔茨海默病的重要诊断依据，换言之，很可能会患病。而晚发型阿尔茨海默病患者，如果一级亲属中患阿尔茨海默病，通常阿尔茨海默病的患病风险是没有家族史的人群的两倍。"王教授说道。

阿尔茨海默患者的生存周期通常为8～10年

尽管目前没有可以根治的药物，但如果患者能够接受早期诊断，坚持长期服用合适的药物，再加上良好的护理，是可以延缓患者病情发展的，同时也能极大地减轻家属的负担。"阿尔茨海默患者的生存周期通常为8～10年，部分患者可以达到15年以上。但是如果没有积极治疗，阿尔茨海默症患者用不了三五年就会从最初轻度的记忆减退。"王群教授指出，发展到较为严重的阶段——完全失忆，不会说话，不会走路，大小便失禁。而如果采取措施，就能尽量延缓这一天的到来。

据了解，目前主要的治疗方式是药物治疗。美国和欧洲阿尔茨海默病指南中公认有效的药物有两类，一类是胆碱酯酶抑制剂，比如安理申、艾斯能等，适用于轻至中度阿尔茨海默病的症状。另一类是NMDA受体拮抗剂，比如美金刚，适用于中重度阿尔茨默的症状。

预防老年痴呆，做好"吃""喝"

研究资料显示，在痴呆临床典型症状出现的前5年进行预防，痴呆典型症状出现将会平均延缓约10年，将大大提高人们生存期的生命质量。王群建议，首先尽量避免危险因素，如控制好血压、血糖、体重等，此外还要重视保护因素。我们可以从"吃"、"喝"两个方面来回答如何预防老年痴呆。

吃：地中海饮食，也就是食用大量水果、蔬菜、豆类、谷类和摄入橄榄油之类的非饱和脂肪酸；吃少量的乳类产品、肉类、鸡鸭；"适量的"多吃鱼类；以及用餐时喝点葡萄酒。有相关研究发现最接近地中海式饮食痴呆病患的死亡风险减少了73%，他们的寿命将延长约4年。另外，接触二手烟也会增加患老年痴呆症的风险，戒烟能降低患老年痴呆症的风险。

健康饮食习惯也有助于维持良好的血压、血糖及血脂，降低危险因素。

喝：关于饮酒，有研究显示轻中度饮啤酒或白酒使痴呆的危险性增高，而轻中度饮葡萄酒者患痴呆的危险性降低。可能是因为葡萄酒中除了含酒精外，还含有类黄酮等抗氧化物质，类黄酮可以防止氧化，减少患老年痴呆的风险。另外，据日本一项调查显示喝绿茶或可预防老年痴呆。（本文来自39健康网）

【分析】：

此篇医疗软文的标题是前缀式标题，但并不是在之前章节中出现过的形式，这是一种新的方式，没有用机构、人物来做前缀，增加标题的权威性，而是利用"老年痴呆日"这样一个热点事件来做前缀，引起读者的兴趣，并且将"橡皮擦"与某电影《我脑海中的橡皮擦》做衔接，让那些喜欢这部电影的读者，也不忘停下脚步，来看一看这篇软文。

接着提出核心关键词"南方医科大学南方医院"，纵观全文，可以看到此关键词只出现过一次，那么就有人会产生疑问了："为什么只出现一次还是核心关键词呢？"能想到这样一个问题的人，几乎是进入了一个误区："文章中出现最多的字眼才是核心关键词"，其实不然，核心关键词的多少不会影响软文的效果，只要出现得当，关键词能深入人心即可。

此篇软文是以某教授的口吻来衔接段与段之间的联系，这一做法无疑不是在掩护"南方医科大学南方医院"的广告体现，让读者误认为"南方医科大学南方医院"的出现是为了推出此医院的教授来讲述：谁动了你脑中的"橡皮擦"的观点，给读者一种这是权威机构的教授给出的信息。

然后开始介绍"阿尔茨海默病"的得病率、生存周期及预防的方法。因此，这篇医疗软文对于读者来说，是一篇价值性高的文章，让他们了解了"阿尔茨海默病"对人们的危害以及预防方法。

对于最后的预防方法，是此软文的点睛之笔，也是此软文实用性最强的地方，一般读者在阅读医疗软文时，需要从软文中寻找解决的方法，若软文做到了这一点，则那些只是随意扫过的读者也会从头看到尾，仔细阅读的。

TIPS:

此篇医疗软文值得学习的地方：

● 利用热点事实来命名标题。

● 以某医疗教授的口吻中来叙述软文。

● 以解释某病症来提出核心关键词（一般核心关键词，是软文写作的目的及企业需要推广的产品、品牌等）。

● 核心关键词并不是越多越好，而是越嵌入软文中的内容越好，多与少都不会决定软文的成败。

● 在软文的最后，给读者一些预防病症的方法或建议，这样会提升软文的价值和实用性。

3.3.3 【案例】从草莓到西红柿只需要Duang的一下

医疗软文有时候也需要另类的写法，来突出自己与其他企业软文的差别，但不宜过多使用，下面来看一篇比较另类的医疗软文。

从草莓到西红柿只需要Duang的一下

最近我们最不能忍受的事情是什么！晒、晒、晒，重要的事情说三遍。

从前段时间就开始晒自己好身材的"反手摸肚脐"、晒美胸的"锁骨放硬币"以及有颜值的"酒窝夹笔盖"。可是你即使有好身材，胸围够大，颜值可以，如果你的肌肤如草莓一般，拍照还需要美图，那还有什么用呢！

现在小编我煞费苦心，为爱美的你呈上现实版的"美肤"神器，让你从草莓到西红柿只需要Duang的一下子。

水光注射，来自韩国，有着别称"艺人针"。有着韩国"蚂蚁腰精"之称的女子组合Kara的具荷拉也大方承认最爱的一种微整形就是水光注射。

水光注射能解决肌肤五大问题，如图3-14所示。

【分析】：

此篇医疗软文的内容，利用当下比较流行的话题、词汇，如"反手摸肚脐"、"锁骨放硬币"等流行话题，为文章增添了不少的乐趣。

图3-14 水光注射能解决肌肤五大问题

此篇医疗软文利用流行式标题来吸引读者的眼球，其流行词汇"duang"，在当时是人们口口相传的一大热门词汇，而带有这样流行词汇的文章，定能收到不少的注目礼，再加上此篇医疗软文的篇幅不长，不会磨灭读者阅读的耐心。

整篇文章读上去朗朗上口，是一篇白话式的软文，这类软文的用词没有那么严谨，就像人与人之间相互交谈一样随意，可以拉近软文和读者之间的距离。

在文中还利用明星，来增添对产品的认可度，这能让读者进一步信赖产品"水光注射"，接着以"水光注射能解决肌肤五大问题"来结尾，明确告诉读者"水光注射"的成效，医疗软文可以依托这些功效，吸引读者的注意力。

TIPS:

另类的医疗软文，对于那些思维跳跃的读者来说是非常具有吸引力的，因为这样的软文氛围，能让这类人群感到无比的轻松自在，并且在软文中的最后一段，加入产品的成效、明确产品能给消费者带来的好处，这样更能让读者接受产品广告插入文章中的做法。

3.3.4 【案例】谁来"拯救"缺失的牙齿

下面是一篇医疗问题式软文案例。

谁来"拯救"缺失的牙齿

俗话说"牙口好，吃嘛嘛香"，可见牙齿的健康对人们的生活质量影响很大。随着年龄的增大，许多老年人因为牙缺失导致咀嚼功能退化而无法享受美味，甚至出现营养不良等健康问题，成为晚年生活的巨大遗憾。"拯救"缺失的牙齿，成为许多老年人的头等大事。

"8020"牙齿健康标准，国内老人仅三成达标

世界卫生组织在2001年提出了牙齿健康标准，即"8020计划"，意思是如果我们能很好地保护牙齿，到80岁时，应该可以有20颗自己的牙。而我国80岁以上的老人，留住20颗恒牙的人数仅为35%左右，许多老人长期处于缺牙甚至无牙状况，导致咀嚼功能退化，面对众多食物却只能无奈成为"看客"。

缺牙无须忍，种植修复"拯救"缺失牙

"其实，中老年人长期缺牙对健康极为不利，如具备条件完全可以选择种植牙来进行牙齿修复。"口腔专家介绍，在口腔业，种植牙称为继乳牙、恒牙后人类的"第三副牙齿"。与传统的牙齿修复技术相比，种植牙这种新型修复技术对牙齿的功能恢复度更高，而且损伤小，舒适度高，使用寿命长，是最接近于天然牙的一种修复方式，能解决绝大部分缺牙修复问题。

种牙怕疼，有微创无痛种植

临床上，有不少牙缺失患者因为怕疼而迟迟不敢种牙，其实，当前先进的微创种植技术能很好地解决这一问题。微创种植技术是通过微创的方式拔除患牙并引导人工牙根的精确植入，不仅降低了种植修复给牙槽骨带来的创伤，而且全程几乎无痛感，让缺牙者在舒适无痛的环境中完成牙齿修复。

种牙享美食，新民健康助力老人牙缺失修复

随着人们口腔保健意识的增强，很多牙缺失者希望通过种植修复来重新拥有一口好牙，寻回唇齿间重生的快乐与幸福。为更好关爱牙缺失患者，也为推进老年人口腔健康事业的发展，新民健康特联合沪上相关机构，开展"牙缺失老人关爱援助"活动，为沪上牙缺失老人提供免费口腔健康评估及专家一对一咨询服务。（本文来自新闻晨报）

【分析】：

此篇医疗软文以"谁来'拯救'缺失的牙齿？"为标题，当读者看到之后心中也许会有一个答案就是"我"，也冲着"拯救"、"缺失"比较具有冲击力的词汇点击查看其内容，读者也想知道怎样才能拯救缺失的牙齿。

软文开头提出"'拯救'缺失的牙齿，成为许多老人的头等大事"，在开头处就与标题相呼应，洗刷了"标题党"的嫌疑。

以"许多老人长期处于缺牙甚至无牙状况，导致咀嚼功能退化"作为铺垫，推出种植修复技术能"拯救"缺失牙，然后介绍此技术，最后借"发展老年人口腔健康"之名，来突出核心关键词"新民健康"，以"新民健康特联合沪上相关机构，开展'牙缺失老人关爱援助'活动，为沪上牙缺失老人提供免费口腔健康评估及专家一对一咨询服务"，来增添"发展老年人口腔健康"的气氛。

整篇文章读下来，可以看到软文广告并不显眼，比较隐晦，不仔细注意、不往软文上面想，是很难发现其广告之处的，这全靠软文一直围绕"拯救"老人牙齿为主题，并且段与段之间的衔接非常得当，没有大面积铺设核心关键词，而是作为一个"小配角"在软文中存在。

这样也许会让医疗软文撰写者觉得不足够体现软文效果，但是对于读者来说，这样的文章是非常讨喜的，随着互联网的发展，软文随处可见，读者们早就对软文产生了厌烦情绪，只有这种广告不明的软文，才能让读者融入软文内容中，而不是一扫而过。

TIPS：

软文不一定要将广告在内容中随意铺设，不要怕失去软文的写作目的，只要处理得当，即便软文核心关键词成为"小配角"也不以为过，这样的铺设才更有阅读的意味，才是读者值得深挖的对象，读者只要愿意一个字一个字地阅读，那么即使不显眼的关键词也能被读者深记于心。

3.3.5 【案例】乙肝生活：5禁忌9注意

下面是一篇医疗视觉式软文案例。

乙肝生活：5禁忌9注意

乙肝恐惧猛于虎也。一旦得了乙肝大三阳，生活不再正常，忧虑、恐慌、担心等笼罩心头，长此以往。乙肝大三阳患者生活会被毁掉，身体和心理不会毁于疾病，但是很有可能毁于恐惧，一半以上患者最终会毁于异常的生活。

乙肝大三阳患者的日常生活应格外注意，否则就会导致疾病迅速恶化。

以下是乙肝大三阳患者的一些禁忌：

1. 禁忌酗酒。酒的主要成分是乙醇，乙醇在肝脏内可以转化为醛，它们对于肝脏都有直接的损害作用，可使肝细胞发生变性和坏死。乙肝大三阳患者本身肝细胞已有损害，加上饮酒更加是雪上加霜，促使病情加重，向肝硬化甚至肝癌方向演变。

2. 禁忌饮食过量，特别是过多食肉和糖类。过多的吃肉类和糖类，会使多余的蛋白质和糖类食物转化为脂肪而储藏，其中肝脏也是重要储藏点，天长日久，身体肥胖，势必形成脂肪肝，使有病的肝脏负担加重，促使乙肝大三阳恶化。乙肝大三阳患者最好安排多样化的均衡饮食，尤其是要自我控制体重，少食动物脂肪、油炸食品、咸肉、全脂牛奶等。

3. 禁忌过多的体力和脑力劳动。劳累过度消耗大量营养和氧气，导致肝脏能量供应大幅度减少，削弱肝脏的抗病力，会使乙肝病毒迅速扩散。乙肝大三阳患者病情平稳时，主张生活规律、适当运动，活动以不感到疲乏、恶心、腰痛为准。病情波动期，最好卧床休息，静养康复。

4. 禁忌发怒、抑郁。愤怒会使人呼吸急促，血液内红细胞数剧增，血液比正常情况下凝结加快，心动过速，这样不仅妨碍心血管系统的健康，更影响肝脏健康。有人统计：易怒的人患冠心病的可能性比一般人高6倍，患肝脏疾病的可能性比一般人高8倍。所以乙肝大三阳患者务必保持心胸开阔，情绪乐观。

5. 禁忌过度纵欲。过度纵欲，引起大脑皮层长期处于兴奋状态，不仅血液循环加快，呼吸急促，肌肉紧张，而且伤耗元气，损害肝肾，产生诸如疲倦、腰酸腿软、食欲不振、头晕耳鸣、失眠健忘等症状。对于肝脏功能基础本来较差的乙肝大三阳患者来说，纵欲无疑是一个杀手。所以慢性肝炎病毒不稳定时，一定要禁房事；处于病毒携带状态或病情稳定时期的患者，也应该主动控制性生活的频度。

乙肝大三阳患者的饮食注意事项：乙肝大三阳属病毒性传染病，患者除积极治疗，注意休息外，还应配合饮食调养。合理的营养有利于肝细胞的修复与再生，增强免疫功能，促进肝脏功能的恢复。

乙肝大三阳患者的饮食应注意以下几点：

1. 每日能量控制在2 000~2 500千卡；适量的能量可以节约蛋白质的消耗，增强体力，促进肝细胞的再生与修复；但能量过高会造成体重增加，导致脂肪肝。

2. 蛋白质的提供要充足；一般应高于健康人。由蛋白质提供的能量占全日总能量的15%，其中优质蛋白宜占50%，如奶、蛋、瘦肉、水产品、豆腐等。

3. 脂肪的提供与健康人相当；要用植物油，禁食动物油脂。当肝功能较差时，则应适当减少脂肪的供给，尤其要控制胆固醇的摄入量。

4. 碳水化合物的提供要适当提高；应占全日总能量的60%～70%，以利于肝糖原的储备，保护肝脏，维持肝脏的功能，可适量地补充一些纯糖食品如白糖、葡萄糖、糖果。

5. 维生素，尤其是B族维生素，维生素C，维生素A的供给要丰富。

6. 选用新鲜无污染的绿色食品，慎用食品添加剂，杜绝霉变（如发霉花生、大米）及各种腐败变质食品。

7. 宜用蒸、煮、烩、炖、氽、炒等烹调方法。不宜吃炸、煎、熏、烤食品。

8. 采用少量多餐的饮食方式，一日三餐外，适量加餐。饮食要定时定量。

9. 饮食要清淡，易于消化。

小宝宝网站特别关爱：乙肝大三阳患者也要正常的生活，乐观的生活，比起疾病，恐惧更可怕。（本文来自护肝卫士）

【分析】：

此篇医疗软文抓住读者的视觉效果，用数字来冲击读者的视觉，让读者产生好奇心理，特别对那些患有乙肝病症的患者具有无形的吸引力。

开篇没有过多的铺垫，用几句话带读者进入日常生活中的禁忌事项和饮食注意，并且禁忌事项都是以一条条的形式出现，言简意赅，没有用过多的语言来做铺垫，就用最为简洁的文章结构，只提供给读者最为重要的内容，直接进入主题，这样的一种方式，非常受读者的喜爱。

对于医疗软文来说，这种最有价值、实用的内容展现在读者的面前，会增添读者对软文撰写者的喜爱，对文章内容的肯定。

直到最后才突出软文核心关键词"小宝宝网站"，虽然看上去有点蹩脚，可是这样的设计读者也是能接受的，因为在之前的内容对于一部分患有乙肝读者或者是有新预防乙肝病症的读者来说，价值度还是非常高的，至少阅读了这篇文章，读者可以知道乙肝的禁忌和注意事项，也是学习了一点知识不是吗？

也因为之前内容实用性较高，所以软文关键词的出现不会被读者嫌弃、厌烦，甚至还会去关注"小宝宝网站"，看看里面会不会有更多实用性较强的文章。

TIPS:
此篇医疗软文可以算是一篇知识式布局的软文，不放置过多的、苍白的过度言，而是直入主题，让读者能快速获得他们想看的，并且真实的、有效的内容，这样的一篇文章定不会被读者嫌弃。

3.3.6 【案例】灰指甲广告忽悠了多少人

下面来看一篇医疗揭秘式软文案例。

灰指甲广告忽悠了多少人

在购物网站输入关键词"灰指甲"，会出现大量出售药品的商家，宣传广告不乏"轻轻一刷，只需8天"，"2～4个病甲，只需7天"等让人心动的快速治愈之法。然而治疗灰指甲，真的可以速战速决吗？皮肤科专家提醒，手指甲生长周期大约为160天，脚趾甲更慢，7～8天治愈的说法并不科学，建议患者到医院接受规范化治疗，不要盲目听信"小广告"。

手指长出新甲至少需要5个月

"治疗灰指甲的抗真菌药物主要是靠抑制真菌生长和繁殖来发挥作用。要想彻底治愈，只有等待健康的新甲慢慢生长，逐渐向外推出病甲，因此，灰指甲的治愈时间取决于指甲的生长周期。"第二军医大学附属长征医院皮肤科主任医师温海说。

显而易见的是，新甲的生长周期绝不止7～8天。温海介绍，指甲平均长度为16毫米，手指甲生长速度是每天0.1毫米，因此，完全长出一副新甲的时间在160天左右，也就是五个月以上。脚趾甲的生长周期相对较慢，需9～12个月。

"由此可见，治疗长在手指甲上的灰指甲需要3～6个月，而治疗长在脚趾甲上的灰指甲，就需要近一年的时间。"温海说，"凡是宣称一个月内可以治愈灰指甲的说法都是不科学的，对待这些产品或治疗消费者一定要谨慎。这些声称见效快的药物往往含有酸性成分，可能更加伤害指甲和周围皮肤的健康。"

长出新甲并不代表可以停药

北京大学第一医院皮肤性病科主任李若瑜提醒，也正是因为治疗周期长，很多患者由于各种原因很难坚持足够的用药疗程，用药半途而废导致治疗效果差，"临床上只有52%的患者在医生的指导下完成了全疗程的治疗，25%患者认为已经治愈了，从而自行停药。"

李若瑜建议，对于灰指甲的治疗患者要有耐心，应坚持定期复诊，由医生来判断是否治愈，千万不要自行停药。即使病甲已经完全被新甲替换，也并不意味着已经痊愈，应当让专业医生进行判断，需要通过镜检和真菌培养结果判断是否达到治愈效果，否则还应继续坚持用药。

李若瑜还强调，治疗灰指甲一定先要去正规医院的皮肤科明确诊断甲病类型，因为甲病的种类多，有50%的甲病不是由真菌感染引起的，容易和银屑病、紫癜风等其他类型的甲病混淆，非专业的医生很难做出正确诊断。

灰指甲易复发　"酒精消毒"不管用

灰指甲的复发率较高，专家提醒：减少灰指甲的复发，应在日常生活中注意以下几点：

第一，家庭中如果有成员得了灰指甲，要劝其尽快治疗，同时灰指甲患者平时要将拖鞋，指甲刀等个人用品与家人分开使用。

第二，日常生活中要避免甲外伤，特别是在美甲的时候，一套修甲工具会给多人使用，因此引起真菌感染的风险很大，我们通常认为使用酒精喷一下进行杀菌消毒即可，看到店内的"已用酒精严格消毒，请放心使用"的公告牌就放心了，实际上，酒精只能杀灭细菌，对顽固的真菌没有作用。

最后，要做到勤洗手，每天坚持洗脚，因为真菌的致病时间是24～48小时，如果在此之前将真菌彻底洗掉，就不会被感染。（本文来自人民网（北京））

【分析】：

此篇医疗软文的标题是一种揭秘式标题，就是将一些消费者不知道的事实给说出来，给消费者一个知情权。一般这样的标题在读者眼中，是富有正义感的，是非常讨人们喜爱的标题。

文章开篇就点题，将"疗效快"否决了，提醒消费者不要轻信那些冠冕堂皇的广告信息，应该去医院接受规范性治疗才对。

此篇文章有一个有意思的地方就是其核心关键词不是一个方面，而是两家医院：

- 第二军医大学附属长征医院。

- 北京大学第一医院。

以医生提醒的形式来铺设整篇软文，增添软文的权威性，以及在文章的最后，以灰指甲的注意事项结尾，可以增加读者的阅读体验，让他们知道真相之余还能知道一些治疗灰指甲的小知识。

TIPS:

　　此篇医疗软文的写作手法以医院专科主任的口吻来叙述文章，虽然可以增添权威性，但是需要注意的是，一定要有这么一个人，这个医生的身份要是真实的，并且他确实也说过类似的话语，这样才没有虚假宣传的意味，这样可以给那些防备颇深的读者、相关患者一个信赖的台阶。

3.3.7 【案例】数十年"云山雾里"，如今重见天日

下面来看一篇医疗软文案例。

数十年"云山雾里"，如今重见天日

　　过去由于医疗技术的局限性，许多不幸患上白内障的老人只有等到白内障"成熟"，眼睛完全看不见才能手术；如今眼科技术的发展进步，已让许多以前难以解决的疑难杂症得到轻松治疗。记者近日获悉，一位患有白内障合并超高度近视的68岁老人，日前在苏大附属理想眼科医院顺利实施手术，模糊了半个世纪的眼睛终于清晰地看到这个世界。

一次手术解除两大疑难眼病

　　丁爷爷今年68岁，家住苏安新村，据了解，丁爷爷从上小学的时候，眼睛就有650度的近视。多年的白内障使得他不敢外出，因为路牌看不清楚，也不能看电视、看报纸。今年的4月份，自己的亲戚在苏大附属理想眼科医院做了白内障超声乳化手术，手术非常顺利，术后视力有了大幅度提升。丁爷爷为此十分兴奋，原本以为白内障没有好方法治疗，现在只要做一个眼科手术，就可以解决烦恼，何乐而不为呢！

　　第二天丁爷爷来到苏大附属理想眼科医院，白内障科曾艳枫主任仔细检查后发现，丁爷爷右眼矫正视力只有0.02，左眼矫正视力0.4，

相当于有2 300度的高度近视。曾主任仔细为丁爷爷做了全面眼部检查后，建议其尽早手术。时机正值苏州市残疾人联合会与苏州大学附属理想眼科医院共同推出"亮眼看苏州"复明工程，白内障患者只要来苏大附属理想眼科医院申请医保白内障特定门诊手术，不用自己花钱就能把手术做了，这更加坚定了丁爷爷做手术的决心。

4月26日下午三点半，丁爷爷走进手术室进行超声乳化联合人工晶体植入手术。大约40分钟后，丁爷爷微笑着走出手术室。术后第二天检查右眼视力为0.8，这让丁爷爷十分开心，他说："现在终于可以跟朋友打麻将，出去玩了。"

与高度近视兼白内障同时说"再见"

在生活中，我们常常会遇到这样的老人：不但患有白内障，还患有近视，平常需要两副眼镜更换，以看不同距离的物体。像这些情况，可否在白内障手术时，一并解决呢？专家的回答是："能的。"苏大附属理想眼科医院曾艳枫主任表示，老年性白内障患者因年龄普遍偏大，加上青光眼、近视等其他眼疾，手术难度加大。但随着医疗技术的发展，现代超声乳化联合高品质人工晶体植入术已经能够解决更多复杂性白内障，只要术检符合条件，都能得到较好的治疗。

白内障眼是因为晶体颜色变得混浊，导致任何距离内的视力都模糊不清，在晚间更是突出。与白内障一样，近视的问题主要表现在晶体上，所以在临床上，都可以通过置换晶体来一并解决。"事实上，我们现在提倡的屈光性白内障手术，超声乳化联合人工晶体植入术，就是要将近视、远视等视力问题纳入进来一并解决，在临床中，我们称之为个性化视觉矫正方案。"苏州大学附属理想眼科医院白内障科曾艳枫主任说道。

及时治疗白内障，享晚年清晰"视"界

据了解，老年性白内障是一种与年龄密切相关的疾病。随着年龄的增长，人眼内的各种细胞会逐渐老化并失去活力，到一定程度时，人眼内的晶状体就开始混浊，使得外界的光线无法穿透晶状体进入视网膜，从而出现视物不清，随着病情的进展，视力会越来越差，如果不加以正确治疗，最终的结果就是失明。

但白内障并不可怕，随着医学技术的进步，目前在临床上广泛使用的冷超声乳化技术已能很好地解决白内障问题，只要及时积极治疗，都会取得良好的效果。过去，受技术的限制，还有传统观念的影响，很多老年白内障患者，由于错过了最佳治疗时期，不少人最终导致失明，或视力很差，严重影响到生活质量。现在，只要白内障影响了患者的正常工作和生活，视力降至0.3以下，即可手术。特别是50岁

以上的中老年患者，更应该抓紧。在这个年龄做手术，既可避免高血压、心脏病等不良影响，又能保证晚年的优质生活。

链接：参保白内障患者可"零费用"手术

今年2月28日，由苏州市残疾人联合会与苏州大学附属理想眼科医院共同推出"亮眼看苏州"眼病排查及角膜移植复明工程正式启动，这项活动给我市白内障患者带来了实实在在的帮助。

白内障患者只要来苏大附属理想眼科医院申请医保白内障特定门诊手术，不用自己花一分钱就能把手术做了，在采访中，医院负责人形象地说，只带医保卡就能把白内障手术做了。另外，考虑到大部分白内障患者都为老年人，为了减少患者前往医保部门申请特定门诊往来不便的情况，医院会安排专人负责协助患者办理特定门诊申请。根据苏州市社会基本医疗保险政策，白内障门诊特定项目手术费用为3 500元（含1 000元以内晶体），其中医保报销90%，个人自付10%，符合手术条件的患者，个人自付部分（350元）由本项目补贴基金承担。如果选择非指定晶体，患者补差价即可。（本文来自admin18）

【分析】：

此篇医疗软文的标题，是一种富有诗意、艺术性较强的标题，这样新颖的标题，对于医疗软文来说，算是独树一帜，这类标题是比较稀少却又有魔力的，吸引读者眼球的功能性比较强。

此篇医疗软文是以"记者"的角度撰写，新闻性就这么突显出来，为这篇医疗软文增添了"权威性"的色彩，让读者放下一丝防备，觉得应该是事实发生的事件、新闻。然后以丁爷爷因白内障不敢外出，得知亲戚在苏大附属理想眼科医院做了白内障超声乳化手术，手术非常顺利，术后视力有了大幅度提升后，开始带着兴奋的心情去了苏大附属理想眼科医院做白内障手术，就这么随意的，将软文核心给提出来——"苏大附属理想眼科医院"。

并且强调了"亮眼看苏州"复明工程，让丁爷爷免费治疗，这对那些患有白内障的患者来说是一件"天大的好事"，也给那些付不起医药费的患者一个"礼物"，从而会有越来越多的读者关注，他们也许还会主动宣传此工程，将好东西分享给其他人。

最后文章以记者访谈苏大附属理想眼科医院医生的模式，将苏大附属理想眼科医院对白内障治疗的信心给体现出来，再以提出"白内障只要及时治疗就不可怕"，呼吁视力降至0.3以下以及50岁以上的患者可以去医院做手术，过上优质的晚年，这样设计是在推动一些患有白内障的人群，尽早进行治疗。

最好拿出一段内容来推广"亮眼看苏州"工程，突出工程对白内障患者的优惠，进一步推进白内障患者去"苏大附属理想眼科医院"治疗。

💡 TIPS:

此篇医疗软文以丁爷爷的真实经历说事，并且还是以记者的口吻来叙述，其在权威性、真实性方面做得比较到位，并且还有记者访谈医生环节，这进一步扩大了其文章的实用性和价值度。最好以工程优惠来结尾，能大大推进那些白内障患者想要去治疗的动力。

3.3.8　【案例】一位老兵的抗癌故事

下面来看一篇医疗软文案例。

一位老兵的抗癌故事

说起父亲刘运同肝癌抗争近两年的历程，女儿刘亚华感慨万分：父亲在抗美援朝战线上出生入死，转业后又在经济战线南征北战，经历过无数次"战火"的考验，却都比不上这两年同肝癌的生死搏斗。这搏斗是那么惊心动魄、那么刻骨铭心、那么生死咫尺，真叫人永生难忘。

最多只能活半年

2002年年底，76岁的刘运在淮海中路地段医院一次检查中被发现肝部异常。做女儿的十分焦虑：父亲奋斗了一辈子，为革命事业艰苦奋斗、为子女，含辛茹苦，落下了心脏病、高血压、腰椎病、肠炎，如今肝又有问题，究竟是什么问题呢？王医生说：赶快到三级甲等医院去做CT进一步确诊！

瑞金医院的结论是：肝癌，转移性，有三块，最大一块达6公分。

马上住院，请最好的医生做介入治疗。都说介入治疗猛如虎，刘运坚强地挺着，却无法在床上动弹。女儿和护工二十四小时全程护理，但刘运还是像瘫了一样：高烧、昏迷、呕吐，不想吃东西，连喝口水都困难。

刘亚华含着泪水，轻轻地抚摸着父亲滚烫而消瘦的身体，感觉到一阵阵微弱的颤抖，她担心父亲随时会撒手而去。医生说：危险时时存在，你父亲年纪这么大，很难过介入治疗的关口，得这种肝癌能活3～6个月已属不错。

病房里的病友家属七嘴八舌：七八十岁的老人，真的很难熬啊！18床那个40岁的病友更是心有余悸地说："做一次介入治疗，就是过一次鬼门关，我真的都快受不了了！"。

要让父亲活下去

果然，父亲的第一次介入治疗就像过了一次鬼门关。

女儿却不死心。她想起前几天父亲的一番话："女儿呀！爸知道时间不多了，你们也别在我身上下功夫了，没用的！"

"爸，你别瞎想，你一定会好的。"

"你以为爸不知道病情？"叹了一口气，父亲说"爸最担心的还是你"。

"爸，你一定会好的……"刘亚华哭了起来。"别哭，爸为有你们而感到幸福，你要坚强一些。"

"是的，我要坚强一些。"刘亚华热泪盈眶。想到父亲为家庭，为子女做的一切，刘亚华有一种强烈的愿望：一定要帮助父亲战胜病魔——只要有一线生机，就要尽最大努力让父亲活下去！

刘亚华为寻医问药而踏破铁鞋。当她从林林总总的宣传资料中看到"中药消癌散"时，心中一亮。依稀记得，隔壁病房一位家属曾经说过这么一个情况：整个病房的癌症患者都先后走了，只有一个患者例外，他服用的就是"中药消癌散"。

刘亚华急忙买了一个疗程的"中药消癌散"，每日3次，每次8粒给父亲服用，期待着父亲的生命能出现奇迹。

服药后的第3天，刘运开始主动要吃东西了："我想吃点馄饨。"女儿急忙去买馄饨，馄饨买来，父亲一下子吃下5个，然后安静地睡去——这是确诊肝癌以来破天荒的第一次。

又过了几天，刘运明显感到身上有劲了，体温也趋于正常，也不再喊疼。慢慢地，能不靠护工帮助，可以自己翻身，大小便也有了知觉，并且能够下床了。

刘亚华欣喜若狂："看来，吃'中药消癌散'是见效的！"她说，但对于父亲是否能顺利通过下一次介入治疗的考验，她心里却直打鼓。

连服了三个月"中药消癌散"，刘亚华夫妇又把父亲送进医院，接受第二次介入治疗。这次介入治疗出乎意料地顺当，刘运没费什么力气就挺了过来，既未呕吐，也不发烧，全然没有出现第一次那种生死搏斗的痛苦经历。刘亚华对丈夫说："看来，我们买'中药消癌散'是买对了，父亲有救了！"于是，小夫妻俩更坚定地定时定量给父亲服用"中药消癌散"。

顺利通过介入治疗的刘运，回到家里的表现更是让人惊讶。他一反第一次介入治疗后天旋地转、难以站立、双腿水肿、只能卧床的病态，不仅能下床走动，而且能自己洗澡，更让人惊奇的是，这位近八旬的老人一直喊肚子饿。

刘亚华认为这是个可喜的信号，说明父亲生命力在恢复，体质在好转。因此，小夫妻俩为父亲每日准备丰盛、科学的3餐。早餐：1碗燕麦片、1瓶酸奶、两片面包。午餐：面食为主，面条、馄饨等轮着吃，配有新鲜的河鱼和两碟蔬菜。晚餐：以米饭为主，加新鲜的蔬菜。

每日3餐，刘运都吃得津津有味、香甜异常，晚上也睡得很熟。没多长时间，女儿女婿惊喜地发现，父亲不仅脸色红润，而且连以前做介入治疗时变白的头发竟然回归黑色了。

癌肿消失

除了2002年12月第一次介入疗法反应剧烈外，以后半年时间里，刘运进行的第二次、第三次介入治疗，都出人意料的平静、顺当，波澜不惊。主治大夫惊叹刘运异乎寻常的承受力，因此于2003年11月进行第4次介入疗法时，加大两倍药剂量，结果是有惊无险：心跳、血压曾出现短时间不正常，但仅过两三天，就又恢复了正常。

最让人不可思议的是，经检测，刘运的肝功能已恢复正常，原先3个癌肿，两个小的已消失，最大的1个已缩成了3.6公分，免疫功能指数AFP已从400下降至10以下。

对这场生死搏斗，淮海路地段医院王医生深有感触："当时与刘运一起查出癌症的几个人年龄虽小竟全都走了，刘运年纪最大却活着，这是个奇迹！"瑞金医院医生也说："78岁老人生肝癌又并发那么多病，竟然能活下来，而且已经活了1年零8个月，这是了不起的！"（本文来自39健康新闻）

【分析】：

此篇医疗软文是一篇故事式软文，以一位老兵的抗癌故事来命名，能吸引住不少敬重当兵、有癌症亲属、自己患有癌症的读者进行"围观"阅读。

开篇就将父亲同肝癌抗争与抗美援朝战线上出生入死相对比，突出父亲的铁骨铮铮以及被病魔折磨得无可奈何。

首先道出父亲病情严重，转到"瑞金医院"检查，从而得出的结论是肝癌，并且以"刘运坚强地挺着，却无法在床上动弹。"、"刘亚华含着泪水，轻轻地抚摸着父亲滚烫而消瘦的身体"等富有情感的句子出现，为软文构起了一层温情的父女之情，这样一个场景，很容易引起读者的共鸣，在读者的内心引起了无限的涟漪。

其次以父女之间温情又凄凉地对话，将温情气氛升温，可能会让读者回想起自己的父母，或是在想与他们在一起的快乐时光，抑或是在庆幸自己的父母没有得这样的病，这样的场景能触动读者的心灵，比较感性的读者可能会因此而留下感动的泪水。

再次以女儿带着一定要让父亲活着的信念，去找其他的药方，于是找到了"中药消癌散"，并且道出隔壁病房的一位肝病患者也在吃这个，也是抱着试一试的心态，给父亲服用，并表示连续服用 "中药消癌散" 3个月，效果非常显著，届时不难看出其软文的核心关键词就是"中药消癌散"，而"中药消癌散"的出现也合情合理，不会太过于生硬。

软文通过描述父亲服用"中药消癌散"后的成效，会让那些正在被病症折磨的肝病患者蠢蠢欲动，也想试一试，届时软文的效果就已经达到了。

全文的最后以"瑞金医院医生也说：'78岁老人患肝癌又并发那么多病，竟然能活下来，而且已经活了1年零8个月，这是了不起的！'"结尾，进一步将"中药消癌散"与医院治疗的成效非常显著，用医生的权威性进一步肯定"中药消癌散"的功效，引导读者去相信"中药消癌散"对肝癌患者的作用。

TIPS:

一般来说，在医疗软文中，故事性软文是非常受欢迎的，因为此类软文是一种特别能营造场景的文章，只要读者进入场景中，定能跟着故事中夹杂的情感所影响，降低读者的防备心理，让读者进入软文主人公的角色，感受故事给主人公带来的情感。值得注意的是，医疗软文撰写者在撰写医疗软文时，一定不能夸大宣传，虚假宣传，只有做一个遵纪守法、安分守己的软文撰写者，才能将自己的软文发扬光大，为企业做出一些贡献。

第4章

房地产类软文

房地产行业对软文的投入是非常大的，几乎每家房地产企业都利用过软文进行拉拢客户、找到精准客户、发布活动等，但并不是每一篇房地产软文都具备企业所期待的效果。因此，本章就来剖析房地产行业软文的写作。

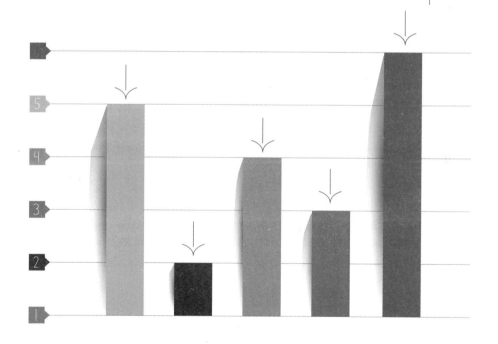

4.1 布局得把关

房地产软文的布局很重要，也许将软文布局把好关，不一定能使文章非常火爆，但软文布局没有把关好，那么软文一定不会受人关注，下面来详细讲解软文排列布局的方法。

4.1.1 疑团式布局

所谓疑团，是指设置悬念，不作解答，借以激发读者的阅读兴趣。通俗地说，它是在情节发展中把故事情节、人物命运推到关键处后故意岔开，不做交代，或说出一个奇怪的现象而不说原因，使读者产生急切的期盼心理，然后在适当的时机揭开谜底，如图4-1所示。

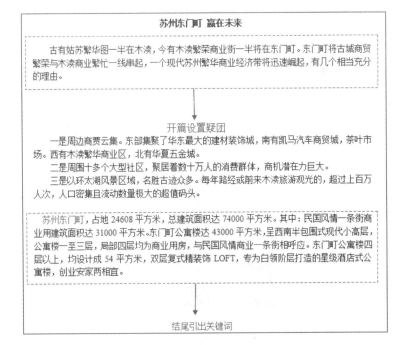

图4-1 疑团式布局

TIPS:

要达到疑团式布局的效果，软文撰写者需要在撰写软文时有意识地制造悬念。

　　疑团式布局，是指把一个完整的故事或者创意在情节发展的关键点分割开来，通过设置悬念的方式来持续吸引受众关注。

　　疑团式布局就是要提炼一到两个核心，神秘的卖点，根据进度慢慢抖包袱，即所有资讯不要一次放完，而是说一半留一半。要做到这一点并不难，只要沿着正确的方向，按照合理的步骤进行下去即可，如图4-2所示。

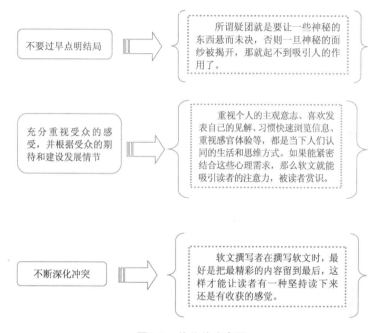

图4-2　总分总式布局

　　一般来说，制造悬念常用以下3种形式，如图4-3所示。

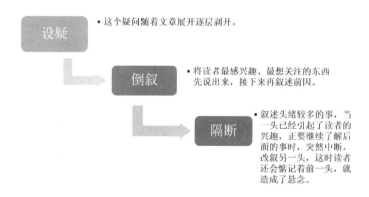

图4-3　制造悬念的3种形式

软文的疑问式布局也可以称为设问式布局、悬念式布局，其核心是提出一个问题，然后围绕这个问题自问自答。例如"人类可以长生不老？"、"什么使她重获新生？"等，通过设问引起话题和关注是这种方式的优势。但是必须掌握力度，首先提出的问题要有吸引力，答案要符合常识，不能作茧自缚，漏洞百出。

4.1.2 总分总式布局

运用"总分总"式的文章往往开篇点题，然后在主体部分将中心论点分成几个基本上是横向展开的分论点，一一进行论证，最后在结论部分加以归纳、总结和必要的引申。

简单地说，总分总式布局可以用总1—1、2、3—总2，这种结构方式适用于多件事情写一个人。具体写法如下：

● 一个点明题意的开头部分（总1），简洁醒目，作为文章的总起部分。

● 主干部（1、2、3）也可以说是文章的分述部分，它的几段互相独立，从不同的角度表达中心，在编排先后的次序上还需要有一定的斟酌。

● 结尾总2是文章的总结部分，它不仅是3的自然过渡，而且常常是对1、2、3的归纳小结，又是对总1的照应。图4-4所示为总分总式软文范例。

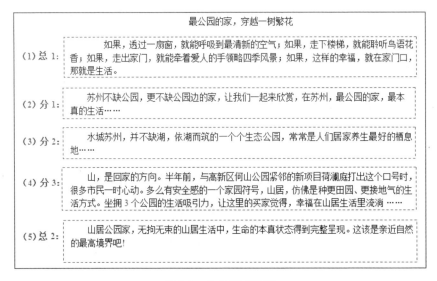

图4-4　总分总式布局

💡 **TIPS:**

运用"总分总"布局时要注意，分总之间必须有紧密的联系，分述部分要围绕总述的中心进行，总述部分应是分述部分的总纲或水到渠成的结论。

4.1.3　镜头剪接式布局

镜头剪接式布局是指根据表现主题的需要，选择几个典型生动的人物、事件或景物片段组合成文。主题是文章的灵魂，是串联全部内容的思想红线，因此，所选的镜头片段，无论是人物生活片段，或是景物描写片段，甚至是故事、抒情片段，都要服从于表现主题的需要。

运用镜头组合法构思文章时，主要有两种组合法，如图4-5所示。

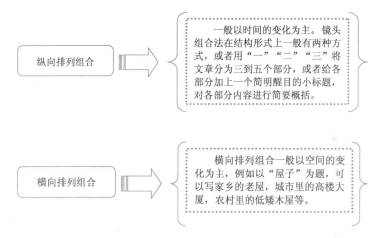

纵向排列组合 ➡ 一般以时间的变化为主。镜头组合法在结构形式上一般有两种方式，或者用"一""二""三"将文章分为三到五个部分，或者给各部分加上一个简明醒目的小标题，对各部分内容进行简要概括。

横向排列组合 ➡ 横向排列组合一般以空间的变化为主，例如以"屋子"为题，可以写家乡的老屋，城市里的高楼大厦，农村里的低矮木屋等。

图4-5　镜头剪接式布局的组合方法

下面针对不同的镜头剪接式布局软文进行详细分析，如图4-6所示。

1. 时间推移式

时间推移式布局以"时间"为主线，简明地记叙在每个"时间"中的主要事件，而将许许多多的内容作为艺术"空白"留给读者去想象，去再创造。可以用"小时候—长大后—现在"、"10岁—20岁—30岁"、"童年—少年

图4-6　镜头剪接式布局的分支

"一青年"等围绕几个时间段写人生经历或事件，脉络清楚。

一般来说，房地产软文就经常以"上半年—下半年—下一年"、"上个季度—这个季度—下个季度"等，慢慢进行时间推移，将软文内容慢慢推向高潮内容。

例如，一篇房地产软文《市场，给了仁恒最响亮的回应》，就是从"2007年5月—2008年3月中旬—2008年4月中旬"，用时间的推移来诉说，仁恒房地产获得了市场和消费者的信任，如图4-7所示。

市场，给了仁恒最响亮的回应

2007年5月星岛·仁恒一期正式公开，赢得了市场和客户的信任，完美售罄。并于2007年底一期圆满交付业主。

2008年3月中旬星岛·仁恒2期湖景别墅正式接受诚意预定，在一期的基础上，2期继续着住宅与湖的完美结合，精心营造区内景观。目前售价均价为16800元/m2，共有220-300平米多种精品户型。

2008年4月中旬，星屿·仁恒一期首度公开，立刻引起市场高度关注，推出了一期第一批房源约百余套，而当天上午就被迅速认购过半房源。其高端精装品质、绝佳的湖景资源赢得市场和客户的信任和认可，可贵的是，不少客户专程从上海赶来苏州。

仁恒品牌忠实度可见一斑。本次共推出95-182平米四种风格不同的户型，目前售价均价为9000~12000元/m²。

图4-7　时间推移式

2. 回环反复式

回环反复式布局在内容上句句紧扣主旨，因此可使中心突出；在形式上，由于它的出现，可使层次更清晰；在表达上，因其常与排比句连用，可以极大地增强语言的气势与节奏感。

3. 正反对比式

正反对比式布局，是指通过正反两种情况进行对比分析论证观点的结构形式。房地产企业在使用正反对比式布局时，应围绕中心论点选择需要比较的材料，所选对象必须是两种性质截然相反或有差异的事物，论证时要紧扣文章的中心，才能确定为对比点。

TIPS:

正反论证应有主有次，若软文从反面立论，则以反面论述为主，以正面论述为辅；若软文从正面立论，主体部分则以正面论述为主，以反面论述为辅。

4. 二级标题式

二级标题式布局就是在软文的各段上建立一个小标题，而小标题是每段的中心思想。**一般二级标题的拟写不仅要整齐、富有艺术感染力，还要能反映作品的创作思路，写作层面的跳跃性不可太大。**

例如，房地产《雨天漫步旭辉香格里，寻找阳光的国度》一文，软文撰写者用“实体示范区挺惊艳”、“小区规划挺洋气”、“各项配套挺给力”作为小标题，文思清晰，由题入文，给人以清新、幽雅之感，如图4-8所示。

雨天漫步旭辉香格里，寻找阳光的国度

近日，在高新区的各路户外广告上，都能看到旭辉在苏州又多了一个新项目：香格里。光听名字，就觉得是个挺美的项目，让人充满对“香格里拉”的幻想 …… 本周小新探盘，带你走进旭辉香格里，看看这个“阳光的国度”长啥样。

实体示范区挺惊艳

沿着塔园路，一直往南开 …… 来这里看房子的人，一定会和小新一样，感觉一气呵成，面面俱到，总的一句话：看着就舒服。

小区规划挺洋气

从沙盘看去，整个项目由 7 栋洋房和 10 栋高层组成 …… 同时搭配上细巧，精致的线条使得整个建筑更加挺拔同时富有层次感。

各项配套挺给力

也许有人会担心这里是不是比较生活不方便……从旭辉地产打造出的重重景观、清新喜人的样板间，以及置业顾问的专业讲解来看，无一不展示了这家开发商的综合实力。买这家房子，潜在的升值空间就在眼前。雨天漫步旭辉香格里，庆幸找到了这样一个阳光的国度。

图4-8　二级标题式布局

TIPS:

二级标题的拟定要有艺术性、提示性，以及要体现出在软文各部分之间的内在联系作用，使跳跃的内容联成有机的整体。

4.1.4　平行式布局

平行式布局是指从若干方面入笔，并列平行地叙述事件，不分主次的说明事物，可以将事件、论题分成几个方面来叙写、议论和说明，每个部分是相互并列平行关系，是独立的主题。

平行式布局的撰写基本上可由两种方式构成，如图4-9所示。

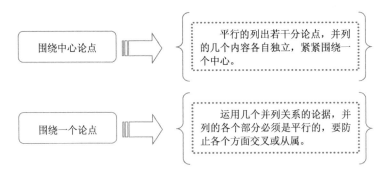

图4-9　平行式布局的构成

就拿一篇《藏风纳水，傲然别墅时代风华》房地产软文来说，其文章以"览澄湖尊荣，感时代奢华"为中心论点，将"美景"和"感动客户"平行并列起来，整篇文章下来，可以相对突出澄湖水库对打造人居生活的高度关怀，如图4-10所示。

藏风纳水，傲然别墅时代风华

览澄湖尊荣，感时代奢华

大多数人的梦想成就少数人独有的风景。澄湖水库以美式现代的坡地建筑风格，沿袭了国际上最先进、最人性化、最富创意的高端人居理念，融合了美式自由、活泼、创新等国际元素，集合当今世界别墅建筑精华之大成，澄湖水库在25万平方米的土地上，只建286座真独栋别墅，钜献各界精英名仕。

坡地与双湖美景，构筑纯美臻境生活

澄湖水库，因地造势，依水而建，利用自然坡地巧妙地与天然水系完美融合，在澄湖岸群构筑纯美臻境的岸墅生活。

澄湖水库巧借外部4060万平米天然金澄湖，引水入小区打造30000平米内湖水量，并通过模拟自然湖泊生态组成方式排布内湖水系，形成15米极限亲湖，奢享500米湖岸线的独特双湖景观。精巧的建筑格局以水为媒将原始地形进行分割和填充，并前高后低的堆砌造势，疏密有致地将一栋栋别墅置于濒水的"岛"上，特别的坡地设计，高处显露尊贵气势低则亲水自然，轻松地构筑了人与水、人与自然之间一个又远既近的恰当尺度。让居者在高低进退之间尽揽丰富美景，天际线也随之变得更加灵动。

澄湖水库如此合理的规划设计，业主居住其中，充分享受高品质居住环境带来的极致感受。

以品质感动客户 以客户为核心价值

笔者从澄湖水库销售中心了解到澄湖水库一期将于8月底交房，为了让每一位业主拿到真正满意的房子……

图4-10　平行式布局

4.1.5　分段式布局

所谓分段式布局，是指全文将被分成"三段"，这"三段"并不是指全文的段落只有三段，而是指全文由3个部分组成，如图4-11所示。

图4-11　分段式布局的组成

1. 首先：全文的概括

企业在第一段以较为简练的语言对事件做一个概述性的描述，再以一句话简单概括出这一事件的意义，并有利于读者的阅读。通常第一段只需说清楚事件的4个方面，如图4-12所示。

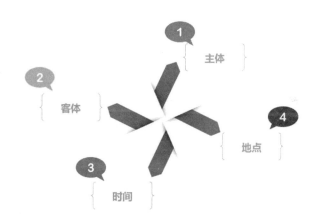

图4-12　第一段述说事件的4个方面

2. 其次：交代概述的由来

第二段主要是针对第一段所描述的事件进一步交代事件发生的背景、事件相关的细节，重点则在于阐述事件。

3. 最后：表达自己的观点

第三段主要是对事件提出"观点"，撰写这一段软文的要领在于要以发散性思维撰写，把核心事件放到大的市场环境、产业背景以及企业自身的发展历史中去写，只有这样，才能够在更高、更深的层面去体现事件的价值和意义。

例如，一篇《精装住宅专家再写领跑华章》的房地产软文，以"全面精装时代"为全文概括的中心论点，再以"品牌观点"、"24年成就中国住宅专家"以及"全面精装住宅专家"来叙述"全面精装时代"的由来，再接着以"精装四大'全面'"和"支撑精装修"来表达万科是"精装住宅专家"的观点，如图4-13所示。

精装住宅专家再写领跑华章

概述全文
中国房地产企业的领跑者——万科地产于2008年1月在苏南地区正式成立了江苏苏南万科房地产有限公司……全面推出精装修住宅，为苏南消费者带来了一场精装盛宴，开启了"全面精装时代"。从中国住宅专家升级为苏南精品质专家，万科再次写出领跑者的美丽华章。

苏南万科总经理的品牌观
江苏苏南万科房地产有限公司总经理陆军认为，万科保持了连续23年的增长，成为中国房地产领跑者，领先的优势越来越明显，简而言之，品牌的核心关键，就是要切实做到"客户至上、质量至上"。谁赢得客户，谁就可以笑到最后。

24年成就中国住宅专家
万科，以大众住宅开发为核心业务，是中国内地首批公开上市的企业之一，也是其中唯一连续15年保持盈利增长的企业。万科在苏南的"全面精装时代"已经开启，苏南人民的"轻松入住、闲适雅居"购房时代即将来临！

交代由来

全面精装住宅专家呼之欲出
如何实现2008年80%以上公寓类产品精装修？苏南万科在多年实践中，总结出一套切实可行的精装修方案……从玄关系统、厨房设备安装、进入式更衣间、卫生间收纳系统等等到节能环保、智能化系统的应用等方面，都进行了全方位革新。

苏南万科认为，精装要实现四大"全面"
"全面"一：按客户不同生命周期提供相应精装住宅。完成整个社区的户型配比，并解决客户最关心的精装舒适性、环保性、功能性、性价比、售后服务等诸多问题。
"全面"二：八大精装流程、七大空间系统保障建设质量。另外，厨房系统对热水器、冰箱的摆放位置，都提前做了预留。
提出观点
"全面"三：企业强大的品牌整合能力。与万科形成了"一荣俱荣"的战略合作伙伴关系，为精装修房提上乘质量保证。
"全面"四：完备的售后服务体系。通过回访了解客户对维修流程、人员态度、维修结果的看法，进行针对性改进。

"住宅产业化"全面支撑精装修
万科全面推广精装修的同时，也将着力实现"住宅产业化"，这将会带来房屋品质整体大幅提升。2010年左右，全面实现万科产品"工厂化"生产，推广"闲适便捷"的购房理念，领跑精装住宅新时代。

图4-13 分段式布局

4.1.6 层进式布局

层进式布局方法经常用于议论文体中，特点是在论证时逐层推进，逐层深入，一环扣一环，每部分都不能缺少，其内容之间的前后逻辑关系，顺序不可随意颠倒，它逻辑严密，是说清楚问题的好方法。

　　企业利用层进式布局论述时，可以由现象到本质，由事实到道理；也可以首先提出"是什么"，其次分析"为什么"，最后讲"怎么样"，以讲道理的方式，层层深入。

　　一般来说，层进式布局具有3种格式，如图4-14所示。

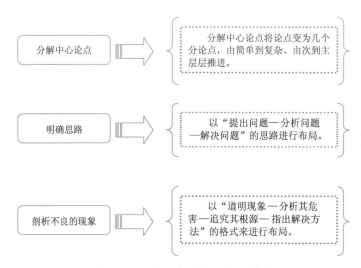

图4-14　层进式布局具有的3种格式

4.2　写作技巧

　　随着软文市场的开发，房地产行业用它那灵敏的鼻子，看中了软文的市场，不少的房地产企业都投身于软文中，也正因如此，房地产软文不管是在报纸上、杂志上，还是网站上、新闻上都已经形成了铺天盖地的境况。

　　可以这么说，房地产软文非常容易写，写一篇好的、效果佳的房地产软文却并不容易，下面来了解房地产软文3种常见、有用的写作方法。

4.2.1　树立品牌形象

　　所谓树立房地产品牌形象，是指房地产企业使自己的产品在市场竞争中能获得市场，以及在消费者中获得的知名度。品牌是企业与顾客双向互动的过程。如果没有客户的信赖和支持，品牌就会失去价值和意义。

所以，软文撰写者要多写几篇能树立房地产行业品牌形象的软文，这样才能更容易取得消费者的信任和提高知名度。

一般来说，用新闻性较强的软文来树立房地产品牌形象，是最好不过了，因为新闻早已经在人们心中贴上了"权威"、"可靠"、"信赖"的标签，若房地产软文撰写者从新闻着手，会有事半功倍的效果。

房地产软文撰写者可以从4个方面出发，利用新闻性较强的软文来树立品牌形象，如图4-15所示。

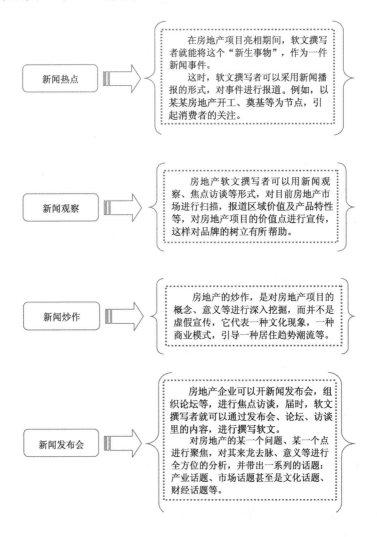

图4-15 树立品牌形象的4种做法

TIPS:

总而言之，房地产软文撰写者经过以上4个方面的探究，定能将房地产企业品牌树立起来，只要房地产软文撰写者能把软文写得够真实、具有阅读的价值，定能受到不少读者的青睐，并且品牌效应也会随着软文的投放，变得越来越深入人心。

4.2.2 深化产品卖点

所谓的深化产品卖点，就是在产品推出初期，宣传产品理念、产品概念、主推产品价值点等，通过这一系列的前期价值浸透、理念阐述等，让消费者对房地产产品有一个大概的认知，利用软文来更多地为消费者增强购买信心。

一般来说，软文撰写者想要房地产软文能达到深化房地产产品的卖点效果，可以从以下4个方面进行，如图4-16所示。

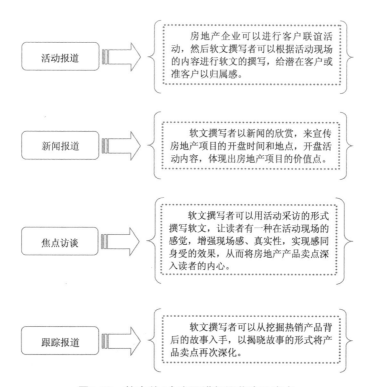

图4-16 软文从4个方面进行深化产品卖点

4.2.3　强势促进销售

强势促进销售，是针对房地产项目的销售态势撰写出渲染和烘托的软文，或者根据销售情况做相关新闻报道，以及将软文宣传重点聚焦在销售过程中所遭遇的问题上，这样能解决那些不了解房地产销售的消费者心中的疑惑。

一般来说，软文撰写者想要房地产软文能达到强势促进销售的效果，可以从以下3个方面进行，如图4-17所示。

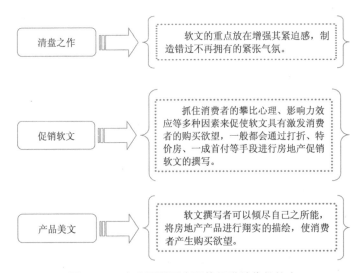

| 清盘之作 | → | 软文的重点放在增强其紧迫感，制造错过不再拥有的紧张气氛。 |

| 促销软文 | → | 抓住消费者的攀比心理、影响力效应等多种因素来促使软文具有激发消费者的购买欲望，一般都会通过打折、特价房、一成首付等手段进行房地产促销软文的撰写。 |

| 产品美文 | → | 软文撰写者可以倾尽自己之所能，将房地产产品进行翔实的描绘，使消费者产生购买欲望。 |

图4-17　3个方面撰写出强势促进销售的软文

4.3　房地产类软文写作案例

知识、概念谁都会，就是当自己动手撰写时，却不知如何下手，抑或是不能达到自己理想中的效果。下面来看10篇房地产软文案例，从案例中学习房地产软文的魅力，会更加有效。

4.3.1　【案例】江宁房价将破2万元？不如去看看善水湾

下面是一篇房地产行业软文，通过结合该实例，对房地产软文更加深入的了解。

江宁房价将破2万元？不如去看看善水湾

杨成今年30岁，来南京刚好5年。5年中他经历了工作的稳步上升，收获了甜蜜的爱情，也经历了被房东以各种理由赶出去的烦恼。如今婚期将近的他正在着手准备买一套房，作为一个外地人，杨成和未婚妻商量好了婚后接父母一起住，因此他最大的愿望就是能以自己手中40万元的积蓄，买一套能与父母同住的好房子，既解决婚后的住房问题，也能尽点孝心。

江宁房价将破2万元？不如去城南看看

开始看房的杨成不禁感叹南京房价涨得太快了！近期江宁某老盘喊出破20 000元/平方米的高价，城南一精装房17 000元/平方米，而一向以房价低谷为称的江北价格也已突破万元，且受禁地令的影响未来还将继续走高。以这样的价格计算，河西一套100平方米的毛坯房要270万元，江宁一套精装三房总价也近200万元。

与之相比，位于城南板块的建发善水湾，其在售房源中79平方米两房仅98万元起，而119平方米的3+1房总价仅140万元起，就能在主城买到四房两厅，享受到主城的核心区位与完善配套，双学区、双地铁一应俱全。同样是距离新街口20多分钟的车程，善水湾12 450元/平方米的均价远低于城北、城南、仙林等同样时间半径内的楼盘，其单价甚至还低于河西新拍地块的楼面价，足见其性价比之高。

主城首付42万元买四房，接爸妈同住

杨成看中的是善水湾119平方米的3+1房，首付42万元正好在他的预算范围内，而这款户型的空间却远远超过他的预期：客餐厅一体化，开间近7平方米，南向双卧采光极佳，确保老人、孩子都能享有阳光普照的卧室，赠送的入户花园改作房间，后期生活中灵活布置，带来房屋功能性上的延展。三代一同居住时，将入户花园变为书房，其余三个房间布置成卧室，晚上工作也不影响家人休息。四房两厅，一大家子一起住也不挤了。

善水湾的高性价比解决了杨成当下的置业难题，出了小区5分钟生活圈内超市、菜场、医院、银行等应有尽有，保证了生活的便捷性，雨花实小、雨花实幼公办双名校的配置就连他未来将要面对的子女入托上学问题也一并解决了。

目前善水湾二期在售1、2、5号楼，均价12 450元/平方米，户型以79平方米紧凑两房和119平方米3+1房为主，119平方米的3+1房赠送的户内花园可改造为房间使用，附加值极高，非常适合于刚改家庭。同时一期还有少量121、131平方米的改善型三房，均价11 800元/平方米，一期今年10月即可入住，非常适合急于换房的家庭。（本文来自admin18）

【分析】：

此篇房地产软文是一篇层递式布局软文，以"杨成想用40万元积蓄买房子并且要与父母同住"而明确软文的思路，然后就围绕这种思路进行了二级标题的扩展：

- "江宁房价将破2万元？不如去城南看看"，从这个二级标题可以看出在江宁房价普遍比较贵，并且突出了"城南"房价可能相对便宜。

- "主城首付42万元买四房，接爸妈同住"，从这个二级标题可以看出房地产产品的优惠，以及能满足软文中主人公的需求。

这篇房地产软文就这样层层递进，将善水湾房价、地段体现得淋漓尽致，并且这也是一篇叙述式软文："以一个主人公的购房需求"→"江宁房价在猛涨"→"善水湾性价比高"→"主人公看中善水湾中的一套房子，刚好付首付并超过预期需求"→"从房价、地段，到房子的结构、生活便捷性，再到具有学校配置，无疑不在透露着善水湾的便利性"→"总结善水湾的高性价比以及推荐善水湾的房子"。

整个叙述过程，于情于理，让人觉得没有在夸大宣传，而是以一个需求者的角度来撰写房地产软文，可以让读者放下一丝心中的戒备，更容易让读者产生信赖之感。

 TIPS:

在这篇房地产软文中还可以学会以下几点：

- 利用二级标题将文章的脉络理清楚，让读者能从二级标题上大概了解文章里的内容。
- 从消费者的角度出发，以消费者的需求为核心。
- 用叙述性的口吻贯彻整篇文章，这样才能消除与读者之间的隔阂。

4.3.2 【案例】舌尖上的开发商，抓住业主的心

下面是一篇房产行业软文，从另外一个角度来推广楼盘，让我们来欣赏这篇文章是怎样从另外一个角度切入推广房地产的吧！

舌尖上的开发商 抓住业主的心

现代都市越来越快的生活节奏，让很多人没有时间和心情去精心烹调美食，早餐凑合吃或不吃，抑或是午餐匆匆忙忙吃已经成为常态，而食品安全更令大家担忧。作为南京东生活大城，本周六，碧桂园凤凰城首家业主食堂即将开业，为上班族、独居老人和孩子提供更便捷、安全、丰盛的就餐服务。

凤凰城业主食堂本周六将开张

据了解，本周六业主食堂即将正式营业。开放当天，顶尖大厨现场制作全球最全神面，中国神面之首武汉热干面、江南天下第一面镇江锅盖面、重庆小面、刀削面、担担面、臊子面，邀您品尝，现场还有面食制作特技表演，给你幸福的味道。

业主食堂走的是，要抓住业主的心，首先要抓住业主的胃的路线。据开发商负责人介绍，业主食堂类似于市面上连锁快餐店的模式，所用食材均经过严格挑选，并进行营养搭配，让业主吃得放心，吃得舒心。

目前碧桂园凤凰城社区集市已经开业，业主可以在家门口购买到新鲜蔬菜。除了社区菜场，记者了解到，随着入住率不断推进，规划中的碧桂园凤凰城大型农贸菜场有望今年11月营业。其项目负责人透露，开发商通过谈判，并且以补贴菜农的方式，压低蔬菜价格，降低居民生活成本，一旦大型菜场营业，价格绝对比南京低很多，住在凤凰城生活成本只有南京的70%。

福利升级家门口的高规格影城

业主食堂将要开业的消息传开后，很多业主对食堂满怀期待。不少业主对记者表示，平时工作忙，也懒得做饭，业主食堂方便了他们的生活，可以不出小区就能吃到可口的饭菜，业主的福利又升级了。

而就在上周六，由湖南卫视倾力打造的电影航母，乐田LMAX影城已经对外营业。影城位于碧桂园的欢乐城3楼，占地面积3 412平方米，高雅的地中海风情和韩式浪漫情调的整体设计，让业主拥有了一处可以完全放松、享受浪漫震撼观影体验的全新休闲去处，目前停车全部免费。

IB学校精英教育 无缝对接世界名校

大城生活，配套持续升级。碧桂园凤凰城配套16万平方米商业中心欢乐城早已火爆开业，这是亚洲最大的儿童体验式商场，包括超大华联超市、4.6万平方米儿童置业体验式乐园希乐城、蓝鲸KTV等生活娱乐休闲配套，其中希乐城是一个不错的儿童游乐园。

在社区内建设分散的沿街商业，蔬果社区店、诊所、药房、洗衣店、洗车店等多种与生活息息相关的服务行业均在商业街内布局，最大限度方便业主生活。

而教育方面，主打IB教育的碧桂园IB学校，首届高三毕业生全部被世界名校录取，2013年9月，碧桂园中英文学校也已经开学。近日，记者获悉，碧桂园凤凰城第一所社区小学；凤凰一小也即将开建，入学不受户籍限制，预计2017年开学招生。

据悉，碧桂园凤凰城在倡导，"给您一个五星级的家"的理念基础下，近期重磅推出2015年旗舰产品：七期翰林湾，面积87～133平方米，总价42万元起，现火爆认筹。（本文来自金陵晚报）

【分析】：

这篇房地产软文以"平行式布局"来进行软文的写作，全文分为3个二级标题，每一个二级标题下面的内容都与"碧桂园"相衔接，这就说明全文以"业主食堂"、"高规格影城"、"对接世界名校"来突出"碧桂园"的好处，从这3个方面来深化产品的卖点，并且全文是以"记者"的角度撰写的一篇新闻性软文，这样能使读者进一步信任软文中所说的内容，以及树立"碧桂园"的形象。

通过软文前段部分对"碧桂园"旁生活设施的优化，在结尾处将"2015年旗舰产品：七期翰林湾"的楼盘推出来，也不会让读者感到突兀、厌烦，反而觉得这很堂而皇之，甚至觉得非常不错，让正需要购房、想要购房的读者有了一个值得考虑的楼盘，他们也会记下来，或者直接上网查看楼盘的相关资料。

TIPS:

从这篇房地产软文中还可以学会以下几点：

● 标题以看似与推广产品没有关系，但却是与推广产品链接在一起，让读者看不出是一篇软文，并且标题比较新颖，容易吸引读者阅读。

● 用并列的内容将文章拼凑起来，让文章以多个点，拼凑成一个面。

● 将明确的推广信息放到最后，用前面大量有质量的、可读性高的内容做铺垫，然后带出推广信息，这样能减少读者对软文的反感。

4.3.3 【案例】哈佛、牛津学子本周六聚首碧桂园凤凰城

下面是一篇以"总分总"铺设整篇的产地产行业软文，让我们来欣赏这篇软文是如何以"总分总式布局"来带领读者进入"碧桂园的圈套"。

哈佛、牛津学子本周六聚首碧桂园凤凰城

近日，鼓楼、玄武等区相继公布招生政策和施教范围。其中，秦淮区5个小学的合并让很多家长措手不及，也让学区房充满变数。在择校严控、学区变数下，本周六上午，碧桂园IB学校的两位已被牛津大学预录取毕业生，将和来自哈佛大学的学子同场交流，探讨中西方教育。

幼儿园到高中只要120万元

记者调查发现，南京民办学校中南外仙林分校优质的英语教学在全国赫赫有名，小学部每周英语课达到7节左右，从一年级开始开设英语课，英语教材有四大类：朗文、牛津、典范和感知世界，由专业的外教上口语课。学校还有很多特色课程，如陶艺课等，每年都有艺术节、体育节等六大节日。但其收费也着实不低，小学生≤21 600元/年，初中生≤22 800元/年，小学、初中9年学费近20万元。而周边学区房面积40平方米左右的，总价都在100万元以上。不菲的房价，高昂的学费，从小学到高中，120万元是远远不够的。

在碧桂园IB学校，幼儿园和小学一年是8.2万元，初中是10.2万元，高中是12.2万元（如果是碧桂园业主，每年学费可以减少1万元），以上的费用包含了学费、寄宿费以及代收代管费，整体算下来，幼儿园读到高中毕业的15年，总花费在120万元左右，其性价比高于南京民办学校。

公立小学将开建

创办于2013年的碧桂园IB学校，第一届高三毕业生中，有两名学生同时被牛津大学预录取，全班13名学生中有10名拿到了世界排名100强的名校录取通知书。建校两年即取得如此大的成功，IB学校的成功也让碧桂园凤凰城备受关注，高性价比堪称最牛学区房。

碧桂园IB学校校长李远表示，2013年第一年办学，学校只有120个学生，现在已经有400多个学生，有学生陆续被国外名校预录取之后，学校得到了更多人的认可，预计今年9月开学学生能达到600多人，明年将达到1 000人。据了解，这所投资6个亿的学校规划可容纳3 600多人。

除了主打IB教育的碧桂园IB学校，2013年9月碧桂园中英文学校也已经开学。近日，记者获悉，碧桂园凤凰城第一所社区小学——凤凰一小也即将开建，入学不受户籍限制，预计2017年开学招生。

跳级完成学业圆梦牛津

碧桂园IB国际学校大学预科部院长张钺介绍说，被牛津大学预录取的马铮铮同学，当年中考没有考上当地重点高中，但她数学突出，于是直接让她从高二跳级到高三上课，英语单独开课，只用一年时间学完A-level数学全部课程，并以第一高分提前通过毕业考，且雅思一次考过，国际数学竞赛满分折桂。

而另一位考入牛津大学的黄韬文同学，数理化具有优势，且实力均衡，于是老师有选择地辅导他参加国际竞赛，3科老师一对一辅导，最终确保他斩获3项国际竞赛大奖。同时针对他学科英语薄弱的情况，一个月的时间及时把英语这块短板补上，确保在牛津大学面试中无障碍地沟通交流，用2年的时间做了他在别的学校需要3年时间才能做完的事。

张钺介绍说，两位学生能取得如此优异的成绩，与碧桂园国际学校的国际化教育理念是分不开的。而对于不少家长质疑碧桂园国际学校只收尖子生的说法，张校长表示，碧桂园国际学校是双向选择的学校，"只要家长把小孩送进来，我们就一定会把他培养出去。"

本周六上午，碧桂园IB学校的两位已被牛津大学预录取毕业生，将和来自哈佛大学的学子同场交流，探讨中西方教育。（本文来自admin18）

【分析】：

这篇房地产软文以"总分总式布局"来构造整篇软文的结构，开头就总结说出"碧桂园IB学校的两位已被牛津大学预录取毕业生，将和来自哈佛大学的学子同场交流，探讨中西方教育"。

然后分别以"碧桂园IB学校的性价比高于南京民办学校"、"碧桂园凤凰城第一所社区小学入学不受户籍限制，预计2017年开学招生"、"碧桂园国际学校的国际化教育理念培养人才"这3点分支，来介绍碧桂园凤凰城具有性价比高、又有实力的师资力量。

最后虽然是重复第一段的话语，但还是有提醒的意味，将原本跑题的内容拉回来，形成前后呼应的效果。

TIPS:

从这篇房地产软文中还可以学会以下几点：

- 碧桂园是整篇文章的关键词，此文章将关键词铺设恰当，不会让读者觉得是硬生生加上去的。因此，软文撰写者在撰写软文时，切记需要将关键词嵌入软文中，这样才能达到自己写软文的目的。

- 在写房地产软文时，可以换角度出发，只要角度能与自己的房地产产品有关系，也是不错的选择。

- 当软文撰写者发现自己可能有点跑题时，可以在文章的最后将题点出来，最好话语不要和之前的一模一样，换个说法来表达一个意思，才能减轻"软文"标签的嫌疑。

4.3.4 【案例】毕业季撞上购房季，等于左手毕业证右手房产证

对于房地产软文来说，常见的布局类型应该是"镜头剪接式布局"下的"二级标题式"，为什么这种布局能在房地产行业受到欢迎呢？那是因为这种布局能方便、不乏味地从多个点去描述，而这些点都是赞美同一件事物，这样不管是读者阅读，还是软文撰写者撰写软文，都能去除一丝无聊，增添一丝趣味。

下面来欣赏一篇以"二级标题式"布局的房地产软文。

毕业季撞上购房季，等于左手毕业证右手房产证

对于即将步入社会开始全新生活的学生族而言，6月是一个喜忧参半的季节。毕业季的来临，让不少年轻人在一脚迈出象牙塔的同时，另一脚也踏进了"房奴"大军。"左手毕业证右手房产证"，已经成为当下的一股热潮。

初入社会，竞争激烈。很多人会选择先租房生存，因此房屋租赁市场每年在毕业季都会迎来火爆的销售场景。由于毕业生多，需求量大，租赁价格也会随之上涨。很多毕业生经常感慨租房苦，租房累，月月交租却是为别人做嫁衣，还有人感慨没有房没有家找不到归属感。但随着楼市政策逐渐宽松，买房已经不再是遥不可及的事。首付减少了，利息一降再降，还贷的压力变轻了，于是很多毕业生选择了做"毕房族"。

年中大优惠 抢湖景准现房

作为"楼市新人"的大学毕业生，该如何购置自己的第一套房子呢？别担心，恒大绿洲特地为想在宿迁置业的"毕房族"准备了86～160平方米湖景准现房，首期款仅1.7万元起，大湖景、大园林、优配套，让"毕房族"拥有校园般的美景。

对于刚毕业踏入社会的学子们来说，通常囊中羞涩，即便有父母帮着付首付，每月的月供也是一笔巨大的开销。因此，首付少、总价低、小户型的房子才是他们的合理选择。恒大绿洲86平方米精致两房，以实用、舒适为基础，空间规划无浪费，功能区域划分合理，人性化考虑细心周全；98平方米阔绰两房，户型设计合理，视野开阔，还送1 500元/平方米名牌精装！恒大绿洲助你轻松置业，全身心投入工作，毕业就有房产证，等于赢在起跑线上，毕业的同学们，你们还犹豫什么？

星级配套 全优生活

毕业之后，工作忙忙碌碌，缺乏锻炼，身体亮起了红灯，这是目前大多数上班族的通病。很多人说，并不是不想运动，只是一天的工作结束之后，回到家就不愿再专门前往几公里之外的健身场所了。试想一下，如果您所居住的小区内不但有健身房、网球场，还有恒温泳池，居住于这样的小区，您还会觉得运动锻炼是件奢侈的事情吗？恒大绿洲10万平方米的世界级皇家园林和五星级配套，满足您家门口的运动需求。来恒大绿洲吧，尽享专属运动天地。

恒大绿洲秉承"生态社区，健康生活"的筑家理念，在打造优质居住环境的同时，更注重创造健康的生活方式。恒大绿洲5 200平方米综合会所免费开放，健身大厅、瑜伽室、桌球室、乒乓球室、钢琴室等配套设施欢乐畅享，只要您有空，就可以来这里免费体验锻炼的乐趣。

我的T恤我做主

你的Style是什么？是欧美简约还是日韩甜美？抑或是超炫中国风？当大家都神清气爽的穿着T恤迎接夏天的到来，想穿出自己独一无二的风采吗？6月的6～7日，恒大绿洲将举办一场充满创意的热印T恤DIY活动。您可以免费领取活动券，凭券获取适合自己尺寸的纯棉T恤，将自己喜欢的照片拿给师傅现场制作。在经过小小的等待后，美丽的图案便会出现在T恤上。靓丽的图案，精致的T恤，让您清爽"衣"夏，秀出个性自我。

与此同时，来访客户在恒大绿洲售楼处现场或园区内拍照留念，并上传微博或微信朋友圈，即可在6月28日，凭发送记录参与大抽奖活动。现场还有精美点心、新鲜水果、饮料等，让大家可以在欢乐轻松的氛围中，尽情享受生活的甜蜜滋味。（本文来自搜房网房天下）

【分析】：

这篇房地产软文的"二级标题式布局"分为3个二级标题，而它们之间都是以平行的关系相互依存的，从表面上来看似平完全没有联系，可是仔细阅读下来，能发现它们彼此都与"恒大绿洲"有衔接，从而使得彼此之间因为"恒大绿洲"而产生了联系。

也正因如此，可以看出"二级标题式布局"的"魔力"，能将看似毫无关系的内容联系在一起，为文章核心主题做铺垫。

下面来一一分析，此篇房地产软文隐形的软文知识点：

（1）标题命名得非常有意思，以"毕业季"和"购房季"共同呼出"拿毕业证的同时还能拿到房产证"下"不可思议"的观点。这可以很好的吸引那些刚拿毕业证、拿了毕业证还没有买房子、想要买房子、即将要买房子的客户群体。

（2）首段先分析大学生为什么会选择"租房"，接着反映现实现象"租房的价格越来越高"，随着"租房费用高"的问题，又道出了"租房"的弊端，这能触动一部分正在租房的读者，让他们有"深有同感"之情。

接着道出"楼市政策逐渐宽松"，暗示着正在"租房"的人群，现在买房也许不再是一件遥不可及的事情了，进一步鼓励读者有购房的想法。

（3）二级标题"年中大优惠抢湖景准现"，直接以"优惠"来冲击"楼市政策逐渐宽松"，接着二级标题下的内容告诉读者，可以选择"房首付少、总价低、小户型"的恒大绿洲，给了读者一个建议，虽然广告意味太直白了，但以提出问题"作为'楼市新人'的大学毕业生，该如何购置自己的第一套房子呢？"的形式出现在开头，能减轻一点"广告感"，让读者认为下面的房地产广告是为"楼市新人"提供建议的。

（4）"星级配套 全优生活"这个标题下针对的主人公就是"上班族"，以"运动"来切入，来突出"恒大绿洲"健全的健身设施，体现出"恒大绿洲"的健全性。

（5）"我的T恤我做主"这个标题就是推出了"恒大绿洲的活动"，在结尾处有这么一个活动设计，是一个聪明的做法，因为前面对"恒大绿洲"的推荐性太强了，愿意看下去的读者也是带着半信半疑的状态在阅读，若在最后道出在"恒大绿洲"有一个活动并且还有奖品，既给了读者一个去"恒大绿洲"的理由，也给了读者去了解"恒大绿洲"的机会。

TIPS:
从这篇房地产软文中还可以学会以下几点：

- 以活动来调动读者的参与性，增强读者对软文内容的信赖。
- 标题可以用热点信息、词汇来吸引读者的注意力，使得标题不那么死板、生硬。
- 在二级标题下，只要全文结构契合、字句能让广告信息不那么突兀出现在文章中，就能拿一个二级标题来直接推荐产品。

4.3.5 【案例】广济·上上城商铺寒冬热销

下面来欣赏一篇结构清晰的房地产软文。

广济·上上城商铺寒冬热销

12月21日，广济·上上城商铺的开盘现场，上演了冬日里最火热的销售场面，从摇号到选房，共经历30分钟，所有商铺一抢而空！没能选购到铺位的客户，带着一脸遗憾与失落离开现场。

自从广济路、人民路北延通车以后，广济上上城炙手可热，10分钟车程直达石路、观前，公交路线自5路、8路、79路、76路等陆续开通后，繁华触手可及，客户对这一区域的发展前景怀抱了强大的信心，另外，政府着力将北部新城打造成为苏州城北商贸物流及优美人居的核心区域，因此这股信心在相城新城区的崛起下越来越壮大！广大客户纷纷表示，如果错过了这个区域的大商机，真不知道还要等多久才能有这样的机会了！由此看来，有许多客户对该区域、对上上城已经做足了功课，"看准了就要下手"，这是前来选铺的客户一致心声。

对于商铺来说，"人气"才是硬道理！坐拥华城国际、广济·上上城的庞大消费群体，完全的自住型社区，入住率极高，商铺的热销也足以证明了上上城购买群的强大支撑！加上周边的小学、幼儿园，御窑花园和在建大规模高档社区等，锁定各类稳定的消费群体。从现场和销售人员的介绍中了解到，90%以上的购买客户都准备自主经营，小面积商铺灵活分割，一楼纯临街，业态丰富多样。所以说，即使单价不低、平均价接近了15 000元，但还是被许多看好这一板块财富通脉的客户"虎视眈眈"，一开盘即被抢购一空，当然不难理解！

　　所有关注上上城乃至相城房产的人群都知道，上上城的住宅自从开出以来，无论遭遇什么样的市场瓶颈和不利因素，一直都保持热销不减的大好态势，创造了一个又一个的销售奇迹。此次，上上城商铺的圆满售罄，无疑又给住宅的销售注入了一剂强心针，日后商铺的集中经营与发展将进一步完善上上城的生活配套，生活之便利不言而喻。这次商铺开盘销售的巨大成功，无论对于上上城的住宅或是商铺，都是一项"双赢"之举，客户的信心达到了巅峰状态，开盘现场出现大抢购的现象，似乎也成了情理之中的事情！（本文来自admin18）

　　【分析】：

　　此篇房地产软文，以"开盘就被售空"为主题，不难看出这是一篇树立品牌形象的软文。

　　开篇就描述"开盘售空后没有买到商铺的消费者感到失落"的场景，让读者一开始就能进入这样的场景氛围，能增进读者继续阅读的心理，接着以交通便利、客户角度出发，突出广济上上城炙手可热的状况，然后解释广济上上城被疯抢的原因，以及总结广济上上城对未来的展望。

　　总之，整篇文章逻辑结构非常清晰明了，从"说明现象"→"解释现象"→"企业未来的展望"，这样一篇文章对那些正在选择购买商铺的消费者一个比较客观的建议，给人一种不是在虚假宣传、夸大描述，而是真实、有料地在诉说一件正在发生的事件，给读者一种可以信赖的感觉。

TIPS:

从这篇房地产软文中还可以学会以下几点：

● 有时候房地产软文标题的直接性，能给企业带来一些精准客户，所以，不妨试试直接叙述事件的标题写法。

● 软文撰写者可以利用跟踪报道的形式，让读者有一种亲临现场的感觉，添加一丝活跃的氛围。

4.3.6　【案例】在空中，与自然拥抱——聪颖的东郡SALES帮我找回了自己

　　房地产行业有时候喜欢利用故事来打动读者，那些关乎于爱情、亲情最能触动读者的心弦。所以，软文撰写者在写房地产软文时，不妨用故事

来做突破口。下面来欣赏一篇故事性的房地产软文。

在空中，与自然拥抱

——聪颖的东郡SALES帮我找回了自己

你曾经说，如果我们之间有1 000步的距离，你只要迈出第1步，我就会朝你的方向走其余的999步。你的确做到了。不过，你到我面前后，停留没多久，就继续往前走了。为别人继续走新的999步，那么，我也该再迈出新的1步了。于是我从迈进东郡开始。

你离开以后，我宅了很久，终于想出门了却不知道去哪里，不想见熟人，不想接受生硬的关心。漫无目的地开车经过万科东郡，看到他们特别醒目的促销信息，突然想去看房，也许，我确实该搬走，给自己找个房子了。

远远的，保安就朝我微笑，恍惚中觉得有点像你的微笑，亲切、温柔，带着些许孩子气，直到他标准的敬礼才让我缓过神来，这不是你，现在的你，已经没有如此真诚的笑容了。

SALES对项目的介绍，我一句都没有听进去，连你的话都可能是假的，别人的话我更不会轻易相信了。

"我们到现场看看吧，真实的东西才让人有安全感。"SALES这句温婉的话让我觉得她一下子看穿了我，让我有些不好意思。这真是个聪颖的女子，能恰到好处地读出你的内心。她叫小曹，乖乖的样子，讨人喜欢。

示范区很好。因为它必须好。当一样东西必须好的时候，就没有赞美它的必要了。我反倒更关注小曹，看她简单、真诚的笑容，听她清脆的声音，带点北方口音的普通话，俏皮的语气，嗯，她的可爱超乎我对SALES的认识，值得赞美。有这样的SALES，这个楼盘也不会差到哪里去。

万科东郡。现在卖的是最后的高层，拥有整个小区最好的景观，最好的位置，为了呼应伯渎港和旺庄港，还专门做了很多水景，很合适散步和发呆。也合适想你。所有美好的东西，都会让我条件反射地联想到你，想和你分享。可是东郡的美好，必须与你无关。

一想到你就稍稍走神，小曹就建议我上高层看看，"站得高望得远，视野开阔了，心情也会舒展哦"。一般SALES，应该不会这样建议客户吧，不去样板房，反倒去没有任何装饰的在建空间，有意思。坐施工电梯到24层，还没建好的空旷粗糙原样空间，居然让我有种莫名的亲切感。也许是开始喜欢看真实的东西了？

第24层，南北通透，大面宽朝南卧室的窗外，视线范围内居然没有任何阻隔，能看得很远很远，开阔得有些意外惊喜。所有的事物都在脚下，小区的洋房只有五六层高，再远处也全是10层以下的房子——站在这里，好像在山上一样，视野开阔，与事物拉开了距离，一切巨大都变得渺小，那么多的渺小，自己的喜怒哀乐，也变得如此渺小，心里自然也开阔起来，一下子心情好了很多。再加上高空中有些许微风，一阵阵温柔的穿过，让我觉得特别舒服，像曾经你抱着我那样，让我心里安静、踏实，似乎外界的喧闹纷扰，都与我无关了。

每一个细胞都在感受着这微风的温柔，从心里散开，到指尖，再到心里，每个细胞都温柔到慵懒。烦恼的，忧伤的，经过这样一种温暖的包围、散开到身体的每部分，都被柔化掉了……我曾经以为只有在你怀里才能有这种感觉，原来大自然也可以做到！此刻的空中，与自然相拥，享受悠然风，忘却旧情衷。

这就是所谓的豁然开朗吧。想不到建筑里，能产生如此"山"的感觉，如果不是亲身体验到，我无论如何想象不出高层建筑可以享受到这样的感觉。（当然这也和东郡南北通透、前后都这么开阔有很大关系吧）。

我要住在这里，每天都享受着"如坐春风"，用空中大自然的拥抱，代替你那温柔的拥抱。

PS1：后来小曹带我去看过样板房之后，我就立刻签下了24楼那套复式，215平方米，价格非常划算。本不需要那么大的，但是小曹给我算了笔账，让我没法拒绝这样的产品和价格，呵呵，这样可爱聪颖的女子，真是不错，下次大家到东郡去看房，去看看小曹吧。这样的女子，值得去看看。

PS2：亲爱的，这是我最后一次写到你了，不管怎样，我都希望你幸福。（本文来自百度文库）

【分析】：

这是一篇失恋后重拾温暖的故事性房地产软文，软文的切入点不错，以失恋为主题，这能大大地为那些失恋后在家酩酊大醉、心灰意冷的人群做一个好榜样，还有一点就是，此软文全文都没有提到"失恋"这两个字，而是用富有浪漫、诗意的说法，隐晦地描述了一番，这种做法非常聪明，因为有时候，失恋人群是非常敏感的，面对"失恋"的字眼，有一种莫名的排斥，而此文用含蓄的手法反而更能引起此类人群的关注。

此篇房地产软文接着以开车为噱头，正式提到了"万科东郡"，点出了软文关键词即软文推广核心产品，最后以"看到促销信息，想换房子"为由，开始与"万科东郡"打交道，"保安"真诚的微笑，让主人公想起了那个她，并提出那个她并没有"真诚"的微笑了，突出主人公对那个她的"恨"，这也让读者更加相信此篇文章是一篇真实经历的文章。

因为那个她而不相信房地产SALES的推荐，然后以亲眼所见，描绘出房子的好，从"南北通透"到"视眼开阔"，在描述房子特点的过程中还夹杂着对那个她的"恨"然后因为房子的特点而释怀。

在软文的最后，用两个"PS"的备注：

● 诉说主人公买下了自己所看的那套房子，并且推荐其他读者若想去万科东郡买房子可以找小曹。

● 释怀地祝福那个她，并告诉读者这一篇文章也是最后提到那个她的一刻，告诉读者主人公已经准备放下心中的执念了。

总的来说，此篇故事性软文，将产品融入故事中，将感情与房地产融合得非常恰当、违和，让读者在觉得这是一篇软文时，又看到一些情愫，而立刻觉得这就是作者的亲身经历，作者只是想把自己内心的想法、人生的经历分享给他人而已。

 TIPS：

从这篇房地产软文中还可以学会以下几点：

● 文章标题利用了破折号，更加能表明标题的意思，一般在语句比较长的时候使用。

● 关键词铺设不是很多，但恰到好处，在故事性软文中，不要过多的铺设关键词，这样才能保持"故事"效果，不然会一眼被读者识破，软文的本态。

4.3.7 【案例】在朗诗，告别黄梅酷暑天

房地产软文可以在标题上埋下伏笔，这样可以使读者从点击查看到查看的过程中产生不一样的心境来阅读软文，能让软文发挥更大的成效，下面来欣赏一篇房地产软文。

在朗诗，告别黄梅酷暑天

又到一年黄梅时，空气中湿度几乎达到100%，人体分泌的汗水难以蒸发，湿湿黏黏贴在身上难以忍受。地面潮湿生水汽，衣服霉变，卫生间生小蘑菇，洗的衣服怎么也不干，关节痛发作，心情也极度潮湿。

苏州的黄梅天让本地人都深受困扰，许多北方人在苏州更是适应不了这边的天气。"我是北京人，那里的气候干燥，湿度小。毕业后到苏州工作，最难过的是苏州的黄梅天，天气又热又潮，落下了关节炎，受凉受潮就会发作。一听说朗诗的房子是恒温、恒湿、恒氧的，就跑去体验了一番，感觉非常好，温度和适度都很宜人，住在里面明显感觉关节不像以前黄梅天那样酸痛，于是毫不犹豫地买了下来，在苏州住了这么多年，终于找到了一个称心如意的房子。"王女士如是说。

"像这样的房子不需要空调，再冷的天气，在家里也只需穿一件毛衣，做起事来也方便；到了黄梅天，早上洗的被罩晚上就可以用，不再担心发霉。"王女士在试住朗诗国际街区的系统体验间后发出这样的感慨。

住在传统住宅，衣服洗完后大都选择在阳台上晾晒，碰上下雨天，那就要等好几天才能干，而且衣服会有一股霉味，有的颜色鲜艳的衣服甚至会掉色。但在朗诗·国际街区，只要把衣服晾在室内，一个晚上就能干，让人大跌眼镜；晾在室内的衣服还有一点好处就是不掉色，如同新衣。

朗诗整合欧洲成熟的十大科技系统，实现全年室内恒温、恒湿、恒氧，在江南进入黄梅天时，其中的置换全新风系统，彻底改善黄梅季节里的不适，从而使住宅环境远离黄梅天；并且实现建筑综合节能率达到80%左右，在能源供应日益紧张的今天，朗诗科技住宅的低居住成本效应将越发凸显。

朗诗采用的置换全新风系统将取自室外的新鲜空气，经过除尘、温度及湿度处理之后，以略低于室内温度的状态通过新风口送入室内，经人体及发热体的加热徐徐上升，再通过卫生间、厨房上部的排风口排出。新鲜空气一直包裹人体四周，一年四季都有新鲜、湿度适宜的空气存在，有利于人体健康，这是传统住宅所无法实现的。

通常科技住宅在人们心中总是高高在上的，但朗诗国际街区改变了人们对科技住宅的认识，朗诗整合成熟建筑科技提升了住宅的居住舒适度和健康指数，每个细节都体现出朗诗对业主生活的关怀，并且真真正正地改善、提高了人们的生活质量，让居住成为一种享受。

苏州、南京、无锡三地试住体验预约中……

接待地址：中国·苏州工业××××

预约电话：0512-6285××××（本文来自admin18）

【分析】：

此篇房地产软文的标题用"朗诗"埋下了一个伏笔，读者从字面上来看会觉得"朗诗"指的是一件事情，营造出一个诗情画意的现象，让读者很容易误以为是一篇散文，而事实并不是如此，读者只要读了文章的内容，就会发现"朗诗"是一个房地产项目的名字，到时候会给读者一个恍然大悟的感觉。

文章以黄梅天做铺垫，指出衣物因为天气潮湿很难干、人们容易患关节痛等问题来引申出朗诗的房子具有"恒温、恒湿、恒氧"的特点，给人们解决了潮湿所带来的问题，并且以第三者的角度来描述朗诗房子的特点，这能添加一些真实性。

 TIPS：

从这篇房地产软文中还可以学会以下几点：

● 可以在文章的结尾处，加上房地产的预约地址和电话，这样便于感兴趣的读者进行进一步的了解。

● 从人们生活上会遇到的问题着手，这样更能引起人们对房地产产品的需求。

4.3.8 【案例】坐拥一湖诗意

房地产行业软文可以从风景着手，描述房子周围的环境、生活设施等也是不错的选择。下面来欣赏一篇诗情画意的房地产软文。

坐拥一湖诗意

位于太湖畔的胥香园·东院湖景阳房，在别墅一统太湖的天地中，以成就湖畔山水生活的压轴大戏，开启了世人共享太湖的局面，提升了山水境界的高度。如今，太湖阳房珍藏版的推出，更是奏鸣了太湖文明的绝响，引发了长三角各地客户的抢购热潮。现仅存稀世绝版的20余席，谨献给懂得价值的有识之士！

一房湖景阳房，绝佳的观景效果

山水的魅力，在现代社会表露无遗，人们在享受了现代文明所带来的繁华之后，更加渴望山水的清爽与悠远。胥香园·东院湖景阳房，令现代人对于山水的珍视成为生活的一部分。作为太湖·胥香园的压轴大作和太湖畔的唯一，胥香园·东院精心收藏的一房湖景阳房，具有非常好的观湖效果。驻足阳房之上，在一个更高的平台上品鉴湖光山色，太湖的烟波浩渺和生机盎然尽收眼底，生活自然成为一种享受。胥香园·东院湖景阳房凭借辽阔的视野，成就了生活的山水视界，成就了生活的崇高梦想。

最后20余套珍藏版，稀世典藏生态健康的居住品质

胥香园·东院湖景阳房，使太湖山水与都市人的生活紧密相伴，让居住者随时都能够观赏到太湖的美景。栖居于胥香园·东院湖景阳房，在享受淡泊宁静生活的同时，更显示出独特而成熟的生活优势，于自然的天空下可恣意享受成熟的社区配套和便利的从容生活。购物、休闲娱乐、餐饮、医院、学校，近在咫尺；公交、高速、轻轨各大交通方式，畅通市内市外；社区专属的临街商铺，更是让太湖畔的生活显得无比轻松闲适。

绝版的太湖山水，尽情地展现胥香园·东院湖景阳房生态健康的居住品质；成熟的生活社区，无限地拓宽胥香园·东院湖景阳房生活的享受和幸福，体现出终极之作的收藏价值。

超低首付3万元起，自然山水轻松相伴

胥香园·东院湖景阳房设身处地为购房人着想，为了减轻购房人负担，采用了低首付的策略，首付仅一成，使更多的人能够承担得起首付。56平方米的户型，总价仅30万元左右，按一成的首付比例计算，首付款只需3万元左右，轻松兑现了都市人的山水人居梦。

居于胥香园·东院，仰视山的春华秋实、俯观水的灵动多情，生活便不再是生活，而是诗；建筑也不再是建筑，而是画。超低3万元首付，准现房实景销售，让你即刻就能拥有舒适的山水生活和太湖之上的古典优雅。城市繁华触手可及，自然山水轻松相伴。这空前绝后的尊崇，由胥香园·东院绝版珍藏阳房最后敬献！（本文来自admin18）

【分析】：

此篇房地产软文一开篇就点出了关键词"胥香园•东院湖景阳房"，这样能为房产企业精准客户群，然后以"一房湖景阳房"，用较为华丽的辞藻来描述房子周围的环境，给读者营造出一个优美舒适的环境：身为湖景阳房，足不出户即可领略太湖美景，湖光山色尽收眼底。

现代人对生活质量要求越来越高，对生活环境的需求越来越大，而胥香园•东院湖景阳房以太湖为依托，将生活带进了如画的山水美景之间，这

对于现代人来说，相当有诱惑力。软文通过优美细腻的辞藻，将这一特点表现得淋漓尽致，读者在阅读的过程中，会产生身临其境的感觉，使得胥香园•东院湖景阳房的山与水立体呈现在读者的眼前。

然后将胥香园•东院湖景阳房具有完善的生活配套设施给描述出来，以"最后20余套珍藏版"来制造紧张之感，拥有如此美景的城中宜居之所，却只有20套，错过也许就会成为遗憾，而且胥香园•东院湖景阳房还拥有成熟的生活配套，集交通、娱乐、休闲、购物为一体，乃是不可多得的绝版阳房。

最后以3万元的超低首付价格，进一步引爆购房者的情绪。购房者在买房时最关心的价格、地段、环境、交通、配套、户型等在文中皆有体现，并且在软文的结尾段，着重地提出了"一成首付"的优惠信息，详略得当。

这篇房地产软文很好地诠释了房地产软文撰写的精髓——避轻就重，在项目的优势叙述得越详细越好，以项目独有的优势来打动购房者，就比如胥香园•东院湖景阳房的优势就是湖景与超低首付，所以软文中将这两点重点呈现，其余一笔带过。

在湖景与超低首付之间，由于项目依托的是太湖，太湖乃是中国五大淡水湖之一，湖泊面积2 427.8平方公里，买一房即可坐拥2 000多平方公里的山水。基于这一点，此篇房地产软文才会将湖景的优势放在最前，以太湖的名气吸引读者的眼球，读者也许不知道胥香园•东院湖景阳房的名气，却肯定知道太湖。

在此篇房地产软文结构中，也是按照并列的布局手段，来铺排软文的内容，在湖景这个最大的优势之后，提出配套成熟的优势，以最后的"一成首付"来结尾，使得行文结构十分完整，又非常契合购房者的消费心理。

整篇房地产软文更以优美的词语，来描绘山水之美，摒弃了房地产软文广告常有的弊病，提升了二次传播的可能性、阅读价值。

TIPS:
所谓的房地产弊病，是指在软文撰写过程中通常会进行过多的自夸，使读者产生厌烦的情绪，而且不注重辞藻的修饰，没有任何的艺术价值，就只是一种纯粹的广告。

第5章

服装类软文

随着互联网的发展以及读者的生活需求，服装行业的软文从纯文字已经开始倒戈到图文并茂的模式中，但不代表纯文字的软文就不能使用，只要软文足够的吸引人的眼球，不管是哪种服装软文，都是好软文。本章就来探讨一下服装行业软文的写作。

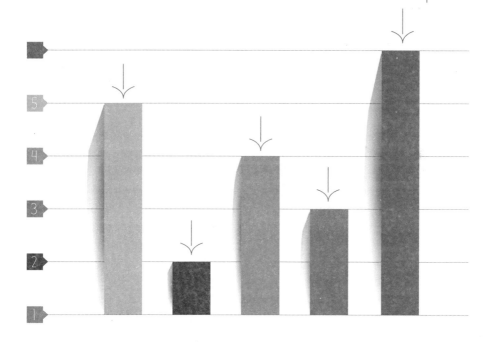

5.1 关键词布局得深入

如果说标题是软文的脸面，布局是软文的身体，那么关键词就是软文的灵魂，也是服装软文中不可缺少的部分。那么，软文撰写者应该如何在一篇软文中给关键词合情合理地进行布局呢？下面来讲解软文关键词布局的6种穿插形式。

5.1.1 散布铺设法

运用了散步铺垫法的软文必须由颇有经验的软文撰写者进行撰写，不然的话很容易写偏题，过分地铺设关键词，反而忽略了软文关键词的诱导作用，很容易到最后发生杂乱无章的现象。

散布铺设法应该紧紧围绕关键字本身来撰写，可以为了这个关键字特别定制一个故事。时时刻刻在脑海里都要有关键字的概念，任何一句话，或者包袱的铺垫最后都要归结到关键字上。

例如，一篇以90后自己攒钱开一家服装店的励志故事软文，作者通过一个故事引入，一步步引出关于服装的关键词，如图5-1所示。

90后女孩大学期间打工攒钱 毕业后开起服装店

心中怀揣创业梦的她从大学期间便开始打工攒钱，并靠自己努力在毕业后开设了一间名为HANG范儿的时尚女装店。9月5日下午，记者在位于山东路社区的HANG范儿时尚女装店见到了这位年仅22岁的服装店店主吕逸航，她告诉记者，虽然依靠自己对服装质量的严格要求和衣服款式的新颖吸引了不少新老顾客，但如今小店生意火爆的主要原因还是因为自己在经营上付出了比他人更多的时间和精力。

大学期间打工攒钱实现创业梦

吕逸航是一名时尚的90后女孩，虽然刚刚大学毕业，但上学期间坚持打工挣钱的经历让她决定努力攒钱毕业后创业当老板，如今已经开设了一家属于自己的时尚女装店的她谈起自己的创业经历，自豪地道："每个女孩都爱美，我更是不例外，其实上学的时候那么努力打工挣钱就是想要开一家属于自己的服装店。当初选店铺的时候也是费了不少劲，最终还是主要考虑人员流动方面，自己也是跑了好多地方选店面。"吕逸航表示，创业初期的她并没有靠太多人帮助，而店铺租金和进货资金也全都是靠自己几年来打工攒下的钱，这样既可以不为家里增添额外经济负担，也能向家人和朋友证明自己有能力实现自己的创业梦……

图5-1 散布铺设关键词

5.1.2　字数划分法

服装软文不需要太多的文字去铺设，其实重点还是在于图文并茂，但又不能没有文章，一般可以将服装行业软文分为3种模式，并且关键词可以根据这三种模式进行铺设，如图5-2所示。

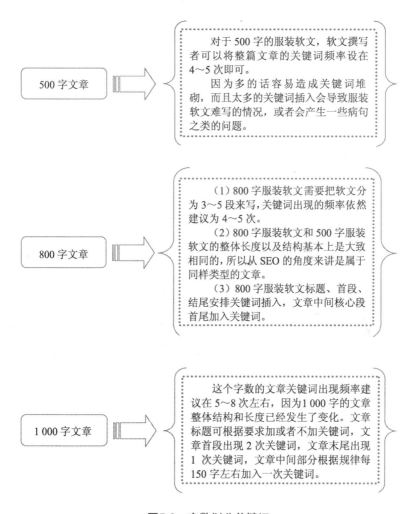

图5-2　字数划分关键词

5.1.3　含蓄躺枪法

随着社会的不断演变与发展，如今服装行业已经随处可见，也是人们生活中不可或缺的用品。因此，服装品牌绝对不会少，那么服装软文撰写者可以利用含蓄躺枪法，以第三者的口吻把所有类似的服装品牌做一个比较，分析优缺点。然后将文章的重心、重点慢慢地转移到自己的品牌上。随后通过这个方式加深大家对服装品牌的印象，从而使人们产生想要购买品牌的欲望。

这种方式可以很形象地用"欲擒故纵"来形容，先用含蓄的手法，夸奖他人的品牌，然后再返回自己的关键词上，可谓是隔山打牛，效果不言而喻。

5.1.4　分享经验法

分享经验法是现代软文创作中最经常使用的类型，也就是通过一些伪体验，或者伪感受作为切入点，主要是利用大家的同感来寻找彼此心灵上的融合点。

例如，一篇分享服装销售心得的文章，将"七牌男装"关键词嵌入得非常到位，如图5-3所示。

服装销售心得

在服装销售过程中，大多数销售人员都能够注意到客户的体型，也都能够耐心地讲解服装的质量品牌，但是，在日常生活中我发现有很多销售人员甚至店主都会忽略一个重要的服装销售技巧，那就是关于人们对一种生活方式的追求，如果在销售以及店面的布置中可以把握这一点，相信服装销量一定会得到提升……看来服装感知的因素不仅仅是价格和质量，更多的是生活方式。

发达国家与发展中国家的生活方式决定了消费者不同的购物心理。而中国的现状是同时具备发达国家，发展中国家，第三世界的消费者。所以在中国消费者身上同时出现几种不同的消费心理是一件很正常的事情……

统一鲜橙多的广告是一群在阳光下跳舞的年轻人，显然比汇源观看流水线全过程更加具备感性诱惑。所以汇源的挑战并不成功。因为"活力"的感知对于消费者的诱惑是极大的。农夫果园用沙滩上两个扭着屁股的父子让消费者感知到了一种生活方式，并且还说"喝前摇一摇"马上就快速取得突破。

服装的质量对于服装销售量的重要性是一定的。但是这种属性只是改变了生活质量，而产品的情感属性改变的是生活方式。七牌男装的广告词是："男人，对自己狠一点！"满足了男人的征服欲望和渴望成功或者在特定环境拼搏的心理，显然比劲霸男装："入选巴黎卢浮宫的服装。"更加具备感性的诱惑。所以有很多年轻人穿着立领的七牌男装，一脸酷酷的表情。虽然七牌男装要超支他们的预算很多……

所以，在服装销售中，无论是销售员还是服装企业的老板，都应该研究人们的感知销售行为，这样才能够在市场中脱颖而出！

图5-3　分享经验关键词

5.1.5　借势热点法

运用借势热点法的软文虽然比较容易吸引广大读者，但是最近几年由于使用过度变得非常庸俗，而且明星的新闻大多都是负面的，用得不好还会给服装品牌带来不利的影响，所以在使用时一定要注意看准方向。

其实服装软文与其介绍现有的明星还不如制造属于自己的服装明星，弄一个卡通人物出来也是一个不错的选择，还可以利用当地的热点，然后借机设置关键字炒作。

5.1.6　日常记录法

日常记录法非常适合针对女性读者利用女性喜欢交流各种心得的特点。模仿撰写一些相关的心情贴、日记贴、抱怨贴、倾诉贴等，然后在其中巧妙融合服装品牌的关键词。

5.2　写作技巧

可能有不少的软文撰写者认为，服装软文的写作以图文并茂为主，没有其他的技巧，其实不然，要知道没有一件事物都只具有一个特点的技巧，它会有无数个不错的技巧来催生事物的发展，而服装软文亦是如此，它具有不少的写作技巧，才能让服装软文撰写者将软文成功地展现在读者面前，吸引读者对软文核心关键词的深挖。

下面来了解服装软文的3种写作技巧。

5.2.1　创业故事屡试不爽

一般来说，创业故事对于读者来说是非常有吸引力的，因为人们渴望从别人的创业故事中找到商机，抑或是从别人的创业历程上找到值得学习的地方，找到创业的动力和启发。

例如，一篇名为《创业故事：走进服装行业》的软文，作者就是将自己的创业故事从为什么进入服装行业，在做服装行业时遇到了什么问题，有哪些注意事项等，将自己的创意故事述诉得淋漓尽致，博得了不少人的眼球，并且点击数也有55 229次，可见此文章是多么吸引读者的眼球，如图5-4所示。

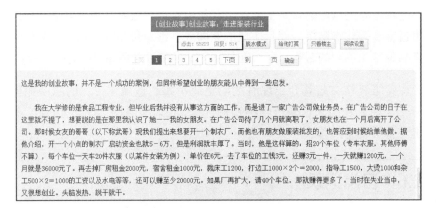

图5-4　创业故事软文的吸引力

软文撰写者还可以将某个名人的创业故事以新闻的形式述诉出来，既能用名人的名气，又能用新闻的权威度，还能用创意故事做噱头，将自己的服装广告推广出去，一举多得。

需要切记，撰写的内容一定要真实，千万不能胡编乱造，不然很容易惹上不必要的麻烦，到时候就得不偿失了。

5.2.2　话题营销无可睥睨

所谓的话题营销，就是让企业制造一个话题出来，一个富有创意的好话题，给企业带来的仅仅是曝光率吗？显然不是，一个好话题还能给企业带来销量、带来品牌关注度、带来无数的粉丝团等。

一个富有创意的好话题，是需要软文撰写者构思和撰写的，下面以微博上的"#李宇春926成都WhyMe#"为例，来看一看软文撰写者是如何将此话题变成火爆的话题。

（1）先从导语来说，将李宇春"WhyMe"演唱会拟人化，用"十年"来表示庆祝，来表示李宇春在音乐道路上的坚持，并且用一些华丽的辞藻来丰富导语，使得导语看上去有血有肉，让人们一读就有一个热血沸腾的气氛扑面而来，使得人们不得不去留意此话题中的内容，如图5-5所示。

导语：2015年9月26日，WhyMe十年之约，将在成都体育中心，拉开战幕！
WhyMe，中国最具社会影响力和传奇性的流行女歌手李宇春所创造的个人品牌演唱会。
一年一度的相见与狂欢，从06年的成都开始，已走过十年。WhyMe十岁，带着舍我其谁的勇敢无畏，回到梦开始的地方，化身战士，邀你共赴热血之约，续谱时代传奇。

#李宇春926成都WhyMe#

图5-5　导语

（2）导语结束了，就开始依靠发布的博文了，只有博文具有吸引力才能将话题延续长时间的存在，不然很容易被其他话题给挤掉排名，从而减少一些人流量，所以博文非常重要。

在"#李宇春926成都WhyMe#"的话题下有一篇置顶的博文，以演唱会造型"由国际四大顶级设计师联袂打造"为噱头，给人们一种这次的演唱会是一种视听盛宴的感觉，让人们认为不仅可以听自己的偶像唱歌，还可以一并看到国际设计师打造的造型。

并且还将博文写成疑团式软文，将这四大顶级设计师和精心打造的服装，藏于文字后，以"今晚开始陆续揭晓"吊足了读者的胃口，促使读者期待晚上的降临，并且还获得了3 113个转发、1 008条评论、4 098个点赞，如图5-6所示。

图5-6　博文

TIPS:

服装软文撰写者可以学习此话题，将自己的服装与某个事件联系起来，并以制造悬念的模式来撰写博文，这样既将自己的产品推广出去，也给了读者一些可以动脑筋、猜想的机会，更能调动读者想要继续阅读的欲望。

5.2.3　图文并茂常用不倒

如今人们的生活节奏越来越快，对那些全文字的、又并不著名的文章，并不会愿意花费过多的时间去阅读，人们喜欢短而精的、有趣而且有质的文章，再加上人们喜欢从视觉效果来判定服装的美观。

因此，有不少的服装软文撰写者，会将服装软文变成一种图文并茂的模式来展现到读者的面前，甚至有时候图片还会占据主导地位，文章会稍微少一点，软文撰写者也会将图文并茂的软文发布在自己的朋友圈中，以一种发布心情、动态的模式来推广自己精心制作的软文。

例如，优衣库就在自家的微博上发布了一条以中秋祝福为噱头的软文，词条软文以"如果你也有漫画里同样的感触"直指文字下面的6张图，并搭配"给挚爱送礼物"及优美的文字促使读者购买服装送给自己的挚爱作为中秋节的礼物，如图5-7所示。

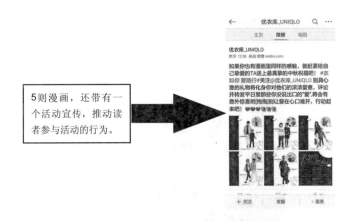

5则漫画，还带有一个活动宣传，推动读者参与活动的行为。

图5-7　优衣库图文并茂的博文

从图5-7可以发现，优衣库的这篇博文其实是一篇"双"图文并茂的服装软文，因为在图片里还印有文字，这种软文可以加深读者对服装品牌的印象，并且图片也不会显得没有含金量，增添了阅读的乐趣，并且每张图都能将读者带入一个与爱的人在一起的场景，让人们无尽回味和爱的人在一起的感觉。

从"父子之间的互动"→"兄妹之间的感情"→"母女之间的温情"→"伴侣之间的爱意"→"爷孙之间的温情"→"以爱为名的活动"，这一张张的图片无疑使得读者将自己身边至亲至爱的人都回味了一遍，拨动读者心中的心弦，再加上最后一张活动图，推动了读者关注优衣库官方微博，转发此条图文并茂的软文微博，并且借势中秋节的气氛，会促使一部分读者购买图片上的衣服，如图5-8所示。

图5-8 图片上的图文并茂

图文并茂+活动的这一做法是非常可取的，**服装软文撰写者，若是写不出长篇大论的软文，不妨花点心思在图文并茂上**，有时候软文无须很长，只需让读者看着舒适、有趣、有质量，即可是一篇成功的软文。模式其实并不重要，最重要的是怎样才能将自己的产品完美地融入文章中，让读者不会产生厌恶之感，反而产生喜爱之情。

5.3　服装类软文写作案例

服装类软文其实特别容易被读者发现端疑，让读者很快就能识别出这是一篇软文，这一定律很难避免。所以，软文撰写者只有以下两种做法：

● 将关键词少铺设在软文中。

● 图文并茂，将软文意味直接突显出来，在图片上多做修饰。

下面就来欣赏8则服装行业的软文，来从它们身上学到服装软文写作的一些技巧和方法。

5.3.1　【案例】遇上韩旖，邂逅爱情

下面是一篇以爱情为噱头的服装类软文。

遇上韩旖，邂逅爱情

夏天的风，带着一种热潮，烧灼着白嫩的皮肤。

走在街上，撑着阳伞，一个人游荡在城市的路口。寻寻觅觅的街角，没有熟悉的身影，脑海中却时时回荡着那句话：你的品味真够烂。

永远的黑框眼镜，白T恤，运动裤，加上一手马尾辫。

那幅他与她牵手离去的画面，深深定格在脑海里，刻骨铭心的伤痛。

逛街，游荡在各个商场，各个服装店，却不知从何开始改变。

叹息，似乎时尚离我太过遥远，经不住别人好奇的鄙夷的目光，不敢迈进那些名媛淑女的专卖店。

无语凝噎地望着街上打扮得花枝招展却不显妖艳的女生，心生美慕。

不经意间，收到一份宣传单，上面有一个让人眼前一亮的模特，简单的白色连衣裙，她穿出了大方得体的优雅，定睛一看，是名为

"韩旖娃娃"品牌的韩版女装。而且是网上服装店，一点都不用担心会被人用异样的眼光看。

有些小窃喜，加快步伐回到宿舍，打开电脑，输入http://www.××××.com，打开网址，一个个时尚可爱的魅力女生映入眼帘。

优雅大方的连衣长裙、可爱性感的半身裙、时尚甜美的雪纺上衣、名媛气质的小披肩、青春靓丽的运动套装等，目不暇接。

翻阅了很多时尚书籍，在衣倾情网站上网购了各类型的韩旖娃娃服装，试着按上面的模特造型打扮，摘了黑框，戴上隐形；换上黑色雪纺和天蓝色短裤；染了头发，拉了直发……

一个月后，仍是一个人在校园里逛着，遇到了他们……

本打算对他视而不见的，毕竟心已经被伤得伤痕累累。可是，总感觉他的目光一直跟随着我，抬眼，四目相接……

读出了他眼里的震惊，毕竟三年的时光，我们已经熟悉对方的每一个眼神每一个含义……看到他们紧紧牵着的手，心突然刺痛，转身，加快步伐离开，想走出他们的世界。

可是，"宁……"

一声呼喊，听出了懊悔，想到了曾经……

他冲上来，牵回我的手，说：对不起，我只是想让你为我改变而已。之前你总说没时间，要读书，我只能这样做了。其实她是我兄弟的妹妹，帮我演这场戏而已。

我知道自己没用，他牵我的手的那一瞬已经原谅了他。

他说：这样的你，真美。

我心理悄悄念叨：谢谢韩旖，为衣倾情，邂逅爱情。（本文来自绝想日记网）

【分析】：

此篇服装软文以爱情为噱头，一开篇介绍了女孩子因为穿着被自己男友嫌弃而导致分手的桥段，而这一桥段正好能引起不少对自己穿着不自信、刚与男友分手的女性读者共鸣。

首先表现出自己对打扮的无奈，道出了人们因不知道如何打扮自己而迷茫的常态，并在此常态中推出"韩旖娃娃"服装品牌，就像一棵救命稻草一样出现了，为不知如何打扮的主人公指了一条明亮的路。

文章还有一个出现网址的地方，一般来说，软文中最好不要放置网址，因为软文意味太过于明显，而且很容易被一些发布平台给删除，最多就将网址放置在文章的最后，而将网址放置在文中特别危险，不过非常取巧得是网址出现得不生硬，以主人公回家打开电脑，输入网址才能找到"韩旖娃娃"服装品牌为铺垫，才会让网址出现得比较自然。

其次以"一个月后"在校园中遇到自己的前男友，虽然还带着悲伤的情绪，却没有失去理智去理论或是做出比较出格的举动，只是加快步伐地想远离他，这里体现出了一个女生的理智与成熟，能为不少女性做榜样。

再次以男友只是想要主人公为自己做出改变为由，道出了与主人公分手的原因，从而以"我知道自己没用，他牵我的手的那一瞬已经原谅了他"，来道出女生在爱情中的无奈以及奋不顾身，能拨动那些和主人公一样的女性读者的心弦，同时也在鼓励读者要真实地面对自己的情愫。

最后以"我心理悄悄念叨：谢谢韩旖，为衣倾情，邂逅爱情"为结尾，虽然为"韩旖娃娃"服装品牌打广告的嫌疑非常显露，但读者在前面已经进入主人公的爱情故事中，就不会介意这点小广告，反而还会去注意"韩旖"服装，想看看其服装是什么类型、其有什么优点。

TIPS:
此篇服装软文，主要是利用了字数划分法来进行关键性的铺设，在标题、开头、中间、结尾都有铺设与"韩旖"有关的关键词，并且文章并没有将原本所想表达的情感忘却，而是一味地将服装广告插入进去，这一点做得不错，也是服装软文撰写者所要记住的。

5.3.2　【案例】真正的创意服饰

下面是一篇利用开头为关键词做铺垫的服装类软文。

真正的创意服饰

流行色是一个时尚的代名词，是人们对衣着追求的风向标。流行色与服装的面料、款式等共同构成服装美。唐朝的流行色为红色，宋朝的流行色为青色，明朝的流行色为金色，清朝的流行色则为蓝色，新中国成立之初的颜色为绿色，流行色不是固定不变的，而是一个时代，一种趋势和走向，与时俱变的颜色。无论哪个时期流行何种颜色，人们的时尚追求都是受制于一定的社会规则，只有在我们这个思想极度解放的时代，色彩斑斓才成为个性时尚一族的追求焦点。

在这个时尚泛滥、色彩弥漫眼睛的时代，追求个性时尚的新新人类开始迷茫，自己该选择哪一种颜色来表现自己的青春、个性与美丽？英国唯物主义哲学家贝克莱说："我思故我在。"韩国太曼斯则认为："我特我才在。"流行是"新新人类"表现个性魅力和风采的独特行为，除了一些表示她们共同特征的一般行为外，在许多方面特别是在穿着打扮上，他们不愿意赶时髦，随大流，反映出多样性的审美情趣和多元化的价值取向。韩国太曼斯抓住了年轻人这一心理特点，没有把自己的服饰设计得很高档、奢华，而是通过精心研究，发明了太曼斯变色服饰并创立了首家变色服饰连锁店。

太曼斯源自韩国——引领现代服装潮流的国度。在"韩流"已经遍布世界的时候，韩国太曼斯带来了又一韩国浪潮。太曼斯休闲变色服饰不仅有韩国传统时尚服饰特征，还在此基础上导入欧洲服饰美学和最新的时尚前沿资讯，顶尖设计师团队充分融合东方人体工学和审美观念，除增加时尚美感外，更具有视觉性、舒适性、多变性和东方神韵，每一款变色服饰都具备经典气质，是时尚品位的先锋。

太曼斯变色服饰打破了传统服饰一成不变的颜色，根据光学原理和热学原理研制而成，分为光敏变色和热敏变色两种。光敏变色是随着阳光的强弱而发生颜色的变化，如阳光照射时是一种颜色，没有阳光照射时变为另一种颜色。夜光变色是白天、晚上两种变化，到晚上服饰闪闪发亮。热敏变色是随着温度的变化而发生颜色的变化，如高于27摄氏度是一种颜色，低于27摄氏度又是一种颜色。变色染料配合图案设计，即可制造出颜色变化产生图案变化的效果，打破了普通染料只能印制静止图案的限制。太曼斯变色服饰不仅拥有上述特色，还被添加了一种新型化学纤维，使处理过的服饰颜色更稳定、时间更持久：看似普通的服装或包饰，离开阳光或一见阳光，即可在瞬间变化出不同的色彩，阳光越强，色彩变化越大，令人耳目一新，奇妙无比，且经摩擦还可飘出水果的芳香。

韩国太曼斯休闲服饰专卖店只需几万元即可享受总部店铺设计、区域保护、立体广告、整合营销、专业配送、贴心服务、店长培训等一切支持，让您全年销售无淡季，坐享滚滚财源！太曼斯是时尚青年的家庭储衣柜，更是广大投资者的创富摇篮。（本文来自学者来了去）

【分析】：

此篇服装软文是第一篇提出这个时代在某个方面应该思考的问题，而就这个问题推出关键词：以提出"流行色"的问题，将"太曼斯"的观点说出来，从而核心关键词就此出现。

虽然此篇服装软文，每段都有铺设核心关键词，但是其有一个巧妙的开头，就一个问题展开某品牌的观点，并随着自己的观点来叙述出自己因年轻人的心理特点而创立了首家变色服饰连锁店，并借此进一步介绍其服饰的特点和优点。

整篇文章读下来，读者会觉得这就是一篇介绍"太曼斯"品牌的文章，但还是会愿意往下阅读，这是为什么呢？因为这是一篇夹杂着品牌理念的文章，并不是一篇纯粹推广产品、毫无阅读价值的文章。

其实读者在挑选文章时，看到"真正的创意服饰"这个标题时，就会带着问题来阅读："怎样的创意服饰？"、"哪个品牌的服饰？"等问题进行阅读，反正就是与服装有关的，当读者决定看内容时，就不会在意是否是软文，只要内容与标题相符合，能给读者之前想要知道的答案，这就体现出了这篇文章的价值性。

若文章的重点不是放在"创意服饰"上，而是放在"推广服饰"上，那么读者定会避而远之，立即就会发现这是一篇纯广告软文，进而就会导致读者带着失望、谩骂声退出阅读。

所以，软文一定要扣住之前命名的标题的核心思想，只有这样才能不畏头畏尾地将核心广告词提出来，而是大大方方地将自己服饰的优点讲出来，不怕没有读者、不怕软文的效果不明显。

 TIPS：

从此篇服装软文上可以学到：

- 软文的开头还是比较重要的，服装软文撰写者需要学会利用开头为下文做铺垫，并且开头不能太过苍白，要具有一定的实际意义。

- 此软文的标题算是一种白话式标题，直接将核心思想道出来，让读者细细品味，这种标题下的内容，一定要做到点题，不然会被冠上"标题党"的称谓，如果这样就是一篇失败的软文，并不会为品牌产品带来什么好处，反而会降低品牌的形象。

5.3.3　【案例】寻觅一个回眸，也许为衣倾情

下面是一篇散文爱情服装类软文。

寻觅一个回眸，也许为衣倾情。

有一个人，虽陌生，却难以忘记。

有一段情，虽短暂，却刻骨铭心。

没有太深的眷恋，于是，转身离去。

没有刻意的寻觅，但是，深深吸引。

一直在寻找一类女孩，一类可以在人海中，只要一个回眸，便可以深深把我打动的女孩。

相信一见钟情与刻骨铭心，于是，一直在人海中不断寻觅。

闲坐在咖啡厅的玻璃窗前，望向街边，

一个女孩穿着白色的雪纺上衣悠然而过。

起身，快步走到门前，推开玻璃门，四处张望，身影却再难寻觅。

本以为这只是上天对我的无意捉弄，却发现，原来是月老安排的一场邂逅。"先生你好，请看看我们的网站小女子商城，虽然是女版服装，但是可以买给您的女朋友，可爱迷人的风格，她一定喜欢。"她，就这样和我说着，清秀的容颜，可爱又大方的打扮深深吸引着我。

看我没有反应，她将传单塞进我的手心，立刻为其他路人介绍。看着手中的宣传单，我知道，这注定会是一个美丽的爱情故事。

回到公司，打开宣传单上的网站地址，模特的服装展示似乎看到了她的身影，同样的服装有着不同的味道。

之后，做了许多努力，才从网站的工作人员那里打听到了许多关于她的信息，渐渐地和店长成为朋友。于是让她帮忙，自己装成顾客，经常去网购韩版女装，把我认为最适合她的订购邮寄给她，优雅大方的连衣长裙、可爱性感的半身裙、时尚甜美的雪纺上衣、名媛气质的小披肩、青春靓丽的运动套装只要她穿着，都能穿出不一样的美。她，还是会经常出现在咖啡厅旁；而我，仍是坐着老位置，看着她穿着我送的服装在工作。

她，终是知道了我，终是感动于我……

谢谢这条红绳，让我们邂逅，让她一直那么美，那么甜。（本文来自fzy-wuxuetao的博客）

【分析】：

此篇服装软文是一篇优美的爱情散文，开篇用优美的散文，来描述主人公想要寻找"一个回眸"就能打动他的女孩，随着前6行文字的铺设，将读者带入了一个想要寻找那个"她"的境界。

然后开始写主人公与那个"她"邂逅的过程，设定了一个女孩发送传单与主人公邂逅的场景，让读者也会想象自己也许在某一天，在路上、咖啡厅里也有那个她/他会回递一张传单给自己，于是成为彼此之间爱的邂逅。

并且作者很巧妙地将核心关键词"小女子商城"放在女生对主人公第一次说的话里，而且此关键词在全文只出现了一次，所谓其软文将广告隐藏得非常好，就用一次机会，放在最为注意又隐蔽的位置，可谓是设计高明。

随后就继续介绍主人公是如何与女孩子在一起，并在最后一句"谢谢这条红绳，让我们邂逅，让她一直那么美，那么甜"，末尾一个小小的提示，读者读到"红绳"这一刻，第一时间就会想知道"红绳"是谁？谁才是他们的"红绳"，可能会使读者再去翻看内容，起到了加深读者印象的作用，抑或是直接让读者回忆，之前文章诉述了哪些内容，这样就很容易让读者注意起核心关键词"小女子商城"了。

 TIPS:

从此篇服装软文上可以学到：

● 将核心关键词放在最为得当的位置，且仅放一次，这样就会将广告的气氛完全在软文中去除。

● 利用爱情故事，娓娓道来，将核心放置在相恋场景的描述上，只要将核心关键词一带而过即可，这样的软文才比较有阅读价值。

● 在结尾设置一个"回马枪"，让读者产生疑问，这样读者就会再次阅读，去寻找答案。

5.3.4　【案例】邱光和：从辍学到服装帝国缔造者，身家360亿元

下面是一篇创意故事性服装类软文。

邱光和：从辍学到服装帝国缔造者，身家360亿元

在国内的服装企业中，森马算是一个特例。即使如今市值已经几百亿元，但这家企业依然没有自己的加工厂，所有的生产工序都采用外包的模式。

创始人邱光和曾说："如果不把生产的事情交给别人做，自己一条龙做到底，估计再给我10亿元，恐怕也做不到今天的规模！"

森马服饰打破了传统做法，把短板外包，将生产的事交给分布在珠三角、长三角的一批加工企业来做，而将物流、财务、品牌中心等设在总部。这样，自己就能更好地致力于品牌的设计和推广，不用建生产厂房，把钱用在了刀刃上。这也是森马能迅速崛起的最重要的核心因素。

邱光和1951年出生于温州市瓯海县。邱家当时是整个村子里最穷的一家，邱光和14岁便辍学下田干活了，16岁就入伍当兵，20岁退伍后，当了人民公社半脱产干部。

一个月40元的工资不能改善贫寒的家境，31岁的邱光和创办了他人生中的第一家公司，瓯海家用电器公司。邱光和先是成为爱国者的华东区总经销商，后来还成为爱国者的代工商。

"爱国者落地音响的模具都是我开发的，模具开发后，找广东江门的一家计算机设计公司给我们代工。"当时，邱光和投资了50万元，到香港把爱国者落地音箱的模具"开"到内地，委托生产，自己又在华东销售。"第一，是委托生产，第二，我拿过来也是批发给经销商，这跟我们现在生产在外，销售在外，是不是有关系？"

"这就跟森马现在的销售模式、渠道模式有关，而且我在和这87家老板不怎么紧密的合作中，有这么一个基础在那里，1997年我为什么会发展那么快，也是这些老板跟着我，他们说我转行，就都跟着我转。"

1996年森马成立时，正是中国服饰休闲化崛起的一年。邱光和做了市场调研，中国大概有将近2 000种休闲服品牌，其中大部分也是采取虚拟经营，以品牌为导向。森马不过是2 000大军中的一支。

1996年，邱光和的儿子邱坚强刚从部队退伍回家，在建行工作。

邱光和同他说要办这样一个企业，不喜欢坐办公室的邱坚强立马辞职，与父亲一起创业。

森马的第一个"五年计划"，邱坚强参与得不多，他一直在广东，负责森马的生产与设计，"森马的生产在广东，整个研发团队也在广东，我很少回温州，大概一两个月回去一趟。"

2000年，森马的规模已经有10多个亿，从开始做一门生意，到企业初具规模的时候，邱氏父子开始发觉，面临的问题不一样了。

邱坚强说："企业到底做多大？我父亲是比较坚定的，第一要在服装行业，第二，迁到上海，做大做强。"但直至2009年，邱光和才清晰地提出要做中国第一的休闲服装品牌，要把森马品牌传播到世界每个角落。

邱光和说，他打算干到90岁。儿子邱坚强吓了一大跳，"90岁才退？那我肯定都先退休了。"

邱光和是一个工作狂。15年前，邱光和把邱坚强从银行里叫出来，放弃了房地产公司，拉了三个人，想做一家新的企业。他们打算学习佐丹奴。

和森马同一战壕的，是"不走寻常路"的美邦服饰。它的市值是332亿元。美邦总裁周成建从裁缝起家，心思细腻，而邱光和出身电器销售，深谙市场，且善于利益分享。现在，周成建已转身做投资，邱光和还是每天早上八点半上班，邱坚强还和员工一起住宿舍。（本文来自中国服装网）

【分析】：

此篇服装软文，以知名品牌森马创始人"邱光和"作为标题噱头，并且文章还是在讲述成功人士的创业故事，这能吸引到不少想要创业及正在创业的读者。

整篇文章都在讲述"邱光和"从一无所有到有一个知名品牌的路程，这能给予不少读者一些鼓励之感，让读者拿出坚持与"邱光和"一样创造出属于自己的知名品牌，并且在最后还将创立美邦服饰的周成建与"邱光和"相比较，道出"邱光和"在服装行业的坚持，在文章的结尾不得不让读者为"邱光和"的坚持而肃然起敬。

TIPS:

此篇服装软文，以成功人士的故事为噱头，将品牌埋在创始人的创业故事下，这样不仅能体现出创始人对服装的坚持，也能为品牌增加美誉度以及知名度，所以服装软文撰写者不妨从创业故事这一部分着手，将品牌打响。

5.3.5 【案例】童装电商运营找准定位才重要

下面是一篇知识式标题服装类软文。

童装电商运营找准定位才重要

童装行业如同一颗冉冉升起的新星，顺应时代的发展，占据最好的发展优势。并随着经济和互联网技术的发展，经营渠道也变得更加丰富。很多童装企业都伴随着世道的发展开辟了电商渠道，但是每个童装企业的背景都不一样，发展的方式和整个发展结构都不同，这就决定了这些企业在电商行业未来的发展。通过对企业本身框架和性质的认识有助于童装企业在电商运营方向的发展。

在我国童装行业中不乏一些大牌童装企业，例如巴拉巴拉、嗒嘀嗒、红黄蓝等童装品牌，这些品牌有着非常雄厚的实力。拥有自己强大的产业园，集童装产品的开发到设计、生产到销售为一体，这样的童装企业的整个背景和框架的构成为：自有工厂+自有品牌+已有固定线下渠道。

这种品牌发展历史都比较悠久，从产品的开发到零售渠道的布局都非常强大，然后随着电商的发展开始拓展电商渠道。这些品牌因为有着较大的影响力，在发展电商时也非常容易，一开始拓展电商渠道就可以在天猫以及其他平台中占据一线品牌推优的行列中。这些童装品牌不仅在线下占据着较大的市场份额，在线上也是站在电商食物链的顶端，拥有较大的资源，也非常具有创新能力。因为有自己的工厂，所以在货物的供应上能够满足电商大变动、销量大等难以控制的因素。这些童装品牌也有自己的缺点，这些品牌的企业高层都是对传统行业比较熟悉，但是在电商的运营并不精通。线上和线下的关系难以调和，导致线上、线下经常会成为敌对关系，互相牵制，难以放开手脚去做。这样的企业建议在30岁以下的运营者不要选择，因为企业需更多的是对人的驾驭，而不是对事的驾驭，能够驾驭的人必须有一定的历练。

还有一些童装企业的发展模式是没有自己的工厂，做贴牌生意的品牌，例如童装品牌中的派克兰帝，类似这种发展模式的企业在童装行业中还比较多。当然派克兰帝做得是比较成功的，因为企业的领导人在电商方面颇有造诣。大部分用这种模式发展的童装品牌，在品牌发展的发展定位上是没有准备长远发展的。这些品牌是属于传统线下的小品牌运营商，品牌的发展构架是：代工生产+自有品牌+已有固定线下渠道。这些童装品牌是抓住了童装行业中目前有很大发展潜力的市场行情，所以在产品的开发上没有精准的定位，而是什么卖得好就做什么，这些童装企业资金有限，在发展的过程中会有很多不稳定的因素出现。

这些品牌在发展电商时也会受到企业在发展过程中的不稳定因素的影响，因为资金有限，所以电商运营的时候在推广方面的投入资金也不会太多，但是企业老板又会对品牌抱有较高的期望值，在运营电商的时候品牌的定位也会很尴尬，在高端和低端之间找不到自己的位置。

网络平台拥有强大的潜力，很多新兴的童装品牌都会选择在线上发展，因为在线上发展所需要的关注点比较集中，所以很多创业者比较青睐于这样一种品牌发展模式来打造纯网络品牌。这种品牌发展的模式比较新颖，但是也有一些品牌发展得非常成功，例如茵曼、韩都衣舍、初语等。这些品牌的发展模式大多是：代工生产+自有品牌+纯线上渠道。

例如一些天猫原创、淘品牌等都是这一类品牌的聚集。这些品牌在电商发展的早期比较容易成功，随着一些童装老牌的进驻，这些品牌将会受到很大的威胁，并且发展的空间将会越来越小，能够出现韩都衣舍这样的品牌也微乎其微，发展纯网络品牌将会越来越艰难。这些品牌在未来的发展中出路将会越来越窄。

童装行业在电商运营的方向上主要呈现出以上三种，不同的构架决定了在发展电商时的优势和劣势，童装企业只有在发展之前找出其中的不足，做出优化才能协调线上和线下，稳步向前发展。

【分析】：

此篇服装类软文运用了知识式标题，从标题上读者可以得知想要将童装电商运营起来，就必须找准定位，对于有这方面需求的读者来说，这是一篇特别值得阅读的文章，而对于那些普通的读者来说，也会具有一定的吸引力。

这是一篇层层递进的软文，将童装电商运营分析得有理有据，让读者感觉非常有价值：开篇道出"通过对企业本身框架和性质的认识，有助于童装企业在电商运营方向的发展"→中间部分开始叙述知名品牌的电商运营路程以及运营架构→以"还有一些童装企业的发展模式是没有自己的工厂，做贴牌生意的品牌"做铺垫，道出核心关键词"派克兰帝"的童装电商运营架构→提出"代工生产+自有品牌+纯线上渠道"的运营构架→在结尾处总结文章所表达的观点。

TIPS:

软文撰写者在撰写服装软文时，可以以产品从服装的销售、运营等其他方面进行服装推广，并非只是描述服装有多好，而是可以多方面进行发挥，这样会有意想不到的效果。

软文撰写者可以多写一些知识性的软文，以传播知识为由，将服装的推广嵌入进去，其效果也是不错的。

5.3.6 【案例】维多利亚的秘密，你知道多少

下面是一篇典型的疑团式标题软文，让我们来欣赏这篇软文。

维多利亚的秘密，你知道多少

维多利亚的秘密对于性感美艳的定义早已昭然若揭，天使的长发自然微卷，像刚刚睡醒尚未梳洗，其面容自然媚态，红绯绯的脸庞和雾茫茫的双眸像个小婴儿！

维多利亚的秘密隶属美国知名中高档服装生产商Limited Brands集团，性感是维多利亚的代名词，它不仅是美国，更是全世界内衣界的龙头，它优雅、热情、挑逗，在伸展台上影响着全球30亿女性人口的"内在美学"，同时也在香水、配饰、化妆品等领域散发出让人无法抗拒的魅力。

维多利亚的秘密成立于20世纪70年代初，自成立那天起，公司的名字就一直成为魅力、浪漫、纵容及女式内衣的代名词，公司每天每分钟内衣的销量达600多件。公司总裁把维多利亚描述成"一位生活方式的商家，即时装商是众多顾客生活的组成部分。他们给予顾客的是：魅力、美丽、时尚及一点儿浪漫。在款式、颜色、设计的完全引领下，已成为全世界女性惊叹的时尚品牌。维多利亚的秘密所倡导的"穿出你的线条，穿出你的魅力，带着轻松舒适的享受穿出属于你的那一道秘密的风景"成为时尚女性的追求。维多利亚的秘密无疑是世界潮流的领航者。

维多利亚的秘密产品种类包括女士内衣、睡衣及各种配套服装、豪华短裤、香水化妆品以及相关书籍等，是全球最著名的、性感内衣品牌之一。2002年维多利亚推出的镶嵌宝石、价值1 000万美元的内衣更是轰动全球。

【分析】：

此篇服装软文运用了疑团式标题，让读者看到标题后就会带着疑团去阅读文章的内容"维多利亚有什么秘密？"、"维多利亚指的是贝克汉姆吗？"、"哪个维多利亚？是品牌？是人？还是旅游地区？"等。

一开始就将"维多利亚的秘密"这个内衣品牌以拟人的形式描述出来，将人们知道的"性感美艳"与"可爱呆萌"结合在一起，让读者不仅想要多了解一下维多利亚的秘密，接着从"性感"到"魅力"、"浪漫"、"纵容"，将"维多利亚的秘密"服饰产品的特点描述得淋漓尽致。

这篇服装软文的重头戏其实还是在标题和开头上，巧妙地向读者提出问题，让读者在还没有看到文章内容时，产生无限的遐想，带着这些遐想来阅读文章，一般读者在带着心中疑团的情况下，都会比较仔细地去阅读文章，这就进一步加深了读者对软文内容的印象。

在开头处巧妙地运用了拟人手法，让那些不熟悉"维多利亚的秘密"的读者，加深了疑问，激起了读者继续往下阅读的欲望。而对于熟悉"维多利亚的秘密"的读者来说，会更想要往下阅读，因为"维多利亚的秘密"是一个比较著名的品牌，一般知晓的读者要么是使用过该品牌产品，要么是在各种渠道上听说过该品牌，而现在遇到关于"维多利亚的秘密"的文章，多少都会想多了解一番，增长对该品牌的见识。

TIPS:

从此篇服装软文可以学到：

● 巧妙地运用疑团式标题，让读者带着疑团进行阅读，这样能加深读者对文字内容的印象。

● 可以在文章中运用一些修辞手法，可以是拟人、比喻、夸张等，不一定要在开头，只要合适，随时都能添加一些修辞手法到文章中，这样可以增添读者的阅读体验。

5.3.7　【案例】SEE，展示男士的稳重和大方

下面是一篇新闻式的服装类软文，让我们来就欣赏这篇软文。

SEE，展示男士的稳重和大方

近日逛某商场四楼男装部时，发现一个叫作SEE的品牌很受人关注。据介绍，这是一个能充分展示男士稳重和大方的男装系列，由上海银通服饰有限公司生产，公司旨在将世界时尚和设计理念与我国国情和文化底蕴相结合，全力打造崭新商务休闲的着装理念，强调既充满激情的生活方式，又保持相对理性和庄重典雅的内敛与睿智。产品定位为25～40岁的都市白领男士。

公司创立的品牌为英文"SEE"、中文"埃斯意伊"以及"SEEUOMO"等男装系列品牌。英文"SEE"商标从外形来讲，方劲有力，充满"骨气"；从字母的排列来讲，简洁、时尚、容易被认知；从内涵来讲S为Simplicity（简洁），E为Easy（轻松）、Elegance（优雅），它体现了公司货品的特点，表达出张扬与内敛相结合的精神。

公司货品的种类涉及衬衫、T恤、休闲夹克、休闲西裤、休闲西服、西服、羊毛衫、羽绒服、棉楼、风衣、皮衣以及皮鞋、领带、围巾、眼镜、商务包、袜子等，几乎包括了整个男士服饰系列。受世界经济逐步复苏的影响，今年流行趋势又回到商务正装领域。套装西装、正装衬衫等又站在市场流行前沿。

套西：采用100%高级进口原材料所织造的面料。手感柔顺、布面光洁且富有光泽。选用新的布面纹理——细致的暗纹和暗斜纹。含蓄又不失内涵，表现出商务人士的稳重和大方，区别于以往条纹的夸张和直接。版型采用经过多年研究并不断改进的合适中国人自己的版型。略微收身的效果，很好地修饰了身材。

在上一季度销售非常突出的FO102853款西服。今年又继续追加了约130套左右，继续抢占市场销售份额。另外增加一款新花型，同样也是经典的暗纹面料，手感舒适，光泽度好，目前已成为新的爆款！

衬衫：为配合正装西装的销售和形象，本季度衬衫花色上以简洁、清爽的素色、条纹为主。注重布面的细腻和光泽度，提高支数和采用高级布面后整理提高面料档次。款式上采用一贯的正装八字硬领款，沿袭了多年金典商务款。

记者看到，SEE品牌大胆运用时尚色系，并配以精致的工艺和特色面料，现代科技元素与细节处理完美搭配，凸显时尚人类挥洒个性又内敛睿智，充分体现率真本性，一切随意。激情与魅力，无法抵抗。

【分析】：

此篇服装软文在标题中设置了以下两个伏笔：

● 呼吁读者来学习并"围观"男士的稳重与大方。

● 隐性地在标题中点出品牌"SEE"。

全文是以"记者"的叙述，将文章展开，开篇就将"SEE"品牌推到了读者的面前，介绍品牌宗旨、品牌名称的含义、品牌服饰的种类，并着重介绍"套西"和"衬衫"，让读者进一步了解"SEE"的产品，最后以记者对"SEE"的看法结尾。

此篇服装软文，就是一篇最为普通的软文，也许有一部分的软文撰写者会将这样的文章命名为"广告文"而不是"软文"，会觉得这样的文章其广告意味非常鲜明，也没有过多的铺垫就直接介绍服装品牌，不具有软文效果。

其实不然：

（1）它是用记者的口吻叙述的，而记者就代表新闻，所以这是一篇新闻式软文，其在新闻的光环下传播，就在读者的心中，具有一定的权威性和信赖感。

（2）这是一篇可以放在企业网站的软文，专门介绍企业产品的软文，只要将这样的文章发布在合适的地方，那么就是一篇好软文。

（3）全文都是围绕"SEE"展开的，点题性非常强，不管是看懂了标题的读者，还是没有看懂标题的读者，都不会觉得自己遇上了"标题党"，反而会带着"反正点击进去查看文章了，那还是阅读完"的心思对文章进行阅读。

TIPS：

从此篇服装软文可以学到：

● 制作一个易于双关的标题，也能吸引到不少的读者。

● 一篇在开头就进入主题的软文，只要放到发布平台，那么就是一篇好软文。

5.3.8 【案例】从绅士衣柜中走出的Agnona女性

下面是一篇图文并茂的服装类软文，让我们来就欣赏这篇软文。

从绅士衣柜中走出的Agnona女性

谁说女性一定要温软娇柔，凹凸有致。Agnona（艾诺逸）女性标榜着与众不同，没有界限的美。美是无形的，美是一种永恒。

Agnona QUATTRO系列玩转绅士元素，把硬朗和果敢融入女装，用意大利纯正的手工艺打造甄选的顶级面料，呈现别具一格的Agnona女性衣橱——刚与柔，力与美，纯正优雅。

威尔士亲王格，得名于那个爱美人不爱江山的温莎公爵，光是故事就为世人所津津乐道。廓形大衣是Agnona自ZERO系列以来就延续的设计，经典的意大利剪裁保障了大衣利落与立体的流线。本季，Agnona首次将威尔士亲王格融入世纪羊绒，重述经典。腰间高束的腰带是整体造型中唯一的女性元素，勾勒出玲珑的女性轮廓。

我们从不担心过季，也不盲逐流行，因为我们定义经典

由男士骑马靴演变而来的女士马靴，或及踝，或及膝，黑色光面的小牛皮马靴将中性风发挥至极致，如马背上的英俊骑士般自信优雅，盛势帅气。值得一提的是马靴的正面有两道切口，由此得名"微笑细节"。在行走间露出肤色，营造视觉上错位的美感，在若有似无间，将性感演绎得淋漓尽致。

我们突破固有的束缚与制约，拥有独辟蹊径的美　　性感不多一分，不少一厘

QUATTRO系列大胆改造传统的大衣款式，将无袖背心融入长款大衣中，用重工刺绣点缀天然的驼色面料。一件纯手工制作的背心大衣搭配剪裁一流的阔腿裤，每一件都是跨越时间的单品。阔腿裤从20世纪30~40年代因为帮助女性从束缚的裙装中逃脱出来被标榜为"女权主义"的开始。简洁大气的阔腿裤，英姿飒爽，贴身的高腰设计又突出了女性特有的美丽曲线。Agnona女性扬首廓步，举手投足间皆是超越性别的美丽，冷静、性感、沉着。（本文来自中国服装网）

【分析】：

这是一篇直接推荐服装品牌的软文，从标题上将"绅士衣柜"和"女性"结合在一起，就会让读者产生疑问和联想："难道是女性穿男士衣服？"、"到底是怎样的女性？"等，并且在标题中也点出了软文中的核心关键词"Agnona"（艾诺逸）。

文中配有Agnona QUATTRO系列服装的图片，在每张图片的下方都会配有大量描述服装的文字，真正体现出图文并茂的美观。

也许软文撰写者会认为这不算是一篇软文，可是它从标题的构造开始，到图片与文字的相结合，能让读者结合文字和图片，从而形成一个自己穿上这些服饰的场景，就像模特穿上的感觉一样，是那样的美丽、大方、优雅。

TIPS:

从此篇服装软文中可以学到：

- 只要图片和文章配合默契，那么就不要发愁广告信息太露骨。
- 标题可以用这种疑团式标题，让读者产生疑问和联想。

第6章

美容类软文

在美容行业的营销手段中，软文营销是重要手段之一。由此可见，软文对于美容行业来说，其营销占比是比较重要的。本章将仔细剖析美容行业软文的写作手法。

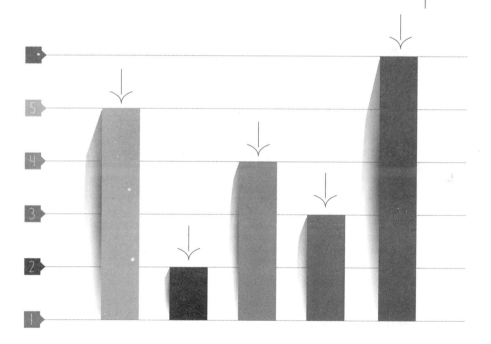

6.1　开头就是这样子

当读者通过标题查看软文内容时，其开头要写得好，若开头写得毫无吸引力，那么读者也会马上掉头就走。所以，开头对于美容软文来说是非常重要的一环，下面来了解美容软文开头的写法。

6.1.1　直奔主题

在美容软文中直奔主题的开头是指一开始就道出核心主题，引出文中的主要产品或讲述故事，抑或点明、说明主要对象。用这种方式开头，一定要快速切入中心，语言朴实，绝不拖泥带水。

例如，一篇名为《电话打爆美容整形预约热线》的美容行业软文，开门见山地将"xx医院的热线"打爆的情况叙述出来，直截了当地将"xx医院"繁多的美容项目种类给体现出来，如图6-1所示。

电话打爆美容整形预约热线

笔者在×××医院集团旗下的深圳 ×× 医院了解到，预约在十一左右做整形美容的城市白领女性几乎打爆了 ×× 医院的热线，在 ×× 医院的门户网站，在线咨询信息也让网络咨询员应接不暇。除了通过电话或者网络前来预约、咨询的爱美一族外，更有求美心切的城市白领从宝安、龙岗等地亲自来医院预约。假日求美者咨询、预约的整形美容项目繁多，大到手术美容中的微创隆胸、改脸，小到非手术美容中的激光脱毛、电波拉皮，这确实让医院的接线员忙得有点"晕"。

双节美容整形风潮也冲击到了深圳×××医院。×××医院美容整形科主任医师×××教授告诉笔者，今年的黄金周整形手术预约量远超往年。到目前为止，预约在 ×××× 医院做整形美容手术数量不下百例，而且数量还在增加中，其中预约前来做美容城市白领占总人数的 95% 以上，大部分都是"有预谋"地盯着中秋节、黄金周而来。

图6-1　直奔主题的美容软文开头

6.1.2　叙述故事

以这种类型的开头效果很明显，能迅速吸引读者的注意力，但写手们用得并不多，因为将它放在推广产品软文的开头，显得有点"沉重"，太含蓄，不能一针见血地引出产品。不过，故事讲述型开头并非不能用，只是在故事、散文、微博中更有一定的优势。

例如，下面这篇软文便是利用故事引出品牌宣传，如图6-2所示。

不要做豌豆小公主

有这么一则众所周知的童话《豌豆公主》，王子希望能娶到一位真正的公主，他找了很久，却失望而归。但雨夜而至的女孩子确实是一位真正的公主，她能感觉到二十层床垫和二十床鸭绒被下的一颗豌豆！瞧，只有真正的公主才能有如此娇嫩的肌肤！在经受过风沙、雾霾、粉尘后，你还想拥有像公主一样吹弹可破的美肌吗？没问题！照着下面的步骤做，你一样能做到！

别情不自禁地用手摸脸。这往往造成细菌在脸上滋生，从而产生青春痘。头发的不清洁有时也容易刺激脸部肌肤，长出恼人的痘痘。

图6-2　叙述故事的美容软文开头

用大家熟悉或者不熟悉的故事作为软文的开头，能产生一种良好的氛围，这样故事就能顺利地讲下去，想要推广的产品也就能顺利地推出来。

6.1.3　夸张讲述

夸张讲述型的开头如同软文的标题，在读者视线飘过的瞬间快速抓住读者的眼球，有夸张的成分，却能立刻刺激读者体内的肾上腺皮质激素上升，急切地想一探究竟，如图6-3所示。

叫我女王面膜为什么如此火爆？

2月10日 22:17　5693次浏览　信息编号：620152795　收藏　举报　转发

如何选择经销代理护肤品?护肤品经销代理选品牌，选好了，就像选了个好老公，变成你的衣食父母，而且是锦衣玉食，高枕无忧一辈子。选得不好，可能每天吃了一餐愁一餐。这样，做经销代理要想到长远利益。现时代知名的品牌许多，那要怎么样去选品牌，用什么办法最为有效?

叫我女王面膜引进了最新的基因技术，并添加了熊果素、肌肽等奢华成分，有效修复受损细胞，补充细胞活化因子，并激活新生细胞，加快细胞新陈代谢，赶走痘痘，祛除色斑和细纹，完美解决一切皮肤问题，让肌肤亮白如初，重现青春活力！

叫我女王面膜各级代理的优惠政策以及传播发展客户经验是整个行业中创新力度最大，除了依托微信群、群内发红包等方式外，叫我女王面膜已经通过微信外部推广的方式进行，例如通过软文、网络广告、新闻发布会等方式进行。

图6-3　夸张刺激型开头

一般美容软文最为常见的夸张开头就是以功效为诱饵，在美容产品的人气、销量、价格等诸多因素中，功效是产品品质最有说服力的一项。

6.1.4　借势名言

软文撰写者可以借用名言作为美容软文的开头，这样一般可以留住受众的眼球。因为在文章的开头，如果精心设计一个短小、精练、扣题又意蕴丰厚的句子，或者使用名人名言、谚语、诗词等句子，更能引领文章的内容，凸显文章的主旨及情感。

　　一般读者看到这种类型的开头，就会觉得这篇文章富有诗意以及有哲学韵味，会隐形给读者一种释放的心理暗示，会觉得文章的作者很有文采。这种写法既能吸引受众，又能提高软文的可读性。

　　此外，这种方法开头也可以引申为故事导入，将富有哲理的小故事，作为开头，一句话揭示道理也不失为一个容易入手的开头方式。

6.1.5　引入情境

　　软文撰写者可以在开篇有目的地引入或营造软文行动目标所需要的氛围、情境，以激起读者的情感体验，调动读者的阅读兴趣。用这种方法去写开头，对于渲染氛围、预热主题有直接的效果。

　　不过有些引入情境式软文更加高明，推广者把自己所要"软"的东西放到一个特定的情景中，通过情景的感染，让读者融入其中而不知不觉地接受要推广的美容产品。

　　然而，写一篇好的引入情境式软文并不容易，作者需要重点关注以下三点，如图6-4所示。

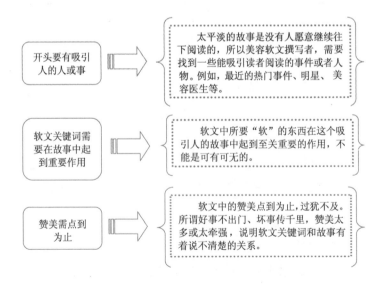

图6-4　引入情境时软文开头需要注意的事项

6.1.6 直叙式

直叙式软文的开头是把一件事有头有尾，一帆风顺地表述出来，平铺直叙，如同流水账，它在软文里用得比较少，在媒体发布的新闻稿中见到的最多，但不是不可以用在软文中，一般可以用于重大事件或者名人、明星的介绍，通过软文本身表现出来的重大吸引力来吸引读者继续阅读。

下面来看一篇直叙式软文的开头，如图6-5所示。

5款养颜食谱吃出女神级容貌

继前不久的"卧蚕美女"英语老师走红后。近日，西南财经大学的日语美女老师也迅速蹿红。这位美女老师长相甜美迷人，只要是她的课，绝对会座无虚席。学生们更封她为"治愈系女神"。MM们看到是不是都羡慕妒忌恨呢？不用担心，虽然我们先天并没有女神级的容貌，但是，我们同样能通过后天改善，怎么改善？今天，就让小编给各位MM——介绍。

图6-5 直叙式软文的开头

类似上述类型的软文，开头可以平铺直叙，但作为有推广目的的软文，还是需要在开头中多加技巧，就像"美女"、"美女老师"这样的字眼，不管是对男生还是女生来说，都具有一定的吸引力，自然在第一时间吸引读者眼球。

6.2 写作技巧

每个行业都有每个行业的小秘诀，而撰写美容软文亦是如此，下面就来了解几个美容软文写作技巧。

6.2.1 引起共鸣才是好

正所谓爱美之心人皆有之，企业宣传广告的次数和手段也是让人目不暇接。随着时代的发展，消费者对于广告的免疫力逐渐提高，美容行业靠广告来做品牌的效果越来越不明显，于是美容软文就诞生了。

由于软文在营销市场上已经达到饱和状态，并且人们对软文也产生了一些不好的负面情绪，对软文非常敏感，几乎是看到软文就怯而远之。所以，美容行业若想利用软文获得盈利，就必须引起读者的共鸣才能实现。

那么该如何才能引起读者的共鸣呢？如图6-6所示。

1. 提炼卖点

美容软文撰写者可以将消费者对美容的需求给提炼出来，一定是消费者最为关注的、符合消费者的利益和目的，但需各自都有独立的卖点。一般来说，软文撰写者可以从产品身上来提炼卖点，而这些卖点也恰恰是消费者所需求的，如图6-7所示。

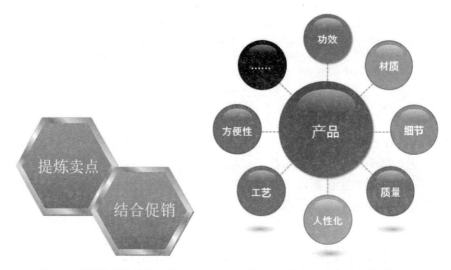

图6-6　引起读者共鸣的方法　　　图6-7　从产品本身上提炼卖点

2. 结合促销

美容行业产品的推广对象分为3种，如图6-8所示。

图6-8　美容行业产品的推广对象

美容软文撰写者，可以从美容产品的促销入手，写出一篇促销式软文。一般来说，不同的人群针对的促销活动也不同，如图6-9所示。

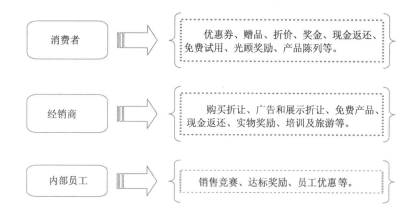

图6-9 针对不同人群的促销软文写作方向

6.2.2 效果图一定要有

随着人们需求的不断扩展，美容行业里的产品也随之增多，产品与产品之间的相似程度也较高，使得消费者不知道如何选择一个合适的产品，因此效果图在消费者的购买上起到了决定性作用。

什么是效果图呢？**所谓的效果图就是模特在使用产品之后的状态，通常都会有2张图来做对比**，就拿减肥产品来说，在减肥产品的软文中，常见的就是在文章中会插入几张图片，而这几张图片中会有一张胖子的图片与胖子瘦下来之后的图片，这样一个对比，给读者一个用肉眼就能看到的效果感，让读者更容易相信产品的真实性，如图6-10所示。

图6-10 效果图

6.2.3 知识传播不可少

随着美容产品的增多，人们对于美容知识的需求也越来越多，对于消费者来说，只有在了解美容知识的情况下才会去购买美容产品。

所以，美容撰写者可以从传播知识入手，来撰写知识式软文，如图6-11所示。

> 清爽眼霜去除脂肪粒
>
> 一般来讲，mm们应该自备两只眼霜，一款清爽型早上用，这样眼部肌肤滋润了，上彩妆也容易；另一种是滋养型，晚间使用，滋养修复眼部肌肤。
>
> 如果你的眼睛已经开始有脂肪粒了，那么就选择清爽型的眼霜，比如说含有小黄瓜、红茶等这样天然成分的眼霜会更适合。

图6-11 知识传播软文示例

6.3 美容类软文写作案例

前面了解了美容行业软文开头及写作技巧，下面来欣赏一些美容行业软文的案例，从这些案例上进一步学习美容行业软文的写作。

6.3.1 【案例】教你怎样拥有美丽的眼睫毛

下面来欣赏一篇知识式美容行业软文。

教你怎样拥有美丽的眼睫毛

一双美丽的眼睛少不了长长的眼睫毛点缀，假如没有了眼睫毛，可想而知，对于爱美的女孩来说是多大的遗憾。对于亚洲人来说，天生拥有完美眼睫毛的人很少。但是通过后天的一些方法，还是可以拥有迷人的眼睫毛的。其实美丽眼睫毛的判断标准很简单——长长的。

为此我也总结出来了几种方法，可供爱美的女孩参考。

物理增长法

睡觉前，轻轻地按摩眼周围。四指朝上，手心面向脸部。然后把手轻轻地放在眼皮上，靠手的自身重量轻轻下滑。如此每天重复10次。不仅可以保健眼睫毛，更对眼睛有按摩的作用。

饮食疗法

根据每个人的营养状况不同，选择合适的饮食。但是要注意维生素E的补充。这里就不再赘述，相关的营养知识，大家可以去百度搜索一下。

适当的选择增长液

这是我目前发现的最快速的方法，目前市场上正规的营养液，效果还是蛮不错的。好的增长液5天左右，就可以让睫毛变长了。

但是选择的时候，大家要多看看别人的评论，以免买错了，或者上当了。我一直用的是雅而顿睫毛增长液，便宜又好用。（本文来自百度文库）

【分析】：

首先此篇美容软文的标题就用"教"开头，读者一看就会知道这是一篇能让自己学到美容知识的文章，并且突出"美丽的眼睫毛"，这能吸引一部分爱美的女性读者。

其次开篇就告诉读者眼睫毛的重要性，并指出几乎没有多少人能拥有完美的眼睫毛，而多是依靠后天的方法才能将眼睫毛变长，接着告诉读者眼睫毛美丽的判断标准是"长"。这样一个开头，让刚开始不介意自己睫毛美不美或者是觉得自己的睫毛已经很美的读者提了一个醒，让她们重视自己的眼睫毛。

最后软文撰写者开始"投放"知识，并且运用镜头剪接式布局，全文一共分为3个二级标题，让读者能一目了然地知道文章内容，提供读者快速阅读的功能，在软文的结尾处，以"多看看别人的评论"作为提醒，以"我一直用"来突出软文核心关键词"雅而顿睫毛增长液"，并加上"便宜又好用"，让读者以"便宜"、"作者用过"去了解产品。

⚡ TIPS：

知识式软文，对于读者来说，阅读感比较强，并且知识式软文相比其他软文来说，比较容易产生信赖感。

6.3.2 【案例】同学都说你看上去最年轻

下面来欣赏一篇以亲身经历为核心关键词做铺垫的美容行业软文。

同学都说你看上去最年轻

妈妈级的女人一旦被眼袋缠上，就难以摆脱悲惨的命运了吗？女人升格成为母亲，就把所有的精力都放在孩子身上。可是过了30岁，女人的身体状况就会逐渐走下坡路，神采奕奕的大眼睛也被折腾得相当狼狈。

眼袋差点让妈妈变成"奶奶"

43岁的王楠最近发现了一个很严重的问题：照镜子时，不知道什么时候冒出了眼袋，刚开始觉得可能是没睡好觉，可后来眼袋越来越重，越来越明显。

本想就这么"熬"下去，可是前几天和儿子一起去水上乐园玩，碰见儿子的同学，着实被打击到了。儿子的同学盯着她看了好久，不确定地问："你是张同学的奶奶还是？"这一问，让王楠很不开心，下定决心要去消除这恼人的眼袋。可是手术听起来就挺吓人，她犹豫了很久，都没敢去。

换双电眼，妈妈年轻10多岁

"直到有朋友向我推荐丹凤眼眼部减龄，去体验了一次，我感觉这才是我真正想要的东西。"

首先吸引王楠的是：不开刀、不手术、不介入，无疼痛，安全无恢复期，让人非常放心，"还没试的时候，我就在想，哪怕效果差点，我也认了，就当是去美容院做了个脸，而且才380元，一件衣服的钱就能消除眼袋，比去美容院美容还要便宜……"

让王楠没想到的是，经过丹凤眼龙江店ERF理疗后，原本松垮垮的眼袋，一下子提了起来，看起来年轻多了，连眼角的细纹都没有了。真想不到，一个小时双眼焕然一新，简直年轻了10多岁！

参加完儿子毕业晚会，回来后儿子趴在王楠耳边轻轻地说："妈妈，同学们都说你看上去最年轻，真高兴我是你儿子。"

"眼袋越来越浅，儿子越来越大，我真的很满足了。"面对记者，王楠一脸幸福地述说着。

越美丽 悦生活

夏季美眼正当时，南京丹凤眼推出的"380元祛眼纹眼袋"大型活动引起市民热烈追捧，尤其龙江店开业，九店联动感恩惠赠全城，三大免费项目（减肥瘦身/祛皱/美白）体验受到爱美人士的热捧，活动即将结束，欲报从速。（本文来自扬子晚报）

【分析】：

此篇美容软文一开篇就点出30岁的女士会面临眼袋的问题，然后以真实经历来将眼袋问题扩大，促使读者重视眼袋问题，主人公通过治疗将眼袋消除，突出了核心关键词，在最后提出了治疗眼袋的优惠活动，就这么连贯地将整篇文章衔接在一起，巧妙地利用43岁王楠的真实经历嵌入治疗眼袋中，能引起一部分读者的共鸣。

以王楠通过丹凤眼龙江店ERF理疗，将眼袋治疗好了，这给那些面临同样问题的读者一丝希望，并且以王楠经过丹凤眼龙江店ERF理疗后去参加儿子毕业晚会，儿子在母亲耳边说道："妈妈，同学们都说你看上去最年轻，真高兴我是你儿子"，这样一个温情的场景，给整篇文章增添了不少亲情色彩，让读者感觉到温暖。

最后的活动设计"活动即将结束，欲报从速"，成为推动力，让那些想要祛掉眼袋的读者产生紧迫感，促使他们迫不及待地去了解这个活动。

TIPS:

此篇美容软文的点睛之笔就在于将一位43岁母亲的亲身经历拿出来成为软文核心关键词的铺垫，将一篇冷冰冰的软文变成一篇富有温情色彩的软文，也使得读者容易产生共鸣。

6.3.3　【案例】成功瘦身=身价提高

下面来欣赏一篇以"叙述故事"的形式作为开头的美容行业软文。

成功瘦身=身价提高

网络上流传一个很励志的故事：有一天三菱想要减肥，结果在它的努力坚持下，瘦成了奔驰！而它瘦了之后身价居然从10万元变成1 000万元，话说竞争时代，连车子都知道瘦身提高身价，妹子们你们还等什么？减肥究竟有多重要，从近日秀江南举办的第七届"28天健康减肥"大赛就能看出。

94.3%的人认为肥胖影响求职

这是一个以瘦、细为美的健康减肥时代，有数据显示，94.3%的被调查者表示身体肥胖会影响自己求职，尤其是女性显得更为突出，她们认为身体肥胖、体重超标会给自己找工作带来不利影响，甚至对收入影响较大。

身处竞争时代，减肥瘦身改变形象势在必行。据专家介绍，胖子给大家带来的美感不是很好，由此导致很多人对她们产生偏见；另外也容易将胖子与"猪八戒"联系在一起，贪玩、爱吃、犯困、身体差、没有工作效率，就是胖子的典型代名词，因此职位升迁难以实现。

反观职场，一些身材好的女性，晋升如火箭，收入也高。有调查数据显示，在事业上，肥胖女人获得成功率为39.2%，苗条女人则为61.9%，高出20个百分点。由此可以看出，成功瘦身就能很快提高身价。

据秀江南瘦身纤体专家介绍，今年报名减肥大赛的女性比去年增加了30%以上，职场女性为自身健康和晋升加分，均选做腹部、腰部、腿部项目。可见，立体溶脂大受欢迎是预料之中的，毕竟苗条身材才能改变未来，才能在身价上有明显提高，让健康延续。

胖成笑话还是瘦成一幅画

一次相亲，因为莎莎的肥胖，刚见面不到一分钟，男士先是捧腹大笑，后来突然拿出手机说公司有急事必须先走。"是胖成笑话，还是瘦成一幅画？"经过这次，莎莎下决心一定要减肥成功。

而作为一名29岁技术控的女汉子，为了觅得好对象，莎莎减肥更是疯狂。刚开始尝试节食和运动相结合的方法，认为比较健康，但是长时间实在是受不了，稍微放纵一下，又前功尽弃了，偶然间看到秀江南的瘦身广告就心动了：安全快速塑形，还没有创伤，主要还是针对性的溶脂，咨询后她立即去了瑞金路店，沈店为她定制了360°腰腹溶脂塑形，效果很好，很舒服，而且一步到位，现在3个月过去了，瘦身成功的莎莎一点反弹的迹象都没有，看着流畅的身体曲线，想着即将到来的相亲，莎莎既紧张又期待，"我要穿上最美的裙子，遇见我的Mr Right。"

别样减肥大赛：PK，还拿奖

减肥还能有奖拿？没错！参加秀江南减肥大赛，只要你积极配合，就会发生极大的改变。大赛先进行全面的健康体检，活动组委会会记录下全部指标作为基数。然后开始为每一位减肥者配备美体师，定制个性化减肥方案，接下来开始减肥旅程。最后根据数据下降比例选出：减重、减脂、雕塑尺寸等冠亚季军各1名，共计9名，其他奖项超百人，并给予丰厚的奖品，最高可获价值15 800元的最高奖项。

七年感恩回馈，全城火热招募

由秀江南主办、江苏省人民医院营养科专家团队鼎力支持的第七届秀江南杯"28天健康减肥大赛"，百万减肥红包大派送！扫描下方公众账号二维码报名：姓名+年龄+身高+体重+肥胖问题+联系方式或电话报名：85××××77。（来自网易新闻中心）

【分析】：

此篇美容行业软文的标题非常有意思，以等号形式出现，感觉既是给读者提问又是给了读者一个答案，不管是什么样的初衷，都能引起读者的注意力，毕竟这样的标题比较少见。

软文开篇就以网络故事开头，拿三菱汽车的标志和奔驰汽车的标志来做文章，将"瘦身"和"提高身价"形象地联系起来，之后才进入减肥的主题，在最后精简地点出了"28天健康减肥大赛"，为后文做了一个指引。

此篇美容行业的软文由4个二级标题进行铺设：

（1）第1个二级标题：利用数据来告诉读者，肥胖对于人们求职的影响，并道出"据秀江南瘦身纤体专家介绍，今年报名减肥大赛的女性比去年增加了30%以上"，这样一组由专家述说的数据既表现出如今女性对自己身材的要求，又表现出女性肥胖的人数比去年增长了，进一步鼓舞人们进行减肥。

（2）第2个二级标题：以肥胖时期的一位女性莎莎第一次相亲被男方无情地嘲笑，于是下定决心进行健康式减肥，由于实施过程难以坚持，就放弃了一阵子，接着以"偶然间看到秀江南的瘦身广告就心动了"做铺垫，简略地介绍了秀江南瘦身方法，道出莎莎在秀江南使用瘦身产品之后，效果极佳，利用真实经历将核心关键性"秀江南"提出来。

（3）第3个二级标题：直接介绍秀江南减肥大赛，用"定制减肥方案"、"每一位减肥者配备美体师"来吸引读者参加减肥大赛，接着用"最高可获价值15 800元的最高奖项"来推动读者参加大赛。

（4）第4个二级标题：给读者介绍报名的方式推动读者读完文章就去报名。

这样一层一层地推动下来，肯定有一部分的读者会经不住诱惑，从此实现此篇软文的作用，使读者去参加秀江南减肥大赛。

6.3.4 【案例】减肥成功，顾客争着为"她"代言

下面来欣赏一篇以"直叙式"的形式作为开头的美容行业软文。

减肥成功，顾客争着为"她"代言

从业以来，记者第一次遇到一家减肥企业，由于减肥效果突出，竟然有成千上万的顾客争着为她代言；第一次发现有这么一家减肥企业，持续8年举办免费减肥活动，该活动已经在南京造福千余名减肥的朋友。

她叫秀域，在全国拥有1000多家门店。10年来她靠古方减肥，在减肥领域独领风骚！

6月14日下午2点，金太隆酒店的10楼会议厅座无虚席，100多名想要减肥的朋友们聚集在这里，参与秀域的免费减肥征集活动。工作人员从现场的朋友中抽取了10位幸运儿，他们获得了在秀域免费减肥60天的机会，他们有男有女，有老有少，有的是产后肥胖，有的是中年发福，有遗传性肥胖，也有激素性肥胖。此外，工作人员还给到场的朋友发放了几十张秀域价值分别为500元、800元、1000元的现金券。

作为南京地区的代言人，秀域丹凤街店的许家慧现场与大家分享了她在秀域减肥的经历。53岁的她身形窈窕、精神焕发，看上去只有30多岁。她坦言自己过了50岁后每年胖七八斤，来到秀域后两天拔一

次罐，辅以腰腹按摩，两个月就减了19斤，不仅腰腹部瘦下来了，血糖还降低了。

而另一位来自秀域大厂店的郑文英，竟然在两个月内瘦了30多斤！她表示，以前不相信任何减肥，后来看到一个朋友在秀域瘦了很多，于是决定也试试看。以前我胖的时候体质不好，经常感冒，还总是买不到满意的衣服。在秀域减肥后，我不仅体质变好，拎再多东西爬楼都不喘了，而且可以穿很多漂亮的裙子。

今年，秀域加入了现代快报举办的S曲线大赛中，并推出了2 000元减肥两个半月的感恩活动。上周二登报后，有很多读者来电询问2 000元是否包含这两个半月减肥的所有费用，秀域有没有靠近我家的店之类的问题。对此，秀域南京负责人戎总表示，秀域在南京共有30多家分店，遍布南京各大区域。此外，2 000元包含了两个半月减肥的所有费用，参与者一般能瘦10～30斤，减重达不到10斤就全额退款。

据了解，秀域古方减肥是在中华传统养生理论的基础上，创造性发扬五行瓷罐、点穴、耳穴调理、按摩等多种方法，通过疏通经络、平衡阴阳、调节气血等综合手段来实现减肥目的。根据每个人发胖原因不同，有40多种不同的方案，在减肥过程中，专业减肥顾问都会根据各人不同的肥胖原因，提供针对性的减肥方案，不吃药、不节食、无须辅助运动，不易反弹。（本文来自现代快报）

【分析】：

此篇美容行业软文的标题加入了标点符号双引号，将“她”的含义给神秘化了，让读者想知道“她”是指什么，是人？是物？还是事？不管是什么，足以引起读者的兴趣。

软文的开篇就开始点题，运用“直叙式”的形式将开头叙述出来，但它却不是平淡无味的开头，而是一个以记者的角度，以“第一次”、“减肥效果突出”、“有成千上万的顾客争着为她代言”、“8年免费减肥活动”、“造福千余名减肥的朋友”，这些字眼来冲击读者的眼球，让读者对这家减肥企业感兴趣，以将标题中“她”的范围给说出来，即“减肥企业”。

第二段就开始明确“她”的身份，并突出了软文关键词“秀域”，接着记者开始描述了6月14日秀域免费减肥60天的活动，简略描述了一些去参加活动的消费者，其肥胖类型，让读者对号入座，看自己是否属于这一类人群中的一个，并且在现场发放现金券，来对应其"免费活动"，提醒读者秀域的优惠力度。

然后以两位消费者的亲身体验为例，将秀域的减肥效果展现到读者的面前，道出"秀域加入了现代快报举办的S曲线大赛中，并推出了2 000元减肥两个半月的感恩活动"，这样一个设计，进一步推动读者去了解秀域的活动，因为"2 000元减肥两个半月"对于美容行业来说是比较优惠的，了解美容行业这一行的读者，会被这个活动的优惠给吸引住，再以"2 000元包含两个半月减肥的所有费用，参与者一般能瘦10~30斤，减重达不到10斤就全额退款"，这样的瘦身保证，对于那些不了解美容行业的读者来说，也是一个比较具有吸引力的设计。

在最后一段，着重介绍秀域的减肥方法、手段，使读者进一步了解秀域。

TIPS:
此篇美容行业的软文可以让软文撰写者学习到以下知识：

● 利用比较有趣的话题，最好能引发读者的思考，这样能增强读者对文章的注意力。

● 直叙式开头，最好是与"记者"搭配，以新闻稿的形式展现在读者的面前，让读者产生信赖感，增强权威性。

● 像这种不隐喻地将软文关键词给点出来的美容软文，可以多加一些消费者的亲身经历，这样才能弥补推广产品太过于直白的缺点。

6.3.5 【案例】睡不好，就变老

下面来欣赏一篇以"引入情境"的形式来作为开头的美容行业软文。

睡不好，就变老

随着现代生活节奏加快，工作压力增大，我们很多时候都得不到充足的睡眠和休息，长此以往各类眼衰问题接踵而至：黑眼圈、眼袋、眼纹就"定格"在我们的眼边。"睡不好就变老"，根据丹凤眼专业美眼连锁机构的数据统计，近两三年间，女性眼部肌肤衰老速度比前些年提早了一年多。

见证青春的远去

"昨天，你睡得好吗？"都市人的生存压力越来越大，睡眠时间的不足和睡眠质量不高，引发了众多的眼部疾病。现在越来越多的人，"未老先衰"晋升为"眼袋族""黑眼圈族""眼部皱纹族"。没有人愿意在经历过最耀眼的青春之后，承认自己正在渐渐老去。可是就算你不说，眼角的条条细纹和垂下的大眼袋早已出卖了你。

暴露女人衰老

两眼一憔悴，老了十几岁。女人衰老，眼部三大问题常常是泄露年龄的主因：

黑眼圈——黑眼圈也是人们常说的"熊猫眼"，是由于经常熬夜、加班，情绪不佳，眼部疲劳，眼部皮肤红血球供氧不足，形成慢性缺氧，长此以往就形成了眼部色素沉着，年纪越大的人，眼睛周围的皮下脂肪越薄，所以黑眼圈更为明显。

眼袋——眼袋是人到中年后，眼睑皮肤由于水分减少而萎缩松弛，眼轮匝肌变松，眼眶隔膜张力减弱，眶内脂肪由于重力作用向前下方疝出，从而形成眼袋。眼袋不仅使人显得衰老疲惫，严重的甚至会影响到视力。

眼纹——眼部细纹也是皮肤衰老的重要体表特征。另外，还有气候、职业、生活习惯等也是影响因素。而且近来研究发现，使用劣质化妆品对皮肤的刺激很大，极易造成皮肤粗糙、老化、出现皱纹。

美眼科技带来年轻的力量

今年世界睡眠日的主题是"健康睡眠"。丹凤眼专家提醒：现在很多女性长年睡不好觉，长期处于疲劳状态，这也导致她们过早地出现眼纹、黑眼圈和眼袋，让人们不得不将大量的宝贵时间用在化妆上，由于不断地反弹，收效却甚微，迫于种种压力，这些年女性用在脸上的各类"神器"也变得五花八门，面膜、眼贴、水果切片应有尽有。

可是一天几个小时的面膜和眼贴就能解决眼纹和眼袋吗？在丹凤眼专业美眼机构，这就不是难题了！早在12年前就开始专注眼部美容护理的丹凤眼，专业祛除眼袋、黑眼圈、眼纹等问题。一次理疗当场见效，一小时恢复10～15岁眼龄。

丹凤眼美眼机构，中国专业美眼第一品牌。自2001年首创"抗衰理疗美眼"疗法以来，12年专注解决眼部肌肤衰老，全国300多家门店遍布国内一线城市。很多爱美者来之前都会有顾虑、不信任，但是做过一次理疗后，看到了效果都竖起了大拇指。被众多爱美者誉为"最值得信赖的眼睛美容院"。在北京、上海、成都、广州各地已形成一股美眼热潮，原资生堂专家全程规划，用专业、科学、精细化的手段为爱美者清除眼部问题提供更多选择。（本文来自admin18）

【分析】：

首先此篇美容行业软文运用了"引入情境"作为开头，以"现代生活节奏加快，工作压力增大"→"黑眼圈、眼袋、眼纹就'定格'在我们的眼边"，将读者拉入一个因为生活压力大而产生难以去除眼部问题的情境中，激起读者对眼部问题的忧心。

然后开始点题"睡不好，就变老"，提出睡眠质量直接影响着眼部，并且还提出眼部的细纹和眼袋是女性衰老的标志，给读者提了一个醒，让读者了解产生眼袋的一部分原因。

其次，详细讲解了对女性来说泄露年龄的主因：黑眼圈、眼袋、眼纹，让读者进一步了解这三种眼部疾病的成因。

再次以"丹凤眼专家"的提醒来为"丹凤眼专业美眼机构"做铺垫，并指出女性出现黑眼圈、眼袋、眼纹的原因，还提出面膜和眼贴是否能解决眼文和眼袋的问题，然后以自圆其说的方式，将"丹凤眼专业美眼机构"核心关键词点了出来，并道出"丹凤眼美眼机构"治疗眼部疾病的功效。

最后还单独将"丹凤眼美眼机构"介绍了一遍，增添读者对"丹凤眼美眼机构"的认同感和信赖感。

 TIPS:

此篇美容行业的软文可以让软文撰写者学习到以下知识：

- 利用"引入情境"开头，可以增强读者的阅读感，并且引入读者进入软文撰写者设置的情境，让读者更容易接受下文的内容。
- 软文的前半部分以叙述美容产品所要治愈的问题为主，让读者深刻理解问题对他们的危害以及问题产生的原因，软文的后半部分就开始将软问核心关键词注入进去，在软文的结尾可以重点介绍软文核心关键词，让软文核心关键词深入人心。

6.3.6 　【案例】爱她，就让她变回最美的自己

下面来欣赏一篇情感丰富的美容行业软文。

爱她，就让她变回最美的自己

岁月的痕迹，无情地刻在脸上，眼纹、眼袋、黑眼圈通通出现，眼衰成为女人心中难以逾越的鸿沟！

太显老：全职太太不甘心

40出头的林女士，5年前为了老公的事业和孩子的教育，做起全职太太。细心的她最近猛然发现，自己明显老了很多，眼纹长了一大堆，松松垮垮的眼袋不知什么时候冒了出来，特别显老。眼瞅着身边的姐妹一个个比自己显年轻，她的内心从不平静变成不甘心："自己过得也不比别人差，为什么就比别人显老呢？"

为了让自己变回年轻状态，林女士没少费劲。从网上买来一大堆化妆品、护肤品，白天出去做美容，晚上回来做面膜。可时间久了，老公却有了意见："都这把年纪了，还学人家小姑娘，乱花钱！有效果吗？"当即，林女士心中的所有怨气，都在那一刻爆发了："我这把年纪怎么了？嫌我老了？花钱怎么了，心疼了？你真的关心过我吗？你有一点点为我着想过吗？"

转变快：粗心老公变"细心"

随后，余气未消的林女士和老公冷战了好几天。谁知第四天周末的一大早，老公硬要开车带她出去兜风，她不情愿地上车后，却发现老公把她带到河西万达广场。原来心存愧疚的老公近几日一直帮她留意着最适合她、也最安全的美眼方法，经过系统而又复杂的权衡，他最终决定选择非手术美眼开创者——丹凤眼，最靠谱、最没有后顾之忧。老公的转变，让林女士很吃惊。老公语重心长地说："老婆，我打听过了，这家做美眼效果最好，不打针，不开刀，很专业，为你付出多少都值得！"林女士感动得差点流下眼泪。

惊呆了：这是我吗？眼袋去哪了

理疗专家利用专利仪器为林女士做了各项检测，并根据她的眼衰状况，制订了属于她的一套个性化的美眼方案。1个小时的舒适理疗后，专家让她照下镜子，她立刻惊呆了："啊？这是我吗？我的眼袋跑哪去了？真没想到，美眼还能这么舒服，眼袋消下去很多，太开心了，感觉自己一下子年轻了五六岁，太不可思议了！"

越美丽 悦生活

爱她，就给她最美的自己，2015年美眼第一艳，丹凤眼美眼为您开启。祛眼纹、消眼袋、拿掉黑眼圈，和眼衰说再见，美眼预约：400×××× 80。（本文来自admin18）

【分析】：

此篇美容行业软文的标题"爱她，就让她变回最美的自己"，这样的标题可以吸引住那些比较感性的读者，对于这种与情感挂钩的标题，有一部分读者多会忍不住去点击查看里面的内容。

软文一开头就以"眼衰成为女人心中难以逾越的鸿沟！"将"眼衰"问题提出来，为下文的情感故事做铺垫。

接着以40岁林女士与自己丈夫因自己购买化妆品、面膜等美容产品而吵架，来引起有相同经历读者的共鸣，让读者共同体会与伴侣吵架时的伤心，以丈夫细心为林女士找到了一家做美眼的地方，而点出核心关键词"丹凤眼"，并以老公语重心长地说对林女士说："老婆，我打听过了，这家做美眼效果最好，不打针，不开刀，很专业，为你付出多少都值得！"，将之前的伤心气氛升温到温情氛围，让读者为林女士找到这样的老公而高兴，也让男性读者有想回家对自己老婆好一点的想法。

文章的最后，以林女士接受1个小时疗程之后的效果结尾，也为"丹凤眼"消眼袋做出了推广，在结尾处又点了一次主题，并附加上预约美眼的电话号码，方便读者做美眼。

TIPS:

此篇美容行业的软文可以让软文撰写者学习到以下知识：

- 将标题与情感挂钩，能吸引住比较感性的读者。
- 用消费者的生活故事来铺设整篇文章，这样能让整篇故事的情感看上去不那么虚假，给读者一种真实感。

6.3.7 【案例】理疗美眼最低价，今日最后一波

下面来欣赏一篇以"直奔主题"的形式作为开头的美容行业软文。

理疗美眼最低价，今日最后一波！

因当场祛眼纹、眼袋、黑眼圈的效果，数百名女性口碑相传，丹凤眼店庆名额一周内被疯抢一空。很多朋友因报名晚了，没有抢到名额。应广大爱美女性强烈要求，丹凤眼在今日最后追加8个名额/店！今天是最后一次低价机会，没抢到名额的朋友可今日报名，明天将恢复原价！

理疗美眼火爆南京，丹凤眼应要求最后追加名额

据丹凤眼新街口店店长称，店庆期间顾客预约不断，因人力制约，很多女性上周没有抢到名额。丹凤眼在此非常感谢南京女性朋友的热情支持，同时也请没抢到名额的朋友谅解！今日应强烈要求，丹凤眼最后追加8人/店。

"选择理疗，最看重的是安全、不伤眼。因为害怕眼部整形的风险，还是理疗更放心。"之前做过整形手术反弹的刘女士也称："丹凤眼理疗比整形更放心。在恢复期，不影响工作生活。因为之前做过抽脂祛眼袋，需要很长时间的恢复，半年左右又反弹了。丹凤眼是纯理疗解决问题，效果能更持久。"顾客体验后称。

顾客认可效果，丹凤眼掀起南京理疗美眼风暴

据介绍，丹凤眼是ERF理疗全国唯一授权机构。与整形不同，丹凤眼理疗堪称零风险：专利仪器仅在皮肤表面作用，通过高频振动激活胶原蛋白组织再生，利用肌肤自身的修复力填平皱纹。同时仪器按摩为眼部输氧活血，让细胞跑起来，带走淤积脂肪，多年的眼袋、眼纹、黑眼圈都可消除。研发人蔡光欣博士被业内称为"美容教父"，也是亚洲美眼第一人。他所研发的ERF美眼理疗荣获三项国家专利。丹凤眼相信，只有专注、专业、专心才能成为行业领导者。丹凤眼创建于2000年，历经12年积淀，已经具备了世界先进的技术优势，是全国唯一用纯物理手段解决眼角纹、眼袋、面部松弛、黑眼圈等岁月问题的机构。目前，丹凤眼已为全国5万多女性朋友解决了眼部烦恼。丹凤眼面向广大南京女性承诺："当场见效，无效退款！"（本文来自henanzhichao001'职业博客）

【分析】：

此篇美容行业软文，不管是标题还是开头都直奔主题，从标题上就告诉读者这是一篇促销文章，开篇就告诉读者"丹凤眼店庆名额被抢空"、"最后一次低价机会"、"明天将恢复原价"，给读者制造一种紧迫感，开头就如此直白地进入软文核心关键词的主题，没有铺下隐喻，这样的做

法适当地用一用效果还是不错的，比较适合知名的产品。

利用消费者的体验部署文章的内容，让读者相信"丹凤眼理疗比整形更放心"，让读者产生一些许信任感，最后以介绍"丹凤眼"的基本信息而结尾，让读者进一步了解"丹凤眼"。

TIPS：

此篇美容行业的软文可以让软文撰写者学习到以下知识：

● 只要软文撰写者撰写的产品具有一定的名气，那么就可以利用直奔主题式软文开头，这样的软文效果才好。

● 这种直接式软文不需要太多的铺垫，只要制造出一种人们非常喜爱、受不少消费者追捧的场景即可，并在这样的基础上制造一些紧迫感，能促使读者产生想要去使用产品的欲望。

● 在文章中利用消费者的体验来入手，将文章写真、写实，给读者一个相信的理由。

6.3.8　【案例】脂肪粒不可怕，5招让你重现光滑美肌

下面来欣赏一篇"传播知识"的美容行业软文。

脂肪粒不可怕，5招让你重现光滑美肌

眼部周围出现的脂肪粒相信让很多女性郁闷不已。要消除每一颗都是一场持久战，一颗消下去了，另一颗又长了出来，真是有完没完啊！今天我们爱美编辑部就向广大女性支招啦！消除脂肪粒技能赶紧学起来！

脂肪粒是十分常见的肌肤问题，就是脸上大大小小的白色疙瘩，每个女性都深受其害，下面小编为大家带来5招。

很多女性都误以为自己用的眼霜太油，所以才形成脂肪粒。但事实并不然，脂肪粒的起因应该是皮肤上有微小伤口，而在皮肤自行修补的过程中，生成一个白色小囊肿。所以临床上，脂肪粒常常发生于什么护肤品都不用的年轻女性以及小朋友。

方法一：深层清洁法

做到彻底清洁，属于油性皮肤的女性建议一个星期可以去一次角质，而属于敏感肌肤皮肤比较薄的女性建议半个月一次。去角质的时候产品不宜用得太多，可能会造成皮肤出现创口。如果你是平时喜欢化妆的女性，千万要做好睡前卸妆工作，否则经过一夜，皮肤就会残留很多化妆品，堵住毛孔呼吸，形成更多的油脂粒或者粉刺。

方法二：柠檬去除法

每天晚上洗完脸之后，先用热毛巾敷脸3分钟，将脸部毛孔彻底打开，然后再用棉签蘸取适量新鲜的柠檬汁涂抹在有脂肪粒的位置，等待5分钟洗干净即可。

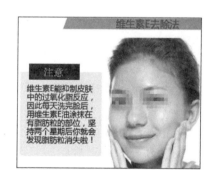

方法三：维生素E去除法

维生素E能够抑制皮肤中的过氧化脂反应，因此每天洗完脸后，用维生素E油涂抹在有脂肪粒的部位，坚持两个星期后你就会发现脂肪粒消失啦！维生素E还可以减轻黑眼圈！

推荐产品：养生堂维生素E软胶囊RMB60/160粒

推荐理由：天然维生素天然E、红花籽

编辑推荐
SKIN CARE

养生堂维生素e软胶囊
RMB60/160粒

油、紫苏油、明胶、甘油。养生堂天然维生素E软胶囊中的维生素E提取自大豆，100%全天然成分。使用时可直接用棉签将维生素E油涂在脂肪粒部位。长期服用还可以消除褐斑、光洁皮肤、保持肌肤弹性。

方法四：水杨酸去除法

如果脸上已经产生了脂肪粒，那么就尽可能地选择含有水杨酸成分的护肤品，这样能帮助清洁过厚的角质层，疏通已经堵塞的毛孔，让脂肪粒慢慢消除。另外，女性们要注意了，水杨酸产品不可以大量的使用，否则会破坏细胞壁，伤害肌肤。但水杨酸的确能使肌肤变得很爽滑，并且温和地清理掉皮层中的角质，还肌肤光泽，并使后续保养的护肤品更好地吸收。

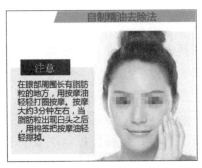

方法五：自制精油去除法

自制精油的用量自己可以适量控制，而且自己制作精油卫生方便，女性们可以放心使用。

材料： 保加利亚玫瑰1滴、罗马甘菊1滴、德国甘菊2滴、薰衣草3滴、玫瑰果油3毫升、甜杏仁基础油10毫升、葡萄籽油20毫升

做法： 将以上材料充分混合，每天轻柔按摩长脂肪粒的地方，记得不要太用力气，一周后脂肪粒即可部分消失，三周后就可以全部消失得无影无踪，记得调配好此按摩油的女性可以先在耳后肌肤测敏后再使用！

步骤：

1. 首先用温和的洗面奶把脸部清洗干净，然后再用40度的毛巾敷在脸部3分钟，直到脸部的毛孔都张开。

2. 在眼部周围长有脂肪粒的地方，用按摩油轻轻打圈按摩。

3. 按摩大约3分钟左右，当脂肪粒出现白头之后，用棉签把按摩油轻轻擦掉。（本文来自爱美女性网）

【分析】：

此篇美容行业软文是一篇典型的传播知识性软文，一开篇就告诉读者文章的核心是提供5个诊治脂肪粒的小妙招，并将妙招配以图片，以图文并茂的形式增强读者的阅读感，让读者能有耐心、快速地接受知识。

在第3个妙招之后，就设计了一个"编辑推荐"，并且这个产品是与妙招3相关联的，所以这样的一个设计，使得读者不会产生厌烦心理，反而还会尝试去了解此产品，甚至是直接购买，试一试是否有效果。

软文巧妙地运用了"注意"、"记得"等词汇，以提醒读者的口吻，让读者感受到这篇软文的价值性。

TIPS:

此篇美容行业的软文可以让软文撰写者学习到以下知识：

● 传播知识性软文的知识一定要真实有效，这样才不会被扣上虚假宣传的帽子，才不会给产品、品牌、企业的名声带来不必要的麻烦。

● 软文撰写者可以巧妙地将图片与文字相结合，这样便于读者阅读。

● 软文撰写者在嵌入产品时，一定要将产品融入前后文里，要与前后文相衔接，这样才不会显得突兀。

第7章

食品类软文

当人们摆脱了温饱问题后，对食品的要求越来越挑剔，一度让众多食品商家感叹，食品行业越来越难做。酒香也怕巷子深，食品商家如何才能让自己的产品软文脱颖而出，备受市民青睐。

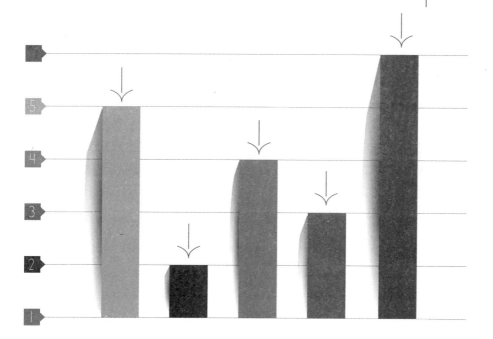

7.1 结尾非这样做不可

不管是哪种行业软文，其结尾部分的目的都是为了总结全文、突出主题或者与开头相应。所以，相对文章开头与标题来说，软文结尾离软文核心关键词比较近一些，相对来说比较好撰写。

但是，软文撰写者还是需要抓住一些软文结尾写作的小技巧，才能快速又不失质量地撰写出来。

7.1.1 放送知识式

所谓的放送知识式食品软文结尾，是指在结尾处以总结、提醒等方式将一些食品知识放送给读者，让读者能学习到一定的知识，这样的结尾能将整篇文章提升一个高度，往往这类食品软文的阅读价值都非常高，这样一个富有含金量的结尾，能给读者一种十足信赖的感觉，也为软文中的产品，做了一个比较正面的宣传，让读者愿意去试一试产品。

例如，一篇为《吃油到底是吃啥？》的食品软文，就是以"吃油"的方法、"油的挑选"作为软文的铺设，文章中还有一些专家、教授的提醒，再加上结尾还为读者放送了挑选调和油的诀窍，这样一篇文章读下来，将软文的推广意味给掩盖下去，展现给读者的是高质量的知识传播，是读者值得读的文章，只要读者有这样的一种感觉，那么文章中的产品自然会被读者注意，被读者接纳，如图7-1所示。

> 调和的关键在于"和"，如何挑选调和油也有诀窍。如今市面上的调和油品类很多，但并不是都可以真正达到脂肪酸搭配合理的标准，因此在购买调和油的时候，一定要挑选有助于脂肪酸合理搭配的调和油。如果能在购买的时候，多关注一下品牌的资质以及有无专利认证这些硬性标准，将能更好地帮助大家挑选到适合全家健康需求的调和油。

图7-1 放送知识式食品软文结尾

7.1.2 名言警句式

用名言警句来收尾，能让食品软文的意境更加深远，或者能够揭示某种人生的真谛。名言警句，古今中外，一直都受到人们的青睐，励志、警示语更是广泛地应用于文章写作中，它往往用三言两语就能表述出含义深刻、耐人寻味的哲理性或警醒性内容，使之深深地印在读者心中，起到

"言已尽,意无穷"的效果。

如果文章结尾,能够巧妙引用名言名句,就一定能让文章增添不少色彩,甚至能让软文大放光彩。

7.1.3 首尾挂钩式

一般文章最常用的方式就是总—分—总,结尾大多根据开头来写,以达到首尾相应的效果。如果文章的开头提出了观点,中间进行分析观点。到了结尾,就必须自然而然地回到开头的话题,来个完美的总结,这样的结尾就是首尾挂钩式软文。

首尾相连的方式大多是运用在议论性的文章居多。这个收尾技巧能使文章的结构更加完整,使得文章从头到尾很有条理性,浑然一体。

例如,一篇名为《健康寒冬,凉茶相伴》的食品行业软文,其开头总结出王老吉凉茶具有预防上火的健康功效,正文部分开始论证王老吉凉茶"健康"、"预防上火"的功效,结尾处呼应开头,如图7-2所示。

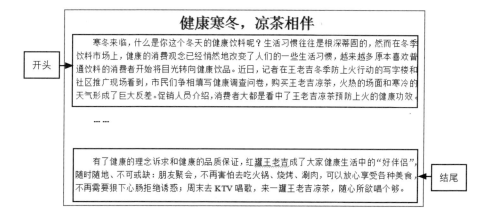

图7-2 首尾挂钩式结尾

7.1.4　祝福祝愿式

祝福式收尾在食品行业软文中是比较常见的，这种收尾技巧关键在于推广者要站在第三者的角度对软文中的人或者事物进行祝福，特别是在开业或者推出新产品，抑或者举行什么活动时，这种方法是极为常用的，当祝福结尾的软文达到一定的数量，将会非常壮观。

7.1.5　顺其自然式

在食品行业软文中，经常会使用以事情终结作为自然收尾。**在内容表达完结之后，不去设计含义深刻的哲理语句，不去描绘丰富的象征形体，顺其自然地结束全文。**让读者有在意料之外，又在情理之中的感觉。一般经常与对比标题相搭配，并且结尾会围绕开头的一个点而进行收尾。

例如，一篇名为《当重庆小面PK意大利面，鸡蛋与酱料渔翁得利》的食品行业软文，其结尾就是顺其自然地围绕着开头的"一组来自食品电商的数据"而收尾，如图7-3所示。

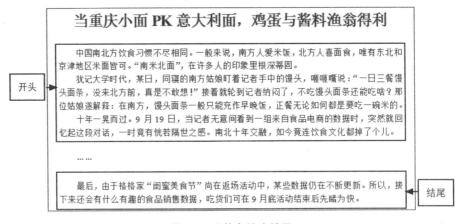

图7-3　顺其自然式结尾

7.1.6　留取悬念式

有时候食品行业软文的结尾还是需要留下一个悬念给读者自行想象，给读者留下一个自由驰骋，纵横想象的悬念，读者可以适当补白、续写，来揣测软文撰写者的心思，这样思维的阅读会有令人惊奇的收获和非同寻常的深刻体验。

留取悬念式结尾除了妙手偶得之外，绝大部分都是对生活有了独特的情感后，再加以精心提炼形成的结晶。

7.1.7 温情系列式

所谓的温情系列式结尾，用于写人、记事、描述的文章结尾。当然也可以用在说明文、议论文的写作中。用抒情议论的方式收尾，考验的是写手能否将心中的真情流露出来，从而激起读者情感的波澜，引起读者的共鸣。

7.1.8 画龙点睛式

画龙点睛式结尾是要根据文章内容来决定是否使用的。如果内容主旨上没有明确提出观点，那么在结尾时，就可以使用一句或者两句简短明了的话来明确文章的观点，起到画龙点睛的作用。

这种方式可以起到伏笔的作用，让读者慢慢被文章所吸引后，读到最后终于恍然大悟，原来文章是表达这个意思。这种点题式的技巧能够很好地提升整篇软文的品格，从而给读者留下深刻的印象，也能唤起读者深思回味。

7.2 写作技巧

食品软文并不是食品味道好就能形成被消费者喜欢的现象，而是需要将自己的食品推广出去，要让消费者不仅认可产品，而且还知道其名誉度，这才是企业成功的营销效果。

而软文正好是推广食品产品的重要一环，所以学习食品行业软文的写作是非常重要的，下面来继续了解食品软文的写作技巧。

7.2.1 事件营销是重要的一环

有不少的软文撰写者，认为将食品软文看似在软文中将食品的美味描述得惟妙惟肖，就以为是一篇成功的食品软文，其实并不全是。**食品软文还可以将事件营销作为跳板，将食品产品以软文的形式推广到每个消费者的面前**，如此食品软文的效果定然不比只描述产品味道的软文差。

TIPS:

所谓事件营销，是指企业通过策划、组织和利用具有新闻价值、社会影响以及名人效应的人物或事件，吸引媒体和消费者的兴趣与关注，以求提高企业或产品的知名度、美誉度，树立良好品牌形象，并最终促成产品或服务的销售的手段和方式。

例如，一篇名为《好声音迎总决赛 金罐加多宝吹响福利集结号》的软文，借助中国好声音的收视率，来为加多宝造势，如图7-4所示。

好声音迎总决赛 金罐加多宝吹响福利集结号

上周五，第四季加多宝中国好声音第二场"导师对战"继续金彩绽放——汪峰暴战队和庾澄庆哈令营战队结束激烈对决，本季好声音10强学员全部诞生。9月30日21:10，10位好声音学员将向鸟巢发起冲刺，争夺10月7日好声音总决赛5强黄金席位。究竟谁能代表好声音携手四大导师站上北京鸟巢"决战巅峰之夜"的舞台，谁又能成为本季好声音最荣耀的冠军学员，金彩即将揭晓。同时，助阵好声音总决赛，金罐加多宝也吹响了福利集结号，金彩星期五国庆专场和好声音巅峰之夜专场无缝衔接、震撼来袭，包括iPhone6、总决赛门票等多重好礼将在十一黄金周期间送出，令人无限期待。

好声音总决赛将在鸟巢绽放 金彩星期五福利大集结

9月25日晚21:10，随着哈令战队赵大格、张姝、谭轩辕以及汪峰暴战队黄勇、贝贝5位学员成功晋级，加多宝中国好声音第二场"导师对战"完美落幕，本季好声音10强学员就此诞生。金彩节目再次以CSM48城4.4的高收视率蝉联周五全天同时段所有综艺节目收视冠军。节目临近中秋，金罐加多宝金彩星期五中秋专场联合8大金牌合伙人送出亿元团圆大礼，吸引互动量高达213万次，"移动互联网+"平台人气持续升温。而在9月27日中秋节当晚的加多宝中国好声音中秋演唱会上，周杰伦、那英、汪峰、哈林四位导师携手众多人气好声音轮番献唱，与亿万"声"粉们嗨翻了中秋团圆夜。

……

10月7日晚19:30，第四季加多宝中国好声音总决赛将在北京鸟巢金彩绽放。好声音这档综艺王牌将迎来年度最强人气，而持续深耕"移动互联网+"的金罐加多宝打造的金彩生活圈也日益丰满成型，赢得更多忠实拥趸。记者走访发现，伴随着中秋、十一黄金周的来临，在餐厅、超市乃至互联网渠道，金罐加多宝迎来了新的节庆销售热潮，越来越多的消费者将金罐加多宝作为送礼首选带回家，连同金彩星期五一起将金彩生活分享给身边更多的亲朋好友。

图7-4 食品软文+事件营销

软文撰写者可从事件营销的两个方面出发，将这两个方面与食品产品相融合，让软文借势热门事件的火爆程度，趁机将产品推广出去：

- 企业借用已有的社会热门事件或话题结合企业或产品在销售或传播上的目的而展开的一系列活动。

- 企业通过策划、组织和制造具有新闻价值的事件，整合自身资源，以吸引媒体、社会团体及消费者的兴趣和关注。

7.2.2 拆分产品信赖感才俱佳

食品行业软文，还可以从拆分产品开始，从4个方面入手软文的写作思路，拆分得越详细，就越能让消费者产生信赖感，如图7-5所示。

例如，一篇名为《并非所有巧克力都为健康加分 要看可可含量》的食品软文，就以巧克力中的"可可"成分来进行软文的铺设，告诉读者哪种巧克力才是对人体健康有益的，如图7-6所示。

图7-5 产品拆分方向

并非所有巧克力都为健康加分 要看可可含量

巧克力除了好吃，还有益健康，然而，并非所有巧克力都为健康加分。广州军区广州总医院营养科邱小文主任表示，由于巧克力在生产中加入的成分不同，也造就了它丰富多变的味道。就目前市场上的巧克力，依成分大致可分为黑巧克力或是纯巧克力、牛奶巧克力、白巧克力、果仁巧克力等。

黑巧克力是喜欢品尝"原味巧克力"人群的最爱。其牛奶成分少，含糖也较低，可可含量较高(从50%~90%不等)，因此黑巧克力含有大量的抗氧化物，对心血管有一定保护作用，并且可以预防衰老。

更为奇妙的是每日吃可可含量70%以上的黑巧克力30克以内，不仅不用担心会发胖，还能在一定程度上达到控制体重的效果。这是为什么呢？邱小文介绍，其实纯正的可可豆制成的巧克力，本身热量并没有那么高，巧克力之所以被认为会增重的原因，就在于加工制作时添加了大量的糖分、牛奶和果仁等；而可可中所含的咖啡因具有抑制食欲的作用，并能促进人体新陈代谢，适量进食巧克力可以产生饱腹感，有效控制食欲；另外，黑巧克力中的食物纤维具有促进肠道蠕动，帮助胃肠消化的功能。瑞士是巧克力消耗量最多的国家，每人每年要吃掉10千克巧克力，而肥胖率却是世界最低的。

其他如牛奶巧克力、果仁巧克力、白巧克力等添加了糖、牛奶、果仁等其他成分，可可含量都偏低，含糖量则高达50%以上。这样的巧克力虽然甜美可口，却很难谈得上健康功效。需要注意的是，目前市场上出售的巧克力，很多几乎不含可可成分，而是"代可可脂"巧克力，代可可脂是一种反式脂肪酸，不仅没有营养价值，而且对人体健康有潜在危害。

......

尽管巧克力具有以上种种好处，但毕竟属于高热量、高脂肪、高糖分的食品，所以，应科学合适适量地食用，某些特殊人群更是不宜食用。如3岁以下儿童、易出现胃灼热的人、易头痛的人、便秘者和糖尿病患者、痛风患者、胆结石患者、罹患严重心血管疾病患者都应不吃或少吃巧克力。

图7-6 拆分食品选料软文

7.2.3　要有"色"才能有想法

食品行业软文中的"色"，并不仅仅指的是图片颜色，而是需要在软文中突出食品的三大特色，通过语言的描述挑逗出读者的味蕾，当然能达到让读者边看文字边流口水的效果更佳，如图7-7所示。

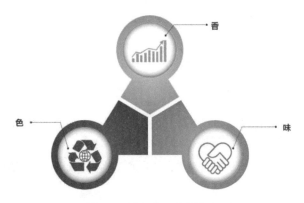

图7-7　拆分食品选料软文

例如，一篇名为《莲藕包粽子 清甜不腻又去热》的食品软文，将莲藕粽子的图片及做法都写入软文中，如图7-8所示。

图7-8　具有"色"软文

7.3 食品类软文写作案例

软文作为营销传播利器之一，具有强大渗透力、传播力和单一工具的局限性逐渐为人们所认识。在食品行业，近年来有不少品牌尝试运用软文这一工具，获得了良好的效果。下面来欣赏几篇食品软文，从中学习食品软文的写作。

7.3.1 【案例】宝宝为什么不爱吃饭

下面是一篇放松知识式结尾的食品行业软文，让我们来就来欣赏这篇软文。

宝宝为什么不爱吃饭

很多小孩子在饮食方面都有一些问题，尤其是不爱吃饭，为此爸爸妈妈们伤透了脑筋。其实，宝宝不爱吃饭主要是因为没有建立起良好的饮食习惯，要从现在着手，赶快纠正宝宝的不良习惯，让其爱上吃饭。

吃饭时，孩子在前面跑父母在后面追的情景，相信在很多家庭都会出现，也是父母很头痛的问题。宝宝出现长期食欲不振、食量减少，可导致小儿营养不良，多种微量元素缺乏，影响生长发育。

据分析，其实引起厌食的原因有多种，从节后情况来看，除了零食外，家长的不规律饮食习惯也会导致孩子厌食，因为家长应酬多，节期饮食起居不规律，导致孩子原本正常的饮食规律被打破。据了解，在出现厌食情况的孩子中，其实有近六成是无须治疗的"假性厌食"，只需调整家长的喂养习惯和孩子的饮食习惯，诸如撇开零食、定时定点（给孩子相对固定的一个吃饭位置）让孩子吃正餐、让孩子自己吃饭而不撵着喂、不要同时看电视等，厌食现象很快就会远离孩子。

聪明的妈妈应该懂得如何培养宝宝良好的饮食习惯

1. 让宝宝吃各种不同口味、颜色和口感的菜，这会让宝宝对饭菜很感兴趣。即使是很小的宝宝也会因为每天吃相同的东西而感到厌烦。

2. 当宝宝吃得很好的时候要表扬他。

3. 给宝宝提供健康零食，宝宝每天消耗大量的能量，因为他们每天动来动去，所以要提供营养丰富的零食来补充宝宝的能量，比如水果片（新鲜的或干制的）、天然酸奶、米糕、面包条。

4. 不要给宝宝吃快餐食品，如果在就餐时间带着宝宝出去，最好随身携带一些健康食品，这样就不必依赖快餐店了，薯条、汉堡包、香肠都是高脂肪、高盐、高糖分食品，而且含有很多添加剂，应该避免食用。

5. 别把甜食当奖励。如果您想让宝宝喜欢吃新鲜的水果和蔬菜，自己首先要大量吃这些食物以给宝宝树立榜样。如果您总是把饼干和巧克力当作零食，并且把甜食作为奖励（这些食物会使宝宝越来越喜欢吃甜食，并使他们长出龋齿），那么就不要指望宝宝爱吃水果。还有不能为了宝宝吃水果和蔬菜而跟他讨价还价，这会形成一个难以改变的习惯。

6. 给宝宝喝的饮料中，水是最佳和最提神的，所以要把水作为首选饮料。如果宝宝的食欲不是很好，可以给他喝obabyl 宝贝乐，可使胃肠道产生多种有机酸和消化酶，帮助儿童吸收食物，增进食欲。

7. 不要给宝宝吃含过量的饱和脂肪、食盐和糖的油炸食品，最好以蒸烤的食品取而代之。加工食品中的盐、糖和人工调味剂的含量很高，所以要给宝宝吃新鲜的食品，包括以下四类：

（1）鱼、肉、鸡蛋和其他富含蛋白质的食物；

（2）牛奶、酸奶和其他奶制品；

（3）大米、马铃薯、面包、面条和其他碳水化合物；

（4）水果和蔬菜。

【分析】：

此篇食品行业软文运用了疑团式标题，并抓住了生活，容易吸引那些家有宝宝的读者，引发他们思考宝宝为什么不爱吃饭的原因，并激发他们想阅读文章一探究竟其原因。

此篇食品行业软文开头就直奔主题，提出"宝宝不爱吃饭主要是因为没有建立起良好的饮食习惯"的观点。

然后开始利用"孩子在前面跑父母在后面追的情景"，引起读者的联想，让读者回忆自己追着孩子喂食时着急的画面，这样更加引起读者想要知道"宝宝不爱吃饭"的原因及改善的方法。

最后，后文介绍改善"宝宝不吃饭"的方法，并在第6点处以"如果宝宝的食欲不是很好"为铺垫，道出软文关键词"obabyl 宝贝乐"，这样的做法，广告意味几乎被消除，而"obabyl 宝贝乐"的出现，只会让读者认为这只是作者的一种良性推荐，并且这种推荐会深得读者的信赖。

以放送知识的形式结尾能给读者一个比较强的阅读价值感，一篇软文，若是能让读者觉得在文章中学到了东西，那么这样的软文定会被读者喜爱，特别是和生活相关的文章，定然会被那些具有分享精神的读者分享给自己的朋友，一同学习。

TIPS:

从这篇食品行业软文中还可以学会以下几点：

- 食品软文撰写者可以从消费者的生活着手，寻找消费者生活中会面临的问题，以这个问题为核心，将自己的产品融入进去，这样的做法既容易引起读者的共鸣又能减少一些软文的广告意味。

- 食品软文撰写者可以多用一些放松知识式结尾，这样的结尾阅读性比较强，会让读者从头到尾都认为这篇文章是一篇价值性比较高的文章，对自己有益的文章。

7.3.2 【案例】今年过节送什么

下面是一篇问题式标题食品行业软文，让我们来欣赏这篇软文。

今年过节送什么

喜庆的春节迎面走来，全家团聚的日子让我们无比期待，而"今年过节送什么"再次成为城市里的热点话题。为此，记者决定走进生活深入调研，希望能帮助大家找到真正有特色、有意义的新年最佳礼品，为大家解决这个疑难问题。

走进商场琳琅满目的礼品区，我有点茫然。放眼望去，装饰品、保健品、消费品等各式各样的礼品纷纷占地为王，翘首企盼消费者的青睐。酒香不怕巷子深，火眼金睛不如用案例说话，我灵机一动，马上跑到了收银台边守株待兔。

刚走到收银台，还没来得及和美丽的收银员认识一下，就有一位二十多岁的小伙子走了过来。待小伙子结账完毕后，我向他表明了身份，希望他能说说买礼品的观点。小伙子很爽快地说出他的心声："送礼肯定是送健康，但我不会去买那些华而不实的品牌产品。最近在报纸上看到了现在流行养肾，我觉得这个概念既健康又时尚，于是我今天来给老爸买两瓶养肾的酒，过年带回家让他品尝看看效果。总之，我们做儿女的肯定是希望父母老当益壮，越活越精神!"原来送的是酒，我看了一下包装，是最近郑州正到处宣传的百事利酒。那么为什么只送百事利酒呢?小伙子笑着说道："没有办法，市场上只有这一种酒有养生功能，我不买它买什么。要是我爸觉得效果好，我还准备做他们的代理呢。"年轻人果然是有商业头脑，我佩服!

小伙子走后，我向美丽的收银员——张小姐请教最近的礼品行情。张小姐介绍道，最近的礼品生意特别的火爆，但真正卖得好的还是那些功能好又有创意的新产品，如刚才的百事利酒;由于是国内市场上具有"养肾"功能的保健酒，所以许多人都买百事利酒作为送给中老年男士的健康礼品。

谈话间，又有位三十多岁的阿姨前来结账，礼品是黄金搭档和百事利酒。阿姨侃侃而谈："黄金搭档是送给孩子的，百事利酒是送给老公的，其实这些并不是礼品，不过年不过节我也经常买，广告都说了有健康才有未来。"黄金搭档是知名品牌，但百事利酒却是新产品，为什么还买它呢?"只要产品功能好，效果好，为什么不买呢?我爱人马上就到四十岁了，身体大不如前，最近喝了百事利酒后，健康状况日益优良，夫妻生活也更加和谐了。还有，我爱人现在陪客户也经常喝这酒，客户都感谢他，因为是我爱人让他们知道了什么是养肾，让他们知道了男人养肾的重要性。"阿姨的一番话让我哑舌，没想到这酒还成为谈生意的秘密武器。阿姨临走时，我才发现她怎么没有给自己买礼品呢?"呵呵，我的礼品当然是我爱人买!"阿姨回头开心地回答道。看来真是甜蜜的一家三口，仅此轻描淡写的一句便已足够美煞旁人。

什么是"养肾"呢?我满脸疑惑地面对张小姐，求助于这位礼品专家。她指着身后百事利酒的宣传海报娓娓道来："养肾不同于补肾，指的是在肾健康的时候对肾滋补，就好像人在没生病的时候进行体育锻炼保证身体健康一样。"那男人一定要养肾吗?我追问道。"是的，由于中老年男士肾功能开始减退，尤其是中年男人受迫于事业和家庭的双重压力，如果不注意养肾，那么就容易出现肾亏肾虚等病症;治疗肾亏肾虚的广告那么多，从这我们就可以看出此病症是如此的普遍而且麻烦。"原来如此，那么人们是什么时候开始流行"养肾"的呢?我刨根究底的职业病开始作怪了，幸好张小姐温柔体贴，微笑地接着回答："养肾在国外是一个流行的概念，但国内只是近期才开始流行，这还要归功于百事利酒。是百事利酒的广告让人们知道了养肾，也是百事利酒让人们开始走上养肾之路，还是百事利酒提出了送礼创意——把礼品送给肾!"要不是知道张小姐只是礼品区的收银员，我一定会以为这位美女是百事利酒的推销员呢。

谈笑间，又有一位中年男子提着百事利酒匆匆而至收银台，好像很赶时间的样子，我连忙抓紧时间咨询："先生怎么这么急啊？您是专程来买百事利酒的吗？"中年男子感慨道："哎呀，我是从北京来郑州出差的，现在赶着去机场；刚才听客户说这边的百事利酒具有养肾功能，做礼品送亲人和领导都特别好，赶紧来买几瓶带回去。"看来百事利酒的礼品效应已到了口碑相传的终极境界了，每一位百事利酒的消费者都成为它的推销员，难怪销量如此惊人。

到了这时候，我想已没有再探究的必要了，市场是检验产品的唯一真理，百事利酒作为2008年的新礼品已经征服了市场，征服了消费者，同样也征服了我。临走时，我从美丽的张小姐手中接过了一张购物单，提着两瓶百事利酒凯旋离去！

今年过节送什么？送他百事利酒，和百万郑州市民一起开始养肾！

【分析】：

首先此篇食品行业软文运用了问题式标题，提出一个每位成年人都会遇到的问题，就是在节假日时人们到底该选择什么礼物送人，这样的标题比较容易抓住读者的眼球，吸引起读者的注意。

其次此篇食品软文以记者采访的形式进行文章的铺设，以"健康"为核心，凭借消费者之口来道出核心关键词"百事利酒"，伴随着它"养肾"的功能，将它推到读者的眼前。

再次借着记者询问张小姐"什么是养肾"之余，将"百事利酒"再一次推到读者的面前，让读者进一步了解"百事利酒"为什么被不少消费者所喜爱。

最后的结尾是一种总结解答式标题，这样的结尾既点题为问题式标题给出了一个明确的答案，又衔接上文，迎合着上文的思路，总结出全文的核心内容。

TIPS:

制造需求和引导消费。这两点是软文的目的和宗旨，也是软文写作的细节把握，如何把感受变成消费的理由、把弱需求变成强需求，就要从软文的内容、版式、思想和色彩各方面着手，使之成为经得起推敲的思想系统。

7.3.3　【案例】肯德基携手百度开启"甜蜜中国"长假玩转O2O创新体验

下面是一篇产品动态食品行业软文，让我们来欣赏这篇软文。

肯德基携手百度开启"甜蜜中国"长假 玩转O2O创新体验

2015年国庆长假前夕，肯德基宣布与百度地图携手，推出O2O出行新模式。9月28日起，肯德基大手笔将全国4 800多家餐厅搬上百度地图，借助百度全景实现的"肯德基虚拟餐厅"遍布祖国大江南北。消费者不仅可以使用手机语音搜索随时随地"叫"出汉堡等美味，更可点评及票选心目中最具特色的肯德基餐厅，在长假期间迎来普降全国的甜蜜"蛋挞雨"，畅享一系列长假创新体验。

全国4 800多家"肯德基虚拟餐厅"集体上线

少了美食的旅行怎能完整？9月初，肯德基即联手百度地图，借助其语音搜索技术、全景地图技术及地图资源启动O2O战略合作，第一家百度官方认证的"肯德基虚拟餐厅"1.0版本随之诞生。

国庆前夕，肯德基再进一步，将遍布全国的4 800多家餐厅悉数搬上百度地图平台，打造为"肯德基虚拟餐厅"，打开百度地图移动端主页，附近肯德基的餐厅信息、特色活动，以及专为百度地图虚拟餐厅推出的定制套餐等一系列活动尽收眼底。人在旅途的消费者无论身在何处，再也不用担心找不到美食。

依托百度在"连接人与服务"方面的技术优势以及丰富的实践经验，肯德基通过线上终端的"肯德基虚拟餐厅"作为场景化入口，结合遍布全国的线下门店，打造了完整的服务闭环，实现了对消费者前所未有的广泛覆盖，这也充分契合了肯德基品牌进一步智能化、数字化的理念。在构建独具特色的O2O服务平台的同时，也为消费者提供了一站式生活服务入口。

人在旅途 想吃汉堡一声吼

语音搜索技术的商业化应用，无疑是肯德基与百度地图合作的一大亮点。数据显示，用户不仅倾向于使用移动端进行搜索，更在追求多元化的搜索形式。紧密把握年轻人独有的媒体接触习惯，或将成为肯德基的又一招妙棋。

现在，无论消费者身在何处，只要拿出手机，使用百度地图的语音搜索功能，对着话筒说出"我要吃汉堡"，身边最近的"肯德基虚拟餐厅"和丰富的团单选择就会跃然眼前。

热衷互联网尝鲜的上海消费者梁小姐在第一时间体验了这一功能后表示，语音搜索结果不仅比想象中延时短，更惊人的准确，在嘈杂和安静的环境下均能准确搜索出距离自己最近的肯德基餐厅。

出发吧，跟着肯德基去旅行

不仅如此，肯德基更邀请消费者在长假期间，通过"肯德基虚拟餐厅"完成一次从指尖到舌尖上的旅行，票选出全国各地的肯德基餐厅之最。

近年来，肯德基新的餐厅呈现出越来越多样的风格设计，在保持自身文化特质的同时，往往会融合当地文化，成为城市的另一道风景。旅途中的餐厅对于消费者而言，不单单是味觉的拯救，更可从诸多细节中感受到不同地方的风土人情。

然而，肯德基在中国的4 800多家餐厅中，究竟哪一家最美？是1987年开幕，迄今已有近30年历史的中国第一家肯德基餐厅——肯德基北京前门餐厅？或是地处海拔1 407米的群山深处，位于恍若仙境一般的电影《阿凡达》《大圣归来》《捉妖记》取景地的肯德基湖南张家界餐厅？还是与碧海蓝天融为一体的肯德基三亚亚龙湾餐厅？风格各异，不亲自登临，只怕难分轩轾。

10月1日至7日国庆长假期间，肯德基在全国范围内精选出了50家各具风情的餐厅，在百度地图平台上展开了"出发吧!寻找肯德基之最"活动，邀请消费者欣赏百度全景图片，共同评选出心目中最具特色的肯德基餐厅。活动中，消费者不但可以随时随地发现身边不一样的肯德基餐厅，还可以心随意动，亲手点评、票选出心目中最为独特的肯德基餐厅，更有机会获得3 000元的旅游代金券、肯德基蛋挞及手机话费等礼品。

史上最甜蜜的"最后三公里"

最后三公里，是摆在包括肯德基与百度地图在内所有O2O巨头面前的又一挑战。与百度地图一起，通过在线上分发特别优惠吸引消费者，再将线上资源有效地引流到线下，进一步加快了肯德基在中国的数字化步伐。

国庆长假期间，肯德基将在全国4 800多家餐厅周边施以人工"降雨"，备足了100万枚葡式蛋挞，期待与所有正在旅途中的消费者甜蜜相遇。国庆期间，所有"肯德基虚拟餐厅"的周边三公里以内，将不定时空降史上最甜蜜的"蛋挞雨"。

这是肯德基基于移动定位服务，通过"最后三公里"的服务延展，引导从线上到线下消费者流量变现的又一实践。只要消费者身处线下任意肯德基餐厅三公里范围内，打开百度地图搜索肯德基，根据提示移动即有机会获得这份雨露均沾的幸运。

O2O的创新永无止境。国庆长假里，肯德基与百度地图将共同打造全新的旅行体验，从最简单的"吃吃吃，买买买"升级为移动化的创新玩法。想要美味与美景并存，跟着肯德基走就对了！

【分析】：

此篇食品行业软文算是一篇行业动态，这样的软文比其他软文显得更直接，没有过多的铺垫，而是直接进入主题，以某个企业的产品动态为主，来让人们知晓有这么一件事情。一般来说，这样的软文比较适合一些广为人知的品牌、产品，这样的效果比较好。

这类的食品软文最好不要只枯燥无味地将产品动态推到读者的面前，还是需要将产品动态与消费者的生活衔接在一起，这样才能激发读者对企业产品的需求。

此篇食品行业软文，就是将肯德基与百度携手推出的O2O新模式和旅游衔接在一起，并介绍这样一个产品能给人们带来怎样的便利，让读者产生使用欲望，实现人们不管身在何处只要运用肯德基O2O就能随叫随到使用美食，这对于那些"吃货"来说是不错的福利。

TIPS:

不管是产品动态还是行业动态软文，都需要将动态与消费者的需求相结合，使文章推广目的不显得那么苍白，给读者一个将文章读完的理由。

7.3.4 【案例】也许人生本该如此美好

下面是一篇以温情系列式结尾的软文，让我们就来欣赏这篇软文。

也许人生本该如此美好

父亲在女儿的婚礼中落泪了，一个中年男子的感情在此刻迸发。女孩很幸福，因为她终于有了归属、有了自己的爱人、有了自己的家。每个女孩一生中最美丽的时刻便是穿着婚纱的那天。

女孩和男孩结婚后，男孩很喜欢拉着女孩去散步。他们一直在青色石板路的小巷中行走，男孩一直牵着女孩的手，不曾松开过。但让女孩渐渐觉得奇怪的是，每当男孩在一个茶铺门前时，总会深情地望着茶铺，这时，牵着的手握得更加紧。

这天他们再一次路过，男孩笑着望了望茶铺，牵着女孩的手就走了进去。迎接的是一个十分美丽的接待员，男孩还没说什么，她便拿着准备好的天福铁观音递给男孩，并微笑着向女孩挥了挥手。

晚上回到家，女孩习惯性地拿出了茶具，当打开新买的天福铁观音泡茶时，实在忍不住满肚的疑问坐到男孩身边：你老实说，你喜欢我吗？

男孩放下手中的茶杯说：喜欢啊。

女孩摸着自己额头的疤说：我漂亮吗？

男孩说：漂亮。

女孩说：你骗人，每次走过大红袍名茶店的时候你都那么深情地看着里面，和那个接待员那么熟悉，还挤眉弄眼的。你说你是不是因为喜欢她，所以一直买那里的茶喝？

男孩认真地看着女孩说：其实，两年前我有个女朋友，她是世界上最美的女孩，她喜欢喝天福的铁观音，每次都去那家店买，每次都泡给我喝。有一天，家里茶叶没了，她一个人去买茶叶，当走出店铺时，没有注意左右，出了车祸，受了重伤。

女孩生气了：你一直爱着她是吗？

男孩说：是的，一直。

女孩哭了：那你娶她啊，为什么娶我。

男孩抱紧了哭泣着的女孩，安抚着，轻声地在女孩耳畔说：我已经把她娶回家啦。她在那场车祸中失忆了，还在额头留下了一道疤。

女孩哭得更凶了，再也止不住的泪，滴落在杯中。

幸福本来就该如此，无论发生过何种不幸，只要你还想着它，只要你心里还有它，即使是一封信、一本书、一张照片或是一杯大红袍名茶，都能将你们牵住一辈子。爱，其实就这么简单。

【分析】：

此篇食品行业软文是一篇情感丰富的软文，下面就来一一分析此篇食品软文有哪些地方值得学习的地方。

（1）此篇食品行业软文的标题虽然没有标点符号修饰，也没有非常明显的疑问句式，但读者去阅读时会产生疑问"人生哪样才是美好的？"、"我现在的人生是美好的吗？"等，读者会带着这些疑问去阅读文章。

（2）此篇食品行业软文的开头算是一种比较少见的类型，像是一篇散文，开头特别的突兀，可将开头阅读完之后，就会让读者进入一幅画面，此篇软文就是将一位父亲在女儿婚礼上落泪为开篇，慢慢道出女儿终于找到自己的归属，拥有自己的婚礼而感到幸福的场景展现到了读者的面前，容易引起读者的共鸣，想起自己的父亲在自己婚礼上落泪的画面，或者是憧憬着自己的婚礼等。

这样的开篇显然能给读者一种唯美的感觉，可以配上在比较浪漫的节假日时期一起融入软文中，如情人节、圣诞节、七夕节等，这样既能借用节日气氛，又能写出不一样的食品行业软文。

（3）正文部分，将女主角的幸福生活描述得惟妙惟肖，读者在阅读的过程中，很容易进入角色，将自己想象成女主角，就在读者还沉浸在女主角婚后幸福的生活时，结果女主角却发现了自己丈夫与其他女子的暧昧举动，这个设计，将读者拉回了现实，让读者产生怜惜之情。

（4）通过女主角询问自己的丈夫是否喜欢自己后，丈夫给出了一个偶像剧才会出现的回答，从而使得整篇文章的气氛发生了一个大反转，让之前阴霾的气氛变得比较温情，也许会让读者产生吐槽的想法："这就是偶像剧情"，可是这样的剧情不正是人们心中最为之想要的美好生活吗？因此，读者也会羡慕文中的女主角，甚至会回想女主角和丈夫之间对话的画面。

（5）此篇食品行业软文运用了画龙点睛式结尾，用寥寥几句话既点题又将核心关键词给明确出来"大红袍名茶"，并且辞藻比较唯美，整体感觉比较舒适，广告意味也不是特别明显，就算明显，在之前爱情故事的熏陶下，读者也不会介意这一点小问题，而是将此篇文章的气氛保持在自己的心中。

TIPS:

　　这篇食品行业软文算是一篇比较成功的文章，一般来说这种温情的食品软文写作手法非常少见，就算出现也是配合着情人节比较有气氛的节假日，并且还要看产品是否适合假日气氛，不然产品出现在节假日软文中会显得比较突兀，所以软文撰写者在撰写食品软文时，需要慎重选择写作思路。

7.3.5 【案例】穿越千年的夏塘烧饼

　　下面是一篇以温情系列式结尾的软文，让我们来欣赏这篇软文。

穿越千年的夏塘烧饼

　　前些时候去安徽合肥开会，朋友林惠一定要带我去尝一下当地的小吃夏塘烧饼，还说，你来合肥不吃夏塘烧饼一定会后悔的。听他这么一说，我还真动心了。

　　我们来到一家夏塘烧饼店，只见前来买烧饼的人已排起了长队。排队的有本地人，也有不少是外地来的游客。店老板忙得不亦乐乎。

　　等待的间隙，林惠告诉我，夏塘烧饼的历史几乎和这座城市的历史一样悠久，它起源于下塘。据《中国历史地图集》记载，北宋期间就有夏塘镇，明嘉靖《寿州志》改为下塘镇，沿用至今，距今已有一千多年历史。所以，把烧饼叫作夏塘烧饼，也更加富有历史底蕴。

　　相传，魏蜀吴三国鼎立时，曹军伐吴，在合肥逍遥津被吴军打得大败，吴军追击曹军一直到夏塘地域，夜间曹军又饿又累，但恐被吴军发觉，不敢明火做饭。这时，一位军师想出办法，将行军锅倒扣，再找一些树根点着，烤出了又香又甜的烧饼。曹军军士饱餐一顿后，士气大振，第二天一举击败吴军，取得大胜，从此夏塘烧饼的工艺就留传了下来。

　　北宋年间，宋太祖赵匡胤陈桥兵变后，途经夏塘，老百姓献上夏塘烧饼，赵匡胤吃后赞不绝口。清朝咸丰年间，为镇压在安徽活动的太平军，湘军统帅曾国藩的一路人马驻扎于夏塘镇，军队行军打仗，急需干粮，烧饼成了首选。烧饼师傅改进了烧饼配料和烤制工艺，使之深受欢迎，夏塘烧饼的名声就此响亮地叫开了。

　　"夏塘烧饼"的制作过程是非常讲究的。首先支好灶架，把大铁锅反扣在灶架上，铁锅外，用干净的泥土和白灰、麻刀头（棉麻的下脚料）搅拌均匀，抹在外边，做保暖之用。灶中升起木炭火，把发好的面做成面剂，中间包上各种预备好的馅料，在案板上按圆，面上撒上芝麻，熟练地翻在手背上，贴在锅上。此外，和面、揉面要恰到好处，烘烤要把握火候，如此一整套工序的完美操作，才能使夏塘烧饼酥脆可口。后来还有人把它编成顺口溜："吃烧饼、满嘴香、一定要喝猪血汤!""干葱老姜陈猪油，牛头锅制反手炉，面到筋时还要揉，快贴快铲不滴油。"这两句顺口溜形象地道出了夏塘烧饼独具的特色。

如今的夏塘烧饼种类繁多，有甜的、咸的、雪菜、豆沙、牛肉、猪肉等多个品种，甚至海鲜味道的都能做出来，品尝起来会有更丰富的口感享受。

现在，在合肥的大街小巷都看到有市民在吃烧饼，有的当作早餐，外加一碗猪血汤；有的把它作为中餐，两个烧饼，荤素搭配，既省钱，又节约时间；晚上吃烧饼的也很多，一个烧饼一碗稀饭，足够了。

拿着夏塘烧饼，我在大街上边走边吃，那穿越千年的文化醇香仿佛就在唇齿间溢了出来。

【分析】：

这篇食品行业软文，算是一篇美食软文，专门为读者介绍美食的文章，此文的结尾是一种总结性结尾，利用"寥寥几笔"的文字，将作者的感悟总结出来，能勾起读者想要吃"夏塘烧饼"的欲望。

整篇文章条理清晰，段与段之间衔接得当，使得整篇文章以简洁、有内容的境况展现在读者的面前，提高了读者的阅读感，下面来详细了解这篇食品行业软文的写作构造。

（1）开头以"去安徽合肥开会"、"朋友介绍"来做铺垫，从而引出"夏塘烧饼"，这样的开头在食品行业软文中常见，一般在开头处找一个可为的噱头，将食品引出来。

（2）适当地描述"夏塘烧饼"有很多人买的盛状，有力地衬托出"夏塘烧饼"的美味。

（3）开始介绍"夏塘烧饼"的历史，利用历史感增加读者对"夏塘烧饼"的好奇心。

（4）连续用两个故事，进一步让读者对"夏塘烧饼"感兴趣，增加

"夏塘烧饼"的时代久远之感。

（5）详细地将"夏塘烧饼"的制作过程讲述了一番，让读者了解制作"夏塘烧饼"，甚至有些读者还可以自己制作。这样的一个设计，能大大地提高软文的阅读价值。

（6）提到"夏塘烧饼"的种类，让那些"吃货"迫不及待地想去吃美味。

（7）回到了开端部分，再一次将"夏塘烧饼受欢迎"的程度描述出来，这样能使文章前后一致，不会偏离主题。

（8）最后一段以主人公的感悟来结束，这样一个结尾，能让读者有一种意犹未尽的感觉，让读者有进一步了解"夏塘烧饼"的冲动。

TIPS:

从这篇食品行业软文中可以学会以下几点：

● 在写美食软文时，软文撰写者可用1~2个与食品有关的故事，将食品的"来源"提升一个档次，让读者借助故事深刻地记住软文中的食品，这也是不错的写作方式。

● 以亲身经历来说事，会让读者进一步相信软文中所说的，毕竟食品还是需要人们亲口吃过的前提下，给大众做的推荐才会有效果。

7.3.6　【案例】华夏酒业董家立：要在无序竞争中找出路

下面是一篇以首尾挂钩式结尾的软文，让我们来欣赏这篇软文。

华夏酒业董家立：要在无序竞争中找出路

贵州华夏酒业有限公司总经理董家立做客糖酒快讯高端访谈，对话糖酒快讯网总裁、《新食品》杂志总编汪歌。董家立表示，任何一个企业，如果不参与行业无序的竞争，就一定死在有序的竞争之中。等到一切都理顺的时候再进入就是死路一条。

对企业而言，如何让经销商朋友和企业一起成长，是接下来要做的，企业的选择和策略至关重要。

董家立坦言在白酒行业是个新兵，我个人认为，白酒行业发展至今是飞速发展的行业。但这种发展是无序的，进入门槛很低，从小经销商来讲，带一个品牌就可以操作，有些经验和实力的，也可以拥有一个酒厂，做贴牌等，做全国化市场运营。

进入行业后，行业爆发危机，但危机是个机会。无论如何，品质是关键，文化是方向，要塑造好自己的品牌，最终酱香酒还会有一次大的爆发，所以我们要扎扎实实做好自己的品牌，有足够的耐心进行品牌运作。

华尊酱酒上市后，扎扎实实做品质，做品牌，华尊酱酒要求其品质要超过市场上十五年的品质，所以目前华尊酱酒的品质是很过硬的。董家立表示，华尊酱酒的品牌文化内涵就是尊贵文化，我们接下来会想着怎样把这种文化传递给经销商，传递给消费者。目前我们对消费者进行了研究，才定下了尊贵文化的品牌定位。这需要一个漫长的过程。（本文来自凤凰健康）

【分析】：

这篇食品行业软文是一篇访谈类软文，以访谈的形式将软文叙述出来，增添了软文的真实性，并且开篇就提出"任何一个企业，如果不参与行业无序的竞争，就一定死在有序的竞争之中。等到一切都理顺的时候再进入就是死路一条"。的观点，接着以贵州华夏酒业有限公司总经理董家立对白酒行业的观点作为叙述，提出华夏酒业上市后，需要扎扎实实做品质，做品牌，在结尾就与开头挂钩，隐约地流露出"华尊酱酒上市后，针对消费者进行了研究，才定下了尊贵文化的品牌定位"的观点，这样代表华尊酱酒上市后，已经做好了参与行业内无须的竞争准备。

TIPS:

这篇食品软文不是一篇以介绍食品为主的软文，而是以贵州华夏酒业有限公司总经理董家立做客糖酒快讯高端访谈的形式，经过董家立来叙述华尊酱酒的展望，让读者进一步了解到华尊酱酒扎扎实实做品质，做品牌，让读者进一步信赖华尊酱酒的品质。

7.3.7 【案例】黑枸杞竟然可以预防癌症

下面来欣赏一篇食品行业软文，这是一篇以画龙点睛式结尾的软文。

黑枸杞竟然可以预防癌症

黑枸杞富含的蛋白质、氨基酸、矿物质和微量元素比红枸杞的含量要多，黑枸杞还富含红枸杞没有的原花青素（OPC），是最有效的天然水溶性自由基清除剂，其功效是VC的20倍，VE的50倍。

黑枸杞多为野生，与人工大面积种植的红枸杞相比，产量少，采收成本高，因此价格比红枸杞要贵，目前市场上最好的是青海柴达木的野生黑枸杞。

黑枸杞含有17种氨基酸，13种微量元素，其中钙、镁、铜锌、铁的含量均高于红枸杞；黑枸杞是野生的，原生态无污染，生存环境差，产量低，营养价值高。

黑枸杞中的花青素有清除自由基的功效，亦可让癌细胞无法顺利扩散，借此保护更多健康的细胞免于被癌细胞侵蚀。例如乳腺癌的致病机制便是如此，因此服用花青素对于乳腺癌的发展会有很好的抑制作用。

青柴杞源黑枸杞是目前国内最好的品种，纯天然野生黑枸杞，青柴杞源官方旗舰店，现配有特惠、特选、顶选三个品种的黑枸杞供大家筛选，支持货到付款，配有专门的试吃装，真正做到先尝后买，不满意直接退款。

【分析】：

此篇食品行业软文非常简短，下面就来分析此篇食品行业软文的写作方法：

（1）此篇食品行业软文的标题，引用了"竟然"，营造出惊奇的气氛，很容易吸引读者的注意力。

（2）开篇就开始讲述黑枸杞的营养成分。

（3）然后在慢慢地论证黑枸杞预防癌症的事实，提出黑枸杞中的花青素对于乳腺癌的发展会有很好的抑制作用，让读者进一步相信黑枸杞能预防癌症的事实。

（4）结尾处道出核心关键词"青柴杞源黑枸杞"，明确文章的主题对象，让读者有恍然大悟之感。

TIPS:

这篇食品行业软文，以食品功效为突破点，让读者知道黑枸杞的价值，并对黑枸杞产生好感，软文撰写者可以从食品功效这方面着手，一般读者会对一些有阅读价值的文章进行留意，这样的文章更容易引起他们的注意力。

7.3.8 【案例】夏天，怎么喝葡萄酒才最爽

下面来欣赏一篇食品行业软文，这是一篇图文并茂的软文。

夏天，怎么喝葡萄酒才最爽

夏季是阳气最盛的季节，气候炎热而生机旺盛。所以多吃苦味、酸味、碱性的食物与饮品可改善湿热症状，而葡萄酒正好符合这个特性。那么，夏天怎么喝葡萄酒最爽呢？

夏天选酒应该遵循以下几条原则：

原则一：口感上一定要有较高的酸度

现在的中国人和多年前的美国人一样，喜欢带点甜味的、果香浓郁的口感。以夜莺长相思干白葡萄酒，入口柔和，口感清爽并带有清新的柠檬酸味，搭配蜂蜜烤鸡翅最合适。

原则二：尽量避免橡木桶

橡木桶能增加葡萄酒的风味。但是，浓重的橡木味与白葡萄酒的结合，并不是所有人都能轻易接受的。

原则三：选择简单的白葡萄酒

这些白葡萄酒在口腔里不会变化万端，在品鉴会通常门可罗雀，但是在夏天却有很大的发挥空间。那些获奖的、受到大师们青睐的浓郁型白葡萄酒，在夏天一旦离开餐桌，喝起来总有发腻的感觉。然而躲在超市角落，价格不会令人心痛的白葡萄酒，常常成为夏日消暑的最佳对象。

原则四：根据喜欢的风格，选择葡萄酒品种

喜欢淡雅而多变风格的，可以选西班牙莫雷诺维奥娜干白葡萄酒，这款酒酸度较低，甜度较高，且香气浓郁，拥有白色花朵、柑橘、蜂蜜的香气，入口柔和，口感香醇怡人。

夏季选择哪种葡萄酒

夏天来一瓶冰镇的清爽型葡萄酒，不失为一种两全其美的选择。

清爽型葡萄酒其最大的特色就是口味清淡、富含浓郁果香，酒精浓度很低、价格适中。这种低酒度的果味葡萄酒，不仅保留了干型葡萄酒的众多优点，其口感也更容易被不适应干酒的人接受。从健康角度来说，清爽葡萄酒保留了葡萄酒的丰富营养，其中所含的大量钾、钠等矿物质，对调节人体内平衡能起到至关重要的作用，是夏日养神健体的佐餐饮料。

其实夏季，是最适合饮用干白葡萄酒的季节。干白那种淡雅清新的果香，清爽而干脆的口感，仿佛给酷暑中的人们带来一阵凉爽的清风。烦闷的夏日，约三五好友相聚，在音乐的配合下开上一瓶冰好的干白，饮上一口，聊聊酒趣，那种惬意的感觉，能让所有烦心事都烟消云散。

夏天饮酒要注意温度

相信喝过葡萄酒的人都知道，不同的葡萄酒都有它最适合的饮用温度，比如说干红最适宜在16℃～18℃品尝，能凸显出它丰满又复杂的果香；而干白在8℃～10℃品尝就是最佳的，低温才能细腻的体现出它清爽的酸度和香气。因此，在炎炎夏日冰饮干白绝对是最应景的选择。

每次喝干白之前，把酒提前放入冰桶冷藏。但是如果你在家条件不允许的话，提前两个小时放到冰箱冷藏室里也是一样的效果。这样会让它在喝时达到10℃左右的最佳温度。如果温度过高，干白细腻的香气会遭到破坏，闻起来会有更浓的酒精味，而且在口中会失去清爽的感觉，有时还会带有一些苦味。冰镇的干白不仅能充分凸显其风味，而且不易上火，强烈推荐，的确是夏季聚餐用酒的不二之选。

在此，小编也为大家推荐几款楼兰酒庄旗下非常好喝的楼兰白葡萄酒，伴您度过这个炎热的夏日！

楼兰丝路经典干白葡萄酒。这款佳酿手选吐鲁番滨沙产区20年以上树龄、离枝两小时内白羽葡萄，经轻柔压榨，低温发酵，精心酿制而成。拥有金黄透亮的色泽，如月光般迷人；具有愉悦的花香和清爽的水果香味；口感清新、细腻、平衡怡人。

楼兰霓裳半甜白葡萄酒

手选吐鲁番滨沙产区20年树龄以上，采摘期推迟30天之贵人香葡萄，经轻柔压榨，低温发酵，精心酿制而成。

色：酒体清澈透明，色泽微黄。

香：闻之含热带水果、新鲜葡萄的清新果香和玫瑰的优雅香味。

味：入口芬芳怡人，协调爽口，回味悠长。

楼兰丝路风情高级干白葡萄酒

手选吐鲁番滨沙产区20年树龄以上的优质白羽葡萄，经轻柔压榨，低温发酵，精心酿制而成。

色：如黄水晶般剔透晶莹。

香：闻之含新鲜、淡雅的水果香味，带来愉悦的心情。

味：入口平衡柔和。

楼兰酒庄贵人香干白葡萄酒【分享级】

手选吐鲁番滨沙产区20年树龄以上的贵人香葡萄，经轻柔压榨，低温发酵，精心酿制而成。

色：酒体澄清透明，有光泽。

香：闻之含怡人的玫瑰芬芳和新鲜热带水果的香味。

味：入口舒顺清爽，丰满完整，回味久远。

【分析】：

此篇食品行业软文，以图文并茂的方式进行呈现，也在一些部分体现了食品软文独有的"色"写作技巧，下面来详细分析此篇食品行业软文的写作。

（1）此篇食品行业软文的标题，以提出问题来吸引读者的眼球，让读者通过标题带着问题去阅读文章，这样能提高读者的阅读质量。

（2）文章的开头就点题，但并没有直奔主题，而是延续标题所存在的问题，吊足读者寻求答案的胃口。

（3）放松夏天选酒的原则，让整篇文章提升了一个高度，也让读者学到一些知识，这也是给读者继续阅读下去的理由，从这里开始也在慢慢揭开"夏天，怎样喝葡萄酒才最爽"的谜底。

（4）全文分为5个"二级小标题"，让读者能进行快速地阅读，节省了读者的时间，也能让读者根据"二级小标题"进一步了解文章的内容。

（5）文章后面的"二级小标题"，明显将核心关键词"楼兰霓裳半甜白葡萄酒"、"楼兰丝路风情高级干白葡萄酒"、"楼兰酒庄贵人香干白葡萄酒"突显出来，但是并不会让读者产生排斥的情绪，因为整篇文章的铺排方式比较有实际的阅读价值，可供读者学习。所以，读者不会在乎这一点推广意图，反而会更加注意此类葡萄酒。

（6）最后三个"二级小标题"里的内容，也不是非常直白地将软文核心关键词展现到读者的面前，而是运用了"要有'色'才能有想法"的食品软文写作技巧，从葡萄酒的"色"、"香"、"味"3个方面，将葡萄酒惟妙惟肖地描述出来，在配上文中的2张葡萄美酒的图片，更能将读者拉入葡萄美酒所营造的氛围中。

TIPS:

　　这篇食品行业软文，以葡萄美酒的"色"为结尾，让读者沉浸在葡萄美酒的意境中，进一步将软文核心关键词扣入读者的脑海中，并且全文以"制造问题→推出解决方法→产品推广"这样的一种模式，不一定每次都能成功，而成功取决于软文中对读者有价值的知识点是否多，是否实用，若实用、是读者所需求的，那么这样的铺排绝对能吸引读者的注意力。

第8章

数码类软文

随着时代的进步，科技的发展，数码行业更新换代的速度非常之快。因此，软文撰写者应该做到及时、正确地将软文放送出来，这样读者才不会失去阅读的新鲜感，才会有效果。

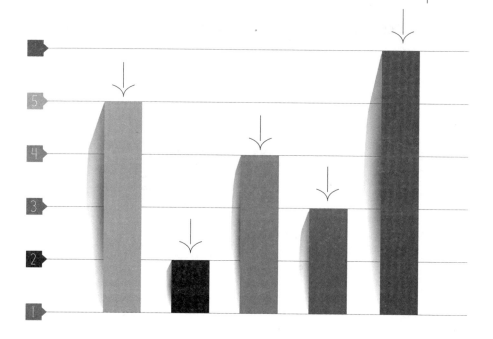

8.1 关键点是必须准备的

对于数码行业来说，软文的关键点是非常重要的，而所谓的关键点就是能让读者感受到软文的说服力、被软文所感染及主动传播软文。

8.1.1 增强软文说服力

数码行业软文要想达到行动目标，通常情况下，需要具备说服力。所谓的说服力是指说话者运用各种可能的技巧去说服受众的能力。

简单地说，软文的说服力，就是如何让读者信服软文的观点，如何服从软文的行动目标。那么该如何才能增强软文的说服力呢？就用营销战略定位之父特劳特说过的"消费者的心是营销的终极战场"来定位，可以很明显地发现增强软文说服力的方法为"打动人心"，这才是成功之道。

下面来了解"打动人心"的4个方面，来达到抛砖引玉的作用，很好地增强软文的说服力，如图8-1所示。

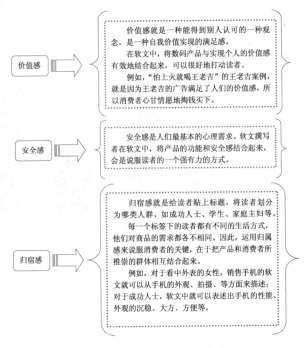

图8-1 "打动人心"的4个方面

图8-1 "打动人心"的4个方面（续）

"打动人心"，对于增强软文说服力是极为重要的，若是软文撰写者
能把握以上4个方面，那么数码行业软文就不用愁没有人欣赏了。

8.1.2 增强软文感染力

所谓软文的感染力，就是软文引起别人产生相同思想感情的力量或者
启发读者智慧或激励读者感情的能力。一般来说，在软文中增强感染力，
可以从两个方面出发，如图8-2所示。

在有东西可写的过程中，还是需要运用各种修辞手法，来将数码产品
描述得惟妙惟肖，从而使得软文增强对读者的感染力，如图8-3所示。

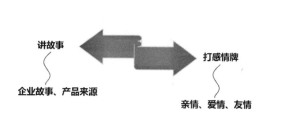

图8-2 增强软文感
染力的两个方面

图8-3 增强软文感染力
可以运用的修辞手法

当然，并不是仅有修辞手法就够了，还需要软文撰写者在叙述内容时
抓住以下4点，才能将数码行业软文撰写得当：

- 叙述要生动。

- 描写要细致。

- 抒情要充分。

- 议论要深刻。

总之，具有感染力的数据软文，更能表现出数码产品的特点，也能反映出撰写者内心的纤细与敏感，让读者可以沉浸在其中，无法自拔。

TIPS:

软文中想要运用故事去感染读者，那么那个故事一定要有波折，要长短句结合，衬托人物心情，增添形式的美感和阅读的美感，这样才能感染到读者。

8.1.3 增强软文传播性

对于数码行业的产品来说，想要增强软文传播性，还得从软文的自身价值和应用程度出发，这样才能实现产品、资料最大化的传播，而直接拓展领域渠道，是软文撰写非常重要的一点。那么如何才能将软文的传播性延续下去呢？其实很简单，**软文撰写者在撰写数码行业软文时，直戳消费者的需求即可。**

8.2 写作技巧

数码软文的写作与其他行业相比，其实更为简单、直白一些，没有那么多的顾虑，一篇评测某样数码产品的文章，或者是数码行业的新闻，说它们都是软文也不为过。虽然，数码软文的写作比较随意，但是它还是会有自己的写作技巧，只要软文撰写者掌握住以下3种方法，数码软文的写作就会得到一定的升华。

8.2.1 卖点必须有

不管是哪种行业的软文，卖点都是必须要有的，数码行业软文更不例外。如果没有结合自身产品的卖点，即便写得再好的软文也仅仅是一篇文章，而不是软文。

数码行业的软文中有卖点，才会有推广，有推广才能达到撰写软文的目的，所以说，卖点的体现尤为重要。

当然，卖点并不单单在软文中体现而已，而是需要与文章中的内容有一个比较高的切合度，让卖点的出现显得特别顺其自然，不突兀，只有这样才能使得软文在增加了卖点的情况下，还能保持原来文章的色彩，甚至还增加了阅读的质量，那么这样的数码行业软文，必然是一篇成功的软文。

对于数码行业的软文来说，抓住文章的重点，结合自身产品的卖点，其效果绝对是最大化的，这也是很多软文撰写者所追求的，而不是单单的突出质量忘记卖点。

当然，软文写作的实质是将广告的内容隐形化，软文撰写者可以将卖点融入故事情节或是实时中，使读者在不知不觉中接受它，并受到它的感染。下面来进一步了解卖点如何做才能正确地融入软文中，如图8-4所示。

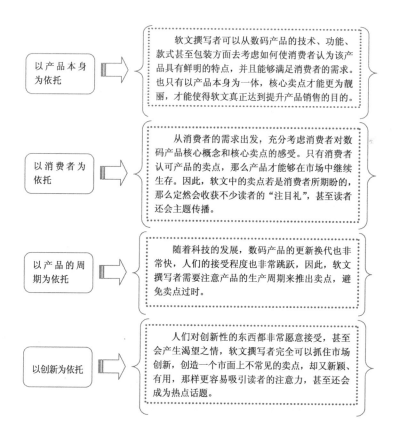

图8-4 卖点展示的方法

185

8.2.2　对比有出路

对于数码行业而言，同类产品、同类企业的对比是非常常见的，也是软文撰写者最为酷爱的一种方式，不过这样的对比式软文不要去贬低任何一款产品，软文撰写者只需通过产品与产品之间的对比，在无形之中推荐自己的产品即可。

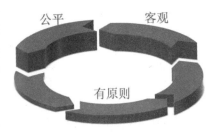

简单来说，就是站在第三者的角度，牢记3点，将对比式数码行业软文撰写出来，如图8-5所示。

图8-5　软文撰写者写作对比式软文需要牢记的3点

8.2.3　评测不可少

所谓的评测，是数码行业独有的特点，不少企业在正式推出或推出产品一个星期内，都会出现评测文章，以作者的使用经历，来叙述出产品的优点与缺点。

一般这样的文章，特别受那种想买一种类型产品，可是品牌繁多不知道如何选择的读者喜爱，这样的文章能给他们一定的决策建议。

8.3　数码类软文写作案例

随着科技不断的进步，数码行业的更新换代非常之快，其写作手法也参差不齐，没有一个固定的模式，下面来欣赏8篇数码行业的软文，从中学习数码行业软文可以具备的写作手法。

8.3.1 【案例】神马"苹果""鸭梨"都是浮云，来看看我的神机

下面的数码行业软文，通过对比的方式将软文核心关键词推出，可谓是聪明的做法，让我们来欣赏此篇数码行业软文。

神马"苹果""鸭梨"都是浮云，来看看我的神机

随着互联网的迅速发展，笔记本电脑成了大家最忠实的伙伴，近几年笔记本电脑的品牌化也掀起了新的浪潮，到底什么品牌的笔记本电脑更实用呢？下面我们还是做一些比较来证明一下吧。我们先来看看苹果笔记本电脑，它的外观时尚，用起来方便，得到了很多白领人士的喜爱，不知道大家是不是和我的意见相同。

苹果MC374CH/A配备了2.4GHz的英特尔Core 2 Duo P8600双核处理器，1066MHz前端总线以及搭载NVIDIA MCP79芯片组、4GB DDR3内存、250GB 5400转硬盘，内置了NVIDIA GeForce 320M 图形处理器，与主内存共享256MB DDR3 SDRAM显存，配备了DVD刻录光驱，预装MAC OS X操作系统。给职业白领女性带来了更大的方便。苹果MC374CH/A绝对是一款充满诱惑力的笔记本电脑，精细的做工，搭配较为强悍的配置，给消费者带来特别的体验。白领人员使用起来既显纯洁、靓丽的气质，又显得地位非凡。

目前，该机的价格已经跌至一个非常诱人的区间，一直关注这款笔记本电脑的朋友可以考虑入手一部。无论是从配置，还是从外观来说，都是一款很值得消费者挑选的好品牌。

下面再来看看东芝笔记本电脑，它是不是比苹果笔记本电脑更受人们的喜欢呢？

东芝Satellite L630（01S）引入工艺精湛的膜转印技术，内含光华的罗马纹设计，是优雅复古与现代抽象的风格碰撞。配合边缘部分的前滑式线条设计，令整机更显尊贵与纤薄。东芝Satellite L630（01S）采用英特尔HM55的芯片组，再搭配上英特尔奔腾双核P6000处理器，让整款机型稳定性能更强。这款机型对于学生和白领人士使用最好不过了，不仅时尚，价格实惠。

比起苹果品牌的笔记本电脑，东芝笔记本更实用一些，像东芝品牌的笔记本电脑足可以当苹果来用，在品牌方面也比苹果略胜一筹。一直以来，东芝笔记本电脑在商用上都比苹果品牌胜出那么一点点，也许就是因为这一点点，让东芝迅速火爆起来。（本文来自软文网）

【分析】：

此篇数码行业软文是一篇对比式软文，通过"苹果笔记本电脑"与"东芝笔记本电脑"进行对比，推出了东芝笔记本电脑的实用性及商用性能，下面来详细了解此篇数码行业软文的写作：

（1）此篇数码行业软文标题，运用了亮眼词汇"神马"、"浮

云"、"神机"，这样的标题比较容易吸引读者的注意力，会让读者感到些许幽默感，接着整个标题呈现出与笔记本品牌"苹果"、"鸭梨"叫板的气氛，让读者不得不好奇标题的背后到底蕴藏着怎样的内容，因此读者会迫不及待地点击阅读相关内容。

（2）文章的开头就直奔主题，将读者带入一个"分析哪种笔记本实用"的氛围，而这里是做一个段与段的承接部分，这个衔接运用得比较合理，不会让读者发现软文的意味。

（3）开始描述苹果笔记本电脑的性能，罗列出其硬件的构造，让读者进一步了解苹果笔记本电脑，届时可能会有些读者有不耐烦的心理，认为此篇文章是"标题党"，可能会选择离开，但也有些读者会逼迫自己继续阅读下去，要了解此文到底与标题有没有关系。

（4）描述完苹果笔记本电脑后，还不妨推荐感兴趣的读者进行购买，算是一个温情提示，因为它是在"该机的价格已经跌至一个非常诱人的区间"后给读者推荐的，这种高配置的笔记本电脑"降价"信息，对于读者来说，不会觉得很厌恶，反而会有一点心动。

（5）开始进入产品之间的对比部署，以一句"下面再让我们来看看东芝笔记本电脑，它是不是比苹果笔记本电脑更受人们的喜欢呢？"作为承接句式，让读者不会觉得突兀，反而觉得非常自然。

（6）在介绍完东芝笔记本电脑的性能之后，以推荐"这款机型对于学生和白领人士使用最好不过了，不仅时尚，价格实惠。"这样的形式，将东芝笔记本电脑推荐给学生和白领人士，读者可能会对号入座，因为人们习惯性的喜欢将自己纳入一个个的标题里，让自己显得并不异类。这样的做法大大地增强了数码行业软文的说服力。

（7）在结尾段，就开始总结苹果笔记本电脑与东芝笔记本电脑之间的区别。由此可以看出，此篇数码行业软文运用了总结式结尾。

（8）仔细分析结尾可以看出，此作者并没有贬低苹果笔记本电脑而托大东芝笔记本电脑，而是从宏观上，平等、客观地将两者的优点体现出来，但还是侧重于东芝笔记本电脑的实用性以及商用性。

TIPS:

在这篇数码行业软文中，可以学到以下几点：

- 文章的承接句、过渡语句非常重要，不可忽视，软文撰写者在撰写数码行业软文时，千万不要只想着如何将软文关键词完美地契合到文章中去，应该顾大局，掌控整篇文章的走势，才能将数码行业软文撰写得当。

- 数码行业软文，可以将产品的特点、性能直接写到文章里，这也是数码行业软文的一种特别写法，这样的做法并不会让读者厌烦，反而会觉得是一篇有阅读价值的文章。

- 软文标题，可以多用一些比较显眼的字眼，但不要用那些人们不怎么熟悉的字眼，如此文的"鸭梨"。

8.3.2　【案例】把宝贝们拍得萌萌哒 与孩子们的趣味摄影

下面的数码行业软文，将佳能相机5D Mark Ⅲ（型号）的卖点以图文并茂的形式，体现得淋漓尽致，让我们来欣赏此篇软文。

把宝贝们拍得萌萌哒 与孩子们的趣味摄影

每次给宝宝们拍照，宝妈们都会好奇地问我们各种关于照相的问题。很多妈妈都说自己买了单反相机，但是拍出来的照片为什么还是和手机一样，最头疼的是甚至还不如手机拍摄方便，又沉又难操控。针对妈妈们的抱怨，菲兔今天和大家一起分享一些简单又出效果的拍摄小技巧，相信妈妈们在家里也可以给宝宝创作出大片来！

菲兔先来说一下自己使用相机的心得。我一般使用佳能5D Mark Ⅲ（型号）的机身搭配定焦头来拍摄，尤其是拍孩子。宝妈们经常头疼在昏暗的房间或者晚上无法拍到清晰度高的画面，只要宝贝一动照片就虚了。对于新入手的妈妈们，我告诉她们选购机身根据你们的经济实力，当然一步到位最好，这样拍不好照片就不会再后悔没有入手当初想要的机身了！选购镜头并不是贵的就适合妈妈们使用，一只又轻便又适合拍人像的大光圈镜头才是妈妈们的首选，第一只入门级定焦头菲兔首推性价比极高的佳能EF 50mm f/1.4 USM

焦距: 35mm 光圈: f/2.0 ISO感光度: 200
曝光时间: 1/250s 曝光补偿: 0EV 白平衡: 自动

（镜头型号）！

无论作为虚化背景，还是在昏暗的室内拍摄，佳能50mm F1.4（镜头型号）镜头都能胜任。这张照片是在咖啡厅拍摄的，当时室外阴天，屋内光线昏暗，只要把拍摄模式调到A挡（光圈优先），光圈开大到1.4，切记速度不要低于1/50s，拍摄好动的宝宝至少要在1/125s！同时提高感光度（根据室内光线的明暗自己尝试喔），就不会因为阴暗的光线而拍出不清晰的照片了。

焦距：135mm 光圈：f/4.0 ISO感光度：320
曝光时间：1/320s 曝光补偿：0EV 白平衡：手动

当然在这里菲兔还是和妈妈们再强调一下，不是以为拥有了这只镜头就可以拍出完美作品，美丽的照片背后都是和妈妈们的刻苦练习分不开的！妈妈们加油！为了下次的旅行大片努力吧！（本文来自于蜂鸟网）

【分析】：

这篇数码行业软文，是一篇突显出产品卖点的软文，以图文并茂的方式，从侧面将佳能相机5D Mark Ⅲ（型号）的拍摄效果体现出来，让读者感受到佳能相机5D Mark Ⅲ（型号）的魅力，下面来详细分析此篇数码行业的软文。

（1）此篇数码行业软文的标题，采用了情感式标题，利用"宝贝"、"萌萌哒"、"孩子们"、"趣味摄影"这些词汇，很容易引起宝妈、宝爸们的注意力，他们肯定也想知道怎样才能将自己的宝宝拍得可爱，并且也能从标题上断定这篇文章有阅读的价值。

（2）此篇数码行业软文的开头，就交代了写这篇文章的目的，也让读者明确此篇文章的主题是教妈妈们用单反拍摄的小技巧。

（3）作者以自身经历来叙述，将软文关键词"佳能相机5D Mark Ⅲ（型号）"展现在读者的面前，并且此篇软文撰写者非常聪明地讲明了为什么会选择使用"佳能相机5D Mark Ⅲ（型号）"来拍宝贝的照片，洗清了软文的嫌疑。

（4）文章中以"对于新入手的妈妈们，我告诉她们选购机身根据你们的经济实力，当然一步到位最好"这种友情提示对于读者来说是非常实用的。

（5）慢慢地就开始放松拍摄技巧了，并推荐妈妈们可以用"性价比极高的佳能EF 50mm f/1.4 USM（镜头型号）"的镜头，此时的"佳能EF 50mm f/1.4 USM（镜头型号）"也是一个软文核心关键词。

（6）在文章中还出现了两张可爱宝贝的图片，并在图片下面配有调节焦距、光圈、ISO感光度、曝光时间、曝光补偿、白平衡的数值，让读者可以按照这样的提示拍出文章中照片的效果，也算是单方知识教程，这对读者来说，阅读价值性还是比较高的，并且又是以图文并茂的方式呈现在读者面前，增强了读者的阅读兴趣，以及视觉冲击感。

（7）文章还有专门的一段将佳能50mm F1.4（镜头型号）的卖点体现出来，而这段文章正好夹杂在两张图片的中间，所以就它的出现并不会让读者感觉到突兀，反而会增添整篇文章的阅读感。

（8）在最后一段算是温情提示的结尾，提醒妈妈们不要只依靠镜头，而是需要自己去摸索、练习才能拍出更完美的照片。

TIPS：

从这篇数码行业软文中可以学会以下几点：

- 软文撰写者可以从标题上多下功夫，尽量营造出让读者看到标题就能确认文章对他们有好处的效果。

- 此篇数码行业软文，是一篇放松知识式软文，这样的软文写作手法，对于数码产品来说是再好不过了，软文撰写者可以从数码产品的使用技巧、测评意见等入手，定能吸引一些对这方面有兴趣的读者。

- 其实数码行业软文中出现图文并茂的形式特别多，所以软文撰写者不妨多用一些精美的图片，来增添读者视觉上的效果。

8.3.3 【案例】Watch OS 2评测：可多场景使用

下面的数码行业软文，是一篇价值比较高的评测性软文，让我们来欣赏此篇软文。

Watch OS 2评测：可多场景使用

我绝对算得上是Apple Watch（苹果手机）的第一批用户，和很多人一样，这款手表戴上之后将近半年的时间，除了睡觉就没有摘下来过。不可否认的是，Apple Watch（苹果手机）在带来极大便利甚至是改变我们使用穿戴设备与手机习惯的同时，也还有一些不尽如人意的地方，因此很多人都和我一样期待堪称是Apple Watch（苹果手机）问世以来最大变化的Watch OS 2（系统名称）新版系统，我在第一时间用了正式版以后，说说我的看法。当然对于心急的人来说，可以直接告诉你结果——必须升级！

令时光倒流的"时间旅行"

升级之后最容易觉察到的新功能就是"时间旅行"，只要转动数码表冠就能让时间前进或者倒退，当然这并不是只因为好玩而使用的，随着时间的调整你可以查看过往的行程、赛事比分或者预订航班的起飞时间，其实这赋予了Apple Watch本来应该做的事情，那就是一块表的时间功能，它不仅可以记录当下时间，也能记录以往时间都发生了什么，这可能是除Apple Watch以外其他的手表目前都还不能达到的。

在上一代系统中，想要查看过往的事情需要进入相应的APP中，就像在手机上操作一样，不过在这一代当中，Apple Watch通过"时间旅行"将这些内容串联起来，只要转动表冠就能简单查看，然后按动表冠就又回到了当前时间。

可能在一代系统的时候，很多人戴了一段Apple Watch发现并没有那么强的需求，但是在二代系统升级的时候，苹果显然赋予这款手表更多的时间方面的功能，时间旅行就是这方面的一个例子。

更个性化的表盘

与这个功能同样显而易见的变化就是更新鲜的表盘，一方面你可以把照片当作表盘，另一方面也能找到新增的"延时摄影表盘"。前者不用多说，只要是在Apple Watch照片里的内容，都可以当作表盘使用，只要你自己看不腻就行，不过这个功能稍显简单，因为当作表盘的话，就只是一张或多张照片加上一个简单的数字时钟。

延时摄影表盘还是比较有意思的，它可以把你喜爱的城市当作表盘背景，而且是会随着当地时间来24小时不断变化的，你可以在Apple Watch上感受到城市当中时间的飞逝，而且这几个城市的地标建筑还是挺有风格的，目前有中国香港、伦敦、纽约、上海、巴黎等城市，期待赶快加入更多的城市进来。身在北京看着纽约的日落，想想也是挺惬意的。

另外在个性化方面，表盘上的元素支持第三方应用，像是在WWDC（苹果全球开发者大会）上演示过的大众汽车，就可以通过表盘查看汽车的状态，作为穿戴设备来说，相信这会是每个开发者的必争之地，只是暂时我们还没有看到用于此的第三方应用上线。

不过我觉得苹果可以更大胆一点，可以向用户开放更多的个性化定制表盘的功能。例如让用户自己布局或者设计一些表盘，毕竟手表是很个性化的一件饰物，很多人不愿意与别人重样。

连接Wi-Fi解决痛点

和前面的功能相比，另外一个不是那么显而易见的功能更新，我个人觉得却是一个关乎使用痛点的重要改进，那就是Apple Watch可以连接Wi-Fi了。为什么说这是一个痛点改进呢？就我个人的使用场景来说，以往我带着Apple Watch跑步的时候，就不会再拿着手机了，但这样一来基本也就"失联"了，因为没有手机Apple Watch无法获取信息，实话说跑步的时候非常不踏实。但是升级到Watch OS 2支持Wi-Fi之后，我就可以把沿途有Wi-Fi的地方设为我的跑步途经点，这样在经过这些地方的时候，我可以短暂停留一下，足够Apple Watch收取信息了，也就解决了跑步时"失联"强迫症的问题，当然前提是你要用iPhone登录过这些Wi-Fi。

其实Watch OS 2的这个升级是扩大了Apple Watch的使用场景，你不用再单一的依赖iPhone作为信息来源，同时也超出了蓝牙10米的这个使用范围。例如你在公司佩戴Apple Watch的时候，肯定是有Wi-Fi网络的，这样即便你楼上楼下的跑，也不用再带着手机了，Apple Watch可以通过Wi-Fi随时联网，对于很多一代系统的用户来说，我觉得这是很大的一个升级动力。

其实最重要的变化是

说到这里，如果是认真看过6月份WWDC发布会的网友，可能会忍不住跳出来，因为我完全没说Watch OS 2最重要的革新，那就是APP可以直接在Apple Watch上独立运行，其实我也着急想体验，但当你看到这篇文章的时候，支持这项重要更新的第三方APP还没有上线，我只能说等开发者通过审核在App Store上挂出来的时候，我再第一时间体验一下。

按照苹果在发布会上的说法，适配Apple Watch的应用，其逻辑运算内核将可以从手机上移到Apple Watch上，也就是说在手表上就能运行，这无疑会加快应用的反应速度。

凡是用过Apple Watch的用户都会有这样的体验，在手表上的应用有时候反应不是那么快，这是因为应用程序的逻辑内核在手机上，你在手表上点一次，运算数据就需要在手机和手表之间至少跑两次，而且还是通过蓝牙传输，想一想就会知道这是个瓶颈。

而Watch OS 2则免去了这个来回传输的过程，应用的操作与运算就是手表本地化了，不会再有多余的传输，所以提速是必然的，而这个运算逻辑的调整，其实是Watch OS 2更新的最大看点，直接提升了Apple Watch的使用体验。

此外，第三方应用还可以调用心率传感器、加速感应器、麦克风、表冠和 Taptic Engine等诸多硬件的功能，这些更大幅度的权限开放，无疑会让Apple Watch上的应用更加多姿多彩，处于生态链顶端的苹果显然是要重塑穿戴设备这个领域了。

总结

整体来看，Watch OS 2肯定是Apple Watch问世以来最重要的一次革新，它从根本的运行逻辑上就改变了手表和手机的关系，令穿戴设备也能独立于手机运行，这种探索对于穿戴设备尤为重要。

同时我们也看到苹果对于这块表的个性化、风格化也想了一些办法，对于第三方开发者也有一定的刺激作用；此外苹果也扩展了Apple Watch的使用场景，这种延伸对于普通用户来说也是喜闻乐见的。

（本文来自腾讯数码）

【分析】：

此篇数码行业软文是一篇地地道道的评测性软文，这种软文的特点如下：

● 图文并茂。

● 篇幅较长。

下面来详细分析这篇数码行业软文的写作：

（1）此篇数码行业软文的标题是一种直接式标题，将软文的核心部分展现在读者的眼前，这样的标题比较容易吸引潜在用户，其具有比较高的读者精确性，从而增添了软文关键词的曝光率。并且直接用"评测"来命名，很容易吸引那些对Watch OS 2感兴趣的读者。

（2）文中的第一段，就开始将作者的立场展现在读者的面前，并且以"我绝对算得上是Apple Watch的第一批用户"来树立自己的说话权威，让读者觉得作者是有这个资格来叙述Watch OS 2评测的，并且以"我在第一时间用了正式版一段时间以后"提出Apple Watch一定要升级到Watch OS 2，来进一步让读者深刻认识到watchOS 2的优点。

（3）文章开篇以后就开始运用5个"二级小标题"，让读者可以快速地了解文章的观点，便于文章核心内容的体现，也在一定程度上缓解了读者阅读的视觉效果。

（4）第一个"二级小标题"，就将Watch OS 2的新功能提出来，立马论证之前"Apple Watch一定要升级到Watch OS 2"的观点，给读者一种实话实说的感觉，澄清自己不是"水军"。并且也将Apple Watch与Watch OS 2的过去时间查询功能进行了对比，提出Watch OS 2的新功能确实是比Apple Watch方便得多，并且还配上了比较好看的图片，这样让读者进一步信赖作者所说的。

（5）第二个"二级小标题"就开始介绍Watch OS 2的个性化的表盘，文中提到Watch OS 2可以将表盘装换成不用的图片，并且还聪明地提出作者自己的观点"不过我觉得苹果可以更大胆一点，可以向用户开放更多的个性化定制表盘的功能。例如让用户自己布局或者设计一些表盘，毕竟手表是很个性化的一件饰物，很多人不愿意与别人重样。"，这一做法，可以感染到读者，让读者认为这是作者真真切切地评测文章，其阅读价值就又上升了一格，让读者越来越相信作者所说的。

（6）接着第三个"二级小标题"提出"Watch OS 2的这个升级是扩大了Apple Watch的使用场景"，基于Wi-Fi的使用下，这里就是点题，避免了"标题党"的嫌疑，并且作者还提出经过升级后的"Apple Watch可以通过Wi-Fi随时联网，对于很多一代系统的用户来说，我觉得这是很大的一个升级动力"又再一次地提出自己的观点，让读者深刻体会到这是一篇经验分享的文章。

（7）第四个"二级小标题"，就直接向读者表述出Watch OS 2的最重要的变化就是将APP直接运行到手表上，相比之前没有升级到Watch OS 2的Apple Watch来说，增添了人们的体验。对于苹果发烧友来说，这样的文章无疑是一篇催动着他们去购买产品的催化剂。

（8）第五个"二级小标题"就是作者对全文的总结，总结出作者自己对Watch OS 2的看法，这样的标题，可以让读者更加明确地知道Watch OS 2的优点。这无疑运用了总结式结尾。

TIPS:

在这篇数码行业软文中，可以学会以下几点：

● 若软文撰写者已经决定撰写评测式数码软文，那么就可以直接在标题上突显出评测二字，简单明了地将核心主题描述出来。

● 评测式数码软文，最好是图文并茂，这样才显得比较真实，也能缓解读者的视觉疲劳。

● 在评测式数码软文中，软文撰写者可以有意无意地将自己的观点融入进去，这样能让读者觉得作者是在用心的前提下撰写出来的。

8.3.4 【案例】HTC推出M9粉色限量版与玫瑰金没关系

下面是一篇活动性数码软文，让我们就来欣赏此篇软文的魅力。

HTC推出M9粉色限量版与玫瑰金没关系

在iPhone 6S传言要推出玫瑰金色不久，很多厂商相继开始推出与玫瑰金颜色相近的粉色版手机，据悉最近HTC也推出了粉色版M9，但并非跟风，每年的10月为世界乳腺癌防治月或警示月，HTC借此呼吁大家去关注乳腺癌以及乳腺癌患者。

此次推出的粉色M9在配置方面和普通版并无差异，机身背部采用红色配色，但两条信号带的颜色为粉色。共有两款机器推出，其中一款背部Logo下方带有一个红丝带标志。两款手机均为限量版。

据悉购买限量版M9的用户都将获得价值149.99美元的谷歌Play商店礼品卡和一个粉色的Dot View立显保护壳，活动时间为10月整个月，活动期间在官网购买粉色保护壳可享受7折优惠。通过推出新配色手机来引发大家对健康的关注，HTC也称得上是一家有情怀的厂商。（本文来自泡泡网）

【分析】：

这篇数码行业软文是一篇活动促销式软文，下面来详细分析此篇软文的写作。

（1）此篇数码行业软文的标题有两个部分：

● 前半部分运用了直接式标题，将HTC手机推出新产品M9粉色限量版手机道出来。

● 后半部分运用了热点式标题，将最近的热门话题"iPhone 6s传言要推出玫瑰金色"运用到标题上。

（2）软文一开篇，就将"HTC推出粉色版M9手机"与跟风"iPhone 6S推出玫瑰金色"事件给规避掉，并直言"每年的10月为世界乳腺癌防治月或警示月"，而HTC在10月推出粉色M9，只是借此呼吁大家去关注乳腺癌以及乳腺癌患者。这样的做法无疑让读者对HTC粉色M9有不一样的看法，也会有读者认为HTC是一个富有爱心的企业，进一步增加了读者对HTC手机的喜爱。

（3）图文并茂地将卖点"限量版"给体现出来，引起读者心中的支配权，以"限量"来制造紧迫感和独一无二之感。

（4）最后一段开始介绍M9粉色限量版手机的促销活动，进一步推进读者去关注HTC新推出的M9。

 TIPS:

这篇数码行业软文，有点投机取巧，在开头就将"呼吁大家去关注乳腺癌及乳腺癌患者"搬出来，让读者围绕在"爱心"、"温暖"的氛围中，读者也不会再去追究是不是软文，而是会基于"爱心"将此文读下去。

8.3.5 【案例】iPhone 6S被格斗大神飞踢后又直接掰弯

下面来欣赏一篇增长软文传播性的数码行业软文。

iPhone 6S被格斗大神飞踢后又直接掰弯

美国著名第三方质保服务商Square Trade最近与MMA综合格斗明星Luke Rockhold合作对苹果最新一代的iPhone 6S及iPhone 6S Plus进行了暴力趣味格斗测试，以此来检验新iPhone的质量究竟如何。不过这个测试并没有什么权威性，大家看个乐子就行了。

在测试中一共包含了iPhone 6、iPhone 6 Plus、iPhone 6S以及iPhone 6S Plus四部智能手机，并且分别被Luke Rockhold用脚踢飞，撞击到墙上或摔到地面上。虽然从结果来看iPhone 6S和iPhone 6S Plus要比上一代iPhone 6表现好一些，但是在Luke Rockhold斗士的强力飞踢下，依然全部以报废告终。

在飞踢后，Luke Rockhold又用手对iPhone 6S进行了掰弯测试。作为终极格斗战士，Luke Rockhold要比普通人的力气大许多，因此就算新一代iPhone采用了7 000系列高强度铝金属机身，还是难逃被毁坏的命运。不过从视频来看，就算是Luke Rockhold想要掰弯iPhone 6S也相当吃力。

考虑到Luke Rockhold这种格斗大神蹂躏的情况并不经常发生，因此Square Trade这个测试仅仅是作为一项娱乐视频观看即可，大家完全不必为自己手中的iPhone 6S担心。（本文来自腾讯网 数码）

【分析】：

此篇数码行业软文，以描述格斗明星Luke Rockhold针对iPhone 6、iPhone 6 Plus、iPhone 6S以及iPhone 6S Plus四部智能手机进行的暴力趣味格斗测试。这样一个设计，让不少读者都会觉得有趣，从而增强了软文的传播性。下面来详细分析这篇数据行业软文的写作：

（1）此篇数码行业软文的标题，比较有趣，让读者一看到就会产生不少的联想："哪个格斗大神？"、"iPhone 6S是怎样得罪了格斗大神？"等。这样的一种设计，能让读者带着自己心中的疑问认真地阅读文章。

（2）文章一开头就将读者的种种疑问给剖开，告诉读者这只是一个趣味测试，并点出没有特别大的权威性，可以当乐子看，这样的做法就是给读者打了一剂强心针，毕竟毁坏手机去判定手机的质量是不可取的，也要隐约地带领读者，让他们以看乐子的心态去阅读此篇文章。

（3）文章中仔细描述了格斗明星Luke Rockhold "蹂躏" iPhone 6、iPhone 6 Plus、iPhone 6S以及iPhone 6S Plus四部智能手机的过程，并且体现出iPhone 6S的抗毁坏能力，在文章的最后再一次提出此测试仅供娱乐，避免读者效仿，并呼吁大家不要担心自己手中的iPhone 6S的抗毁坏能力，只要不像格斗明星Luke Rockhold一样 "蹂躏" 手机，就不会出现手机毁坏的结果，进一步也突出iPhone 6S的抗毁坏性能不错。

TIPS:

此篇数码行业软文，全文都是呼吁读者以看乐子的心态阅读文章，这样的做法也能增添软文的传播效果，读者一般看到比较新奇的事物，都会想将这些事物分享给自己的朋友，而此篇数码行业软文从 "蹂躏" 的角度出发，将iPhone 6S的抗毁坏能力突显出来，让读者进一步信赖iPhone 6S。

8.3.6 【案例】Win10还得等 Lumia 950不是Win10正式版

下面来欣赏一篇直接式数码行业软文。

Win10还得等 Lumia 950不是Win10正式版

传言Win10旗舰机将会在微软10月19日于纽约举办发布会上正式发布，新的旗舰机型号为Lumia 950/950 XL。不过，微软表示，Windows 10 Mobile正式版将在12月正式推出，在此之前，只有Lumia 550、Lumia 950/950 XL等机型会先体验Windows 10 Mobile RTM版本，大部分用户将在2016年升级到Windows 10 Mobile正式版。

据外媒报道称，目前Lumia 950/950 XL运行的系统是Windows 10手机预览版，微软在发布会上的演示都是基于这款预览版系统。

根据之前的消息，Lumia 950将搭载骁龙808处理器，配备5.2英寸2K分辨率屏幕，辅以3GB内存，32GB机身存储，并支持扩展。2 000万像素Pureview后置镜头（三色闪光灯）加500万广角前置镜头，3 000mAh可拆卸电池，支持USB Type-C，保护盖加持Qi无线充电。还将支持Windows Hello，整个机身有四个麦克风。

Lumia 950 XL则要大一些，屏幕尺寸为5.7英寸，处理器为骁龙810，电池容量也增加到3300mAh。（本文来自泡泡网）

【分析】：

此篇数码行业软文是一篇直接描述产品的软文，其标题就直接告诉读者一个事实"Lumia 950手机的系统不是WIN10正式版"，而这样的标题是非常吸引那些原本对"Lumia 950手机"感兴趣的读者。

文章的一开头就告诉读者10月19日Win10旗舰Lumia 950手机将在纽约发布，但是Lumia 950手机的系统并不是正式的Win10系统，正式的Win10系统将在12月推出，这就告诉了读者一些手机信息。

接着就开始介绍Lumia 950手机的各种性能，让读者进一步了解手机的具体情况，并且还将手机的照片放在了软文中，这样也许能捕获住那些喜欢这种手机款型的读者的注意力。

TIPS:

这种直接式数码行业软文，软文撰写者可以从产品的发布、零件等角度，放送一些关于产品的信息，接着就可以直接撰写产品的性能，这样的软文篇幅一定不要太长，若太长，读者会没有耐心继续阅读。

8.3.7 【案例】总是那么让人期待，历代iPhone的惊艳之处

下面来欣赏一篇卖点式数码行业软文。

总是那么让人期待 历代iPhone的惊艳之处

在2007年1月9日这天，Macworld大会正式在美国旧金山召开，在当时的Macworld大会中苹果绝对是重中之重，就是在此次的 Macworld大会上，苹果正式推出了iPhone手机。在介绍iPhone的时候，乔布斯说道"它是能触摸控制的超大屏幕iPod，是一部具有革命性的手机，是一个突破性的互联网通信终端。它不是三个产品，而只是一个设备，我们称它为iPhone。今天，iPhone将彻底刷新手机的概念。"

初代iPhone是一部全身都是黑科技的手机，它最突出的特征是3.5寸320×480分辨率的电容触控屏幕。铝制机身和首次亮相的大猩猩玻璃都让业界震惊。要知道，当年巨屏机的门槛还只是2.6寸而已。不过，它的性能规格并不出众，三星ARM处理器，主频为412MHz，128m内存，闪存规格有 4G/8G/16G（这是唯一的4G闪存版本），1 400mAh电池。之后让苹果引以为豪的摄像头，也只有200万像素。

系统方面，第一代的iOS名为iPhone OS，宣称使用了和Mac OS X一样的UNIX核心。多点触控、移动版Safari浏览器、双指缩放的谷歌地图、iTunes统一管理都是非常惊艳的设计。同时也开创了"系统、硬件一起刷"的传统。

iPhone 3G App Store 诞生

从iPhone3G开始，苹果就将iPhone的发布会挪到了全球开发者大会(WWDC)，在2008年6月10这天，苹果发布了iPhone的第二代产品，叫作iPhone 3G。配置方面变化不大，加入了GPS和3G。不过代价是金属机身降格为工程塑料，机身厚度也由11.6mm上涨到了12.3mm。

iPhone 3G 的变化，更多是表现在系统方面。系统升级为iOS 2，引进了革命性的App Store 和iOS SDK。App Store在发布会前一天在iTunes中开张，并创立了苹果与第三方开发者3/7分成的规矩。

App Store或许不是苹果收入的重要来源，但它是iPhone大卖的一大因素，如果没有了这些丰富多彩的应用撑腰，我们几乎没法想象iPhone能有今天的成绩。

iPhone 3GS 性能提升

iPhone 3G发布之后过了一年，苹果发布了iPhone 3GS，由于当时乔布斯刚好告病休假，当年的发布会由蒂姆·库克、菲尔·席勒、斯科特·福斯特尔等人分别进行演讲。这是第一部不是由乔布斯亲自发布的iPhone，从这点上，也可以预见出后乔布斯时代的一些端倪。

iPhone 3GS，它采用了架构为Cortex-A8的三星S5PC100芯片，主频600MHz，苹果还为其320万像素的摄像头加入了自动对焦，而在其预装的 iOS 3中，苹果终于加入了对彩信的支持，也加入了剪切、复制和粘贴功能，声控功能也在此时加入，某些程度上甚至比现在的Siri还实用（因为不用联网），此外还有指南针、全局搜索、支持更多软件的横向屏幕等功能，整部iPhone终于变得实用起来了。

除了硬件方面的提升，iPhone 3GS的重要贡献在于开创了隔年发布S版（S代表speed）的传统，这种发布策略也沿用至今。

iPhone 4 经典之作

前三代iPhone带来的更多的是变革是惊喜，但iPhone 4绝对是永恒的经典。前面三代外形都属于同一个样式，只是相互之间有一点点不同而已，而iPhone 4则采用了全新的设计，经典的双面玻璃三明治结构，至今仍被众多厂商模仿。另外，当年苹果工程师在小酒馆弄丢设计原型的故事，还是苹果最严重的泄密事件之一。

正如苹果官方形容，这是完全地重新设计：双面大猩猩玻璃，不锈钢边框，9.3mm的机身厚度。自家A4芯片的首次亮相，512m内存、500万像素背照式摄像头，HDR模式引入。虽然屏幕仍是3.5寸，但是视网膜和IPS的黑科技来了（3.5寸960×640）。这开始了苹果屏幕表现秒杀同行，以及手机开始拼PPI的历史。

软件方面，iOS 4加入了FaceTime功能、支持文件夹整理图标、主屏幕可以自定义壁纸等，如果说iPhone 3GS是一部实用的手机的话，iPhone 4应该被形容为好用的手机。

iPhone 4S 智能语音Siri

iPhone 4S作为乔布斯的遗作，在外观和硬件上并没有什么特别之处，除了解决饱受诟病的天线信号问题，最大的亮点在于引入了智能语音系统Siri。

Siri可以令iPhone4S及以上手机（iPad 3以上平板）变身为一台智能化机器人，利用Siri用户可以通过手机读短信、介绍餐厅、询问天气、语音设置闹钟等。Siri可以支持自然语言输入，并且可以调用系统自带的天气预报、日程安排、搜索资料等应用，还能够不断学习新的声音和语调，提供对话式的应答。

目前这个语音助手功能几乎已经是所有手机的标配，而且在最新的iOS 9中更是占据了人机交互的重要位置，未来Siri势必变成更加智能的语音助手。

iPhone 5 金属机身，开启大屏时代

由于iPhone4和iPhone4S的成功，使得人们对于iPhone5期望满满。相比较前作，iPhone5最大的亮点在于金属机身和增长的四寸屏幕。

iPhone5在2012年9月13日正式发布，该版本将机身拉长并取消双面玻璃设计，引入全金属机身，屏幕增长为4寸，同时改为nano-sim卡设计。虽然体积变大，但机身反而变轻了，成功从140g减到112g。金属机身的设计，很好地提升了整机的质感，让苹果看上去更加"高贵"。

众所周知，3.5寸是iPhone从第一代到第四代的屏幕尺寸，这样的坚持和乔布斯一贯的"固执"有关。乔布斯在世时，始终认为屏幕的尺寸要从用户习惯和用户体验出发，屏幕过大难以单手操作，不能装进口袋，携带使用不方便。4寸屏面世之初，也是被网友各种调侃，认为乔布斯走后，苹果缺乏创新能力，开始走下坡路，可事实证明苹果还是对的，iPhone5依旧热卖，人们对于4寸甚至更大屏的iPhone还是充满期待。

iPhone 5S Touch ID

iPhone 5S的惊艳之处自然是Touch ID的黑科技，这项操作直接对金融、支付还有个人信息安全带来了长远的影响。此前虽然也有这项技术存在，但是从来没有如此大面积地影响普通人的生活。

Touch ID不存储用户的任何指纹图像，只保存代表指纹的数字字符。iPhone 5s的A7处理器采用了新的高级安全架构，其中有一块名为Secure Enclave的区域用以专门保护密码和指纹数据。只有Secure Enclave可以访问指纹数据，而且它还把这些数据同处理器和系统隔开，因而这些永远不会被存储在苹果的服务器上，也不会被同步到iCloud或其他地方。除了Touch ID之外，它们不会被匹配到其他指纹库中。

iPhone 6/6 Plus 真正的大屏

在手机界，能获得全球瞩目的大概只有苹果了。去年9月，苹果公司推出iPhone 6，同时第一次推出大屏机iPhone 6 plus，并增加128GB版本，引发又一轮"卖肾潮"。比起上代iPhone，iPhone 6屏幕更大，色彩表现更好，也更薄了；除了一些不得不做出的外观妥协，

其配置、拍照体验等都是极好的。尽管发布后陷入一系列"门"事件，但是毫无疑问，这款新机依然是最博眼球的。

拿起iPhone 6/6 Plus的第一感觉，是它绝佳的手感。表层玻璃边沿以优美流畅的弧度向下延伸，与阳极氧化铝金属机身边框精密衔接、顺滑一体，将精简、惊艳的设计呈现得淋漓尽致。可以说，iPhone6除了系统软硬件性能依旧出色外，完全胜在了极致的工业设计和大屏战略上。

总结

不出意外，苹果公司在今年9月将发布iPhone 6S，虽然之前各方媒体已经泄露了不少关于6S的改进，但还是令人期待，也相信苹果能给大家带来一款更加惊艳出色的产品。（本文来自pconline）

【分析】：

此篇数据行业软文是一篇卖点性软文，其将iPhone的问世到如今的iPhone 6/6 Plus的卖点——总结出来，让读者在阅读文章的同时，回味当时iPhone产品给人们带来的方便与体验。

并且从"初代iPhone的3.5寸320×480分辨率的电容触控屏幕卖点"→"iPhone 3G升级为iOS 2"→"iPhone 3GS提升了手机硬件"→"iPhone 4智能语音功能"→"iPhone 5开启大屏时代"→"iPhone 5s指纹识别功能"→"iPhone 6/6 Plus真正的大屏运用"，这样层层递进，让读者在阅读的过程中，感受到iPhone的成长，让读者更加喜爱iPhone产品。

软文中的最后一段运用了画龙点睛式结尾，利用作者的总结，来将整篇文章的核心内容突显出来，让读者期待着iPhone 6S的推出。

TIPS:

软文撰写者可以从数码产品的更新换代入手，撰写出一篇类似于这篇数码行业软文的文章，让读者先进入数码产品的发展，然后在最后突出核心关键词，这样的做法比较保守，不易让读者发现软文的意味。

8.3.8 【案例】黑莓或明年第二季度推出Passport 2

下面来欣赏一篇数码行业特有的"放风"式软文。

黑莓或明年第二季度推出Passport 2

日前，数张黑莓Passport Silver Edition（型号）运行Android 5.1的照片在网上曝光，据悉这是该公司正在研发的Android（安卓）版黑莓Passport的原型机。据最近消息指出，这款运行Android系统的设备将于明年第二季度发布，它将被称为Passport 2（型号）。

当然，这款产品的发布存在巨大的变数。消息指出只有当黑莓Venice（型号）上市之后表现不错时，这家公司才会考虑正式推出Android版Passport。预计黑莓Venice将在11月上市，这样它的销量可以在假日购物季里得到推动。届时全美四家最主要运营商都将销售黑莓Venice，此外它还有一个运行BlackBerry 10系统的版本。

今年6月，黑莓首席执行官程守宗（John Chen）表示，黑莓只有在确定Android系统是安全的情况下，才会推出运行这个系统的手机。"我们只开发安全的手机，黑莓手机是最安全的手机，"他说，"所以，假如我们能找到一个方法让Android变得安全，我们将推出运行这个系统的手机。"现在看来黑莓的团队已经找到了使Android变得安全的方法。（本文来自腾讯数码）

【分析】：

此篇数码行业的软文，以"放风"的形式，将黑莓即将推出Passport 2的信息，及早让大家知晓，让人们一直关注此款手机，等到真正要上市时，定会夺得不少消费者的眼球。

一般来说，这种软文也算系列软文，相继软文撰写者需要推出后续文，才会有显著的效果。

此篇数码行业软文没有什么技巧可寻，它只是将Passport 2的卖点、亮点都提出来，让大家尽快熟悉黑莓手机。

⚡ TIPS:

软文撰写者在撰写数码行业软文时，可以向外放送一些新产品发布的消息、新产品的性能等，这可称之为"预热"，这样的软文能给新产品带来不少的"注目礼"。

第9章

旅游类软文

旅游行业是如今比较火爆的行业，特别在节假日的时候，旅游备受人们的关注，也因为这样旅游行业的公司就比较多，相继关于旅游的软文也是繁多的，那么怎样才能让自己的旅游行业软文在众多软文中脱颖而出呢？本章将详细讲解旅游行业软文的写作。

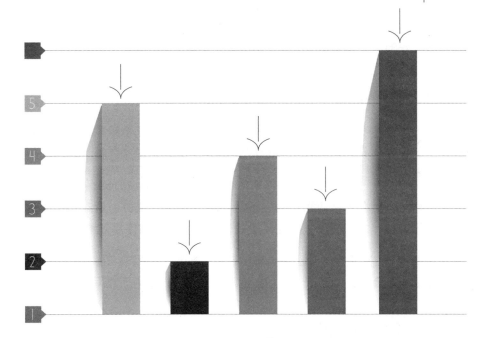

9.1 需要有的效果

　　旅游行业软文一般来说是非常好撰写的，也正因为好写，很多软文撰写者都不会注意一些小细节，就会导致自己的软文并不受读者的欢迎。下面来讲诉旅游行业软文需要呈现的效果。

9.1.1 以消费者为核心

　　很多时候，软文撰写者都会觉得旅游行业软文的目的就是做旅游宣传和做旅游广告，但是由于功利色彩太严重，因此旅游行业软文的广告意味也特别浓厚，这样反而会吓跑读者。

　　因此，旅游软文撰写者需要从消费者出发，找到消费者喜欢阅读软文的方式、所需求的内容等，结合以消费者为核心的内容，才能很顺利地写出一篇较好的旅游行业软文。

9.1.2 针对精准受众

　　旅游软文并不是针对所有人的文章，尽管旅游行业希望越多的人关注越好。但是并不是网散得越大就能收获越大，反而会顾此失彼，漏掉自己真正的潜在用户。

　　届时，软文撰写者应该结合自己的考察，确定受众群，针对这些有效人群投放信息，才能使得软文在较短的时间内快速达到传播效果。

　　例如，一位只想在自己国家游玩的读者，若软文撰写者只撰写了其他国家的文章，那么这位读者定然是不会经常关注软文撰写者所撰写的文章。

9.1.3 需要特点描写

　　对于一个旅游景点来说，它一定会具有自己的特点，而这种特点就必须在软文中体现出来，这样才能将最为精华的东西展现到读者的面前，而这样的东西，也是最能打动读者的一环。

　　软文撰写者在撰写旅游景点特点时，不要忘记提及一些周边特点，比

如景点周边的民俗、周边的特色小吃、周边的特产等，这样更能带动读者想要去旅游的心情。

9.1.4 明确读者的口味

旅游软文撰写者需要认真地分析读者真正喜欢的是什么？不要以为什么样的信息都能够传播，即使传播出去了也会被信息大海淹没，没有真正的推广效果。

一般来说，旅游行业软文要想取得较好的传播效果，需要对读者的需求进行系统地研究，抓住读者的胃口，这样才能吸引众多读者的关注并阅读。

对于旅游行业软文来说，读者一般会喜欢阅读以下几种形式的旅游软文，如图9-1所示。

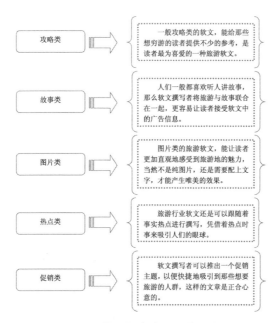

攻略类	一般攻略类的软文，能给那些想穷游的读者提供不少的参考，是读者最为喜爱的一种旅游软文。
故事类	人们一般都喜欢听人讲故事，那么软文撰写者将旅游与故事联合在一起，更容易让读者接受软文中的广告信息。
图片类	图片类的旅游软文，能让读者更加直观地感受到旅游地的魅力，当然不是纯图片，还是需要配上文字，才能产生唯美的效果。
热点类	旅游行业软文还是可以跟随着事实热点进行撰写，凭借着热点时事来吸引人们的眼球。
促销类	软文撰写者可以推出一个促销主题，以便快捷地吸引到那些想要旅游的人群，这样的文章是正合心意的。

图9-1 旅游软文常见写作形式

9.2 写作技巧

旅游行业软文的写作技巧其实与旅游软文写作类型相挂钩，下面从标题、主题、内容3个方面来了解常见旅游行业软文的写作技巧。

9.2.1 标题新颖有意境

步入快节奏的社会，人们已经习惯快速翻阅文章，当人们看到那些自己感兴趣、比较吸引人的标题，才会停下脚步，进而去观看，因此对于旅游行业软文来说，标题是否新颖起到了非常重要的作用，其所达到的效果是很客观的。

毕竟很多人都喜欢意外的惊喜，若是一篇攻略性的旅游软文，会让读者觉得有知识学，又有乐趣，那么何乐而不为呢！

当然，旅游行业软文的标题除了需要新颖之外，还可以加些许意境，这样能提升标题的阅读质量，人们对于那些富有意境、唯美的东西，都会有些许期盼的情怀在内，反而会对这类的标题感兴趣，下面来欣赏几个旅游行业软文的标题，如图9-2所示。

> **我从远方赶来，赴你一面之约**
>
> 在斯里兰卡，殖民地的气息、佛教的感化、热带的风情、多民族的聚居，以及悠久的历史，在海风的吹拂下合成一曲莫名的调子，带着舒适、慵懒、怀旧和一点点感化、一点点幻想的闲情逸致，犹如午后淡淡阳光下一

> **牵手旅行 一起走过世界最美的角落-[巴厘岛]**

> **寂静如歌，四城映像**
>
> 这是一段漫长的旅途，漫长到刷新了我自助游的记录。 16天， 意大利 四城， 罗马， 佛罗伦萨， 威尼斯， 米兰 。我带着一身社会主义的气息去窥探资本主义社会的灯红酒绿，回来以后发现感慨万千，万千到

> **I'm Back! 肝裂之作，再战普吉**
>
> 2015.3.1我的第一篇，梦寐以求的蜂首终于来了！在此非常感谢蚂蜂窝对此篇游记的肯定！收到通知的时候我真的非常激动。游记前前后后写了好几天，希望走过路过的蜂友们，动动鼠标点个顶，我也就心满意足了

图9-2 旅游软文标题

9.2.2　主题以心得为主

如今很多人都有"选择困难症"，几乎10个人中就有8个人患有这种病症，在很多选择的情况下，不知如何抉择，而人们选择旅游景点也是一样的。

有时候，人们在决定去一个地方之后，又看到了其他推荐旅游景点的文章，便开始摇摆不定了，又有可能哪里都想去，却不知道先去哪里等选择性问题。届时，一篇旅游心得的文章出现在人们的面前，很有可能给那些摇摆不定的人群指出一条道路，而这条道路正中了软文撰写者的下怀。

因此，旅游软文撰写者可以将旅游心得作为文章的主题，围绕需要推广的旅游景点描述自己的感受，这样的文章，对于读者来说价值性比较高，并且以心得来铺设整篇文章，能让读者卸下一些质疑的心理。

9.2.3　内容以攻略为主

旅游行业软文的内容可以从攻略入手，对于即将要自由行后者穷游的人群来说，一般出行前都会做一份简单的旅行攻略，这样可以保证旅行的行程都是很满档，并且有目的性地感受各个地方的风俗习惯，攻略的目的性很明确，不会导致在旅行的过程中发生很茫然的情况。

旅游攻略对于人们来说，是必不可缺的一环，因此，软文撰写者可以抓住人们最为需要的内容，进行撰写，这样就是"对症下药"，功效绝对是一级棒的。

9.3　旅游类软文写作案例

随着旅游行业的兴起，相继出现了不少比较棒的软文案例，下面就通过8篇旅游行业软文案例，进一步学习旅游行业软文的写作。

9.3.1　【案例】自驾游的快乐与不快乐

下面是一篇在内容上符合读者的心理，抓住读者需求的旅游软文，让我们来欣赏此篇软文。

自驾游的快乐与不快乐

去年国庆我曾经问过一个即将自驾游到厦门的朋友："自己开车去？"他乐呵呵地说："对啊，不受你们的气了。"我知道他是开玩笑，但是又不好扫他的兴，于是只好笑笑祝他一路顺利。

晚上突然接到他的电话，十万火急的样子："老兄，赶紧帮我订三个房间，条件是中山路边靠轮渡码头，300元以内，三星级以上。"我哭笑不得："有房间就不错啦还那么多条件。"托这个帮忙托那个帮忙，终于在一个离市区十多公里的集美给他找到了三间房。结果，处理到十一点多。

回来之后，他大吐苦水：吃饭等了半个小时、找停车位找了一个小时、在鼓浪屿买东西给人家骗了、汽车放酒店外面给划花了、酒店去景区花在路上的时间超多、在厦门不熟悉路违章了三次。"下次还是参加你们的旅游团好了，打死也不自驾车了。"我跟他说，也不要因噎废食啦，自驾游还是有自驾游的乐趣。但是，像这位朋友一样碰到问题的游客不在少数。每个黄金周，我都经常为这些游客临时救急，订房是最经常的，但是往往很难拿到满意的酒店。

自驾游游客不像旅行社，提前十多天做好各种计划，下了定金，自以为自己到了当地就有吃有住。当然，作为有车一族来说，自由是他们的优势，要求这些车友像旅行社一样操作是不可能的。

所以，我们建议自驾游的游客在出发前（最少5天）联系旅行社，至少先预订酒店，确保住宿问题。爱飞网每年的黄金周都策划了相关的产品，比如今年的爱飞网泰国度假五天，就是专门为这些游客设计的，自己驾车到景区，旅行社包五星级酒店住宿、温泉票、自助日式料理，并且价格为家庭打包价（即两个大人和一个小孩），非常受欢迎。游客可以自由驾车前往，享受真正的度假。还有仅仅预订酒店的，比如马尔代夫，每年都是广州自驾游游客的热门选择。

酒店问题是自驾游最重要的问题，但对于一些新手或者不以驾驶为乐趣的游客来说，还是问题多多。那么，旅行社策划的自驾游旅游团也是一个不错的选择。它既有旅游团的成本优势和便利，又能够充分体验自驾的乐趣。

旅行社在策划自驾游产品时，花的时间和精力远比策划一个常规产品要多。首先是线路的选择，必须是充分考虑自驾游游客的实际情况，比如路途不能太远，游览不能太劳累，适合家庭旅游等。

导航服务上需要领航车，最好配备卫星导航系统和车载电台系统，导航员必须熟悉路况并能够在各种不同的路上进行协调指挥；行车路线的选择最好考虑高速公路，适当配以国道、山路等增加自驾乐趣，尽量避开城市要道和交通高峰时段；酒店、餐厅和景区的选择必须有合适的停车场等。爱飞网今年国庆策划的马尔代夫双飞三天游就是充分考虑了上述因素的策划。

任何一种旅游方式均有利有弊，随着私家车的增多，我们的确是看到了一个巨大的市场在形成，但自驾游这个市场的发展是需要旅行社以及游客双方共同努力的。（本文来自百度文库）

【分析】：

此篇旅游行业软文是一篇"主题以心得为主"的文章，它以消费者为核心，精准了想要自驾游的人群，下面来详细分析此篇旅游软文的写作：

（1）此篇旅游行业软文的标题，是一种对比式标题，以"快乐"和"不快乐"相互对比、连通，让那些想要自驾游、正准备自驾游的人群不由自主地点击阅读。

在标题上就将受众定位在对自驾游感兴趣的人群，然后以"不快乐"来给读者提醒，让他们想知道自驾游该注意哪些地方，规避"不快乐"。

（2）此篇旅游行业软文一开篇就以朋友之间的对话，来突出自驾游的快乐"自由、不受气"，这样的写作方式，能让读者有一种接地气的感觉，觉得是真实发生的事情。

（3）第二段就以朋友自驾游回来的诉苦，来描述出自驾游的不快乐，这样的承接方式，直接点出了标题，避免了"标题党"的嫌疑，以朋友对作者说的话语结尾"下次还是参加你们的旅游团好了，打死也不自驾车了"，从这里可以知道作者的职业与旅游团有关，并且比较敏锐的读者会怀疑此篇文章是否为软文。

（4）然后后文就道出作者的观点"自驾游还是有自驾游的乐趣"，并且提出自驾游"订酒店不好订"的问题，提出自己的建议"在出发前（最少5天）联系旅行社，至少先预订酒店，确保住宿问题"，这样的建议对于自驾游的人群来说，是非常实用的。

（5）开始推广自己的旅游产品，将自己的旅行网"爱飞网"给展现出来，看到这里其软文的意味就突显了出来，由于前文将读者围绕在了一个真实气氛中，届时读者也不会计较那么多了。

（6）开始铺设推广"自驾游团"的内容，并且简单叙述了旅行社在策划自驾游产品时所以思考的问题，让读者觉得旅行社策划的自驾游产品，是针对消费者的需求而策划的，给予消费者一种比较靠谱的感觉。

（7）在文章的结尾处，提出了作者一个观点"自驾游这个市场的发展是需要旅行社以及游客双方共同努力的"，给那些盲目自驾游的人群提了一个醒。

 TIPS:

在这篇旅游软文中，可以学会以下几点：

- 软文撰写者需要多了解消费者的心理，抓住消费者的需求，根据需求进行软文的撰写。
- 软文撰写者在撰写软文之前，就确定好面对的受众，精确受众，根据受众的特点撰写软文，并且还可以将特点突显在软文标题上，这样能促进受众的精确性。

9.3.2 【案例】新增小长假，旅游又火了：白领拼假后还可出境游

下面是一篇在新闻式实事旅游软文，让我们来欣赏此篇软文。

新增小长假 旅游又火了：白领拼假后还可出境游

8月底9月初一般是旅游由旺转淡的时期，但是今年新增设的"9月3日"小长假令今年的暑期旅游档延长。记者从本市各旅行社了解到，8月底9月初短途游预订量比往年高出很多。

记者了解到，从本月28日左右到9月3日的旅游路线现在已经迎来了预订高峰。在市区一家旅行社，记者看到不少市民在询问承德乌兰察布草原3日游、五台山3日2晚、青岛崂山3日游等3至4日周边短途游线路。市民韩女士告诉记者："以前到8月底，孩子快开学了，也就不再想旅游的事了，不过今年多了9月3日小长假，借着这个机会我们全家打算再出行一次。"记者还注意到，旅行社上架了不少3至4日的旅行路线。8月底9月初一些线路的参团率甚至比往年多出1倍。此

外，一些上班白领拼假后还可以出境游。某某旅行社的销售人员告诉记者："小长假前后的韩日游就比较受欢迎，济州岛以及东南亚一些免签证方便出行的海岛也成为这一阶段热门旅游目的地。"

从价格方面来看，预订9月初旅游线路的价格为近期最高。如原本售价3 000元的海南三亚4日3晚洗肺雨林+蜈支洲岛游，从9月1日～4日的价格上升至4 000元左右。记者还了解到，由于现在各条旅游路线，尤其是出境游临时加团的可能性很低，价格也更贵。家庭出行、亲子游、学生暑期游是这段时间的旅游消费主力，家庭亲子游倾向跟团，年轻人则钟爱自由行。哈尔滨4日行、成都4日3晚半自助游、婺源等都是消费者选择的旅游目的地。（本文来自北方网）

【分析】：

这篇旅游行业软文以新闻的形式来增添文章的权威性，让读者增强信任感，下面来详细分析此篇旅游行业软文的写作：

（1）此篇软文的标题抓住当时的热门事件，2015年9月3号是抗日战争胜利70周年，于是国务院决定在这一天放假，并且将9月5日进行调休，于是就出现了新的小长假，一般小长假人们都会选择出去游玩，因此这篇软文撰写时间和发布时间都非常跟紧时事。

（2）本文是以记者的口吻叙述小假期的旅游预订高峰情况，规避自己宣传的嫌疑，让读者不会去怀疑是否为软文，然后出现了采访市民的话语，让读者觉得更加的真实。

（3）文章中还以"某某旅行社的销售人员告诉记者"，将软文关键词给突显出来"某某旅行社"，对于读者而言，通过记者的描述，旅行社的建议还是会借鉴的。

（4）在文章中的最后一段，就是记者叙述出新小假期旅游的火爆程度，以及价格、火热路线，给读者提供参考。

TIPS:

软文撰写者可以快速抓住时事，针对热点时事写出以前新闻式旅游软文，这样的文章能让读者有热血沸腾的感觉，很容易勾起读者想要出去旅游的欲望。

9.3.3 【案例】丽江最有纳西文化气质的驿站

下面是一篇重视特点描写的旅游软文，让我们来欣赏一下此篇软文。

丽江最有纳西文化气质的驿站

灿烂神秘的纳西东巴文化。大智大慧的纳西先民，在漫长的社会实践和生产劳动中，创造了光辉灿烂的东巴文化。东巴文化以东巴教为载体，以东巴经为主要纪录方式，它是伴随着纳西族漫长历史逐步形成和演化的活形态文化，约形成于唐宋时期，有近千年历史。

东巴教是纳西族原始宗教，且兼收并蓄其他宗教，笃信万物有灵，为多神教。东巴文是一种兼备表意和表音成分的图画象形文字。纳西象形文字只有1 400多个单字，但词语异常丰富，能充分表达细腻的情感，也能记叙说明复杂的万事万物，还能写诗做文章，是目前世界上唯一"活着的象形文字"。用象形文字书写并保留下来的经文共有两万余册。卷帙浩繁的经书，内容丰富。涉含哲学、历史、天文等。

驿站地理位置优越，与古城酒吧一条街、四方街逐一相连，驱车亦可直接从文昌宫下到驿站门口。桃花岛驿站保持了明清时期的建筑风格，青砖古瓦，瑞掘呈祥，阁楼绣房，纵览古城全貌。走进桃花岛驿站，那种古朴雅致、温馨舒适的感觉油然而生，浓浓的古韵之风扑面而来，使人流连忘返。红红的灯笼，柔柔的烛光，淡淡的茶香、幽幽的思绪，一切都那么久远，一切又那么温馨、恍如隔世，令人沉醉。

来丽江玩建议住在古城的客栈内，价格相对低廉，但享受到的民俗风情绝对超值，来丽江古城还住古城外的酒店那真是算白来丽江了。住在四方街附近泡吧比较方便，但睡觉时较吵。建议去闹中取静的地方住宿，找客栈一方面要看价格，一般淡季普间在20~40元，标间在50~150元，旺季则稍贵一些。但不能单纯只看价格是否最便宜，还得要看院子是否舒服，看具体的性价比，你来边陲之地丽江古城来旅游，随随便便也会花掉十来块钱，但若只为了十来块钱就选择太差劲的客栈，给你带来的损失以及不愉快绝对超过几倍于十来块的价值。其实在大多时候阳光明媚的丽江古城里，躺着晒太阳是一种特别舒服的享受，若在一个方方正正，花香宜人的纳西庭院里晒太阳，你可能就会找到属于你自己的一米阳光，我觉得古城里桃花岛驿站就很不错，庭院很有本土纳西风格。个人觉得在丽江，酒吧的喧闹倒不如庭院的阳光更有吸引力。发呆、舒服，其实是世界上最廉价也是最昂贵的东西。（本文来自youst1994的博客）

【分析】：

此篇旅游行业软文，围绕一个景点的特点进行描写，还搭配作者的建议在文章中能给读者一种值得一读的感觉，下面详细分析此篇软文的写作：

（1）此篇软文的标题，直接将旅游景点丽江叙述出来，并且用"纳西文化"来吸引读者的眼球，会有一部分的读者看到此篇文章后想"什么是纳西文化？"、"驿站里既然还会有纳西文化"等问题，让读者带着心中的疑问阅读文章，其效果显而易见。

（2）此篇旅游行业软文的开头以文化的角度来叙述，将整篇软文所要宣传的内容很自然地结合在文章里面。

（3）一般具有文化气息的景点，会非常受人们的喜爱，这是永恒不变的道理，因此只要软文撰写者能将文化和景点唯美地结合起来，定能吸引读者的注意力。

（4）接着就开始描述丽江的"桃花源驿站"的风格，并且在描述场景时运用了排比句，词汇也比较优美，很容易将读者带入场景中。

（5）在文章后半部分作者提出建议，告诉读者若是去丽江最好是去"闹中取静的地方住宿"，不要太在乎价格而是取决于性价比。

（6）文章最后一段用几句比较唯美的句子，让读者能跟随句子联想场景，并再一次点出软文核心关键词"桃花岛驿站"，进一步加深读者对桃花岛驿站的印象，再一次点题。

💡 **TIPS：**

软文撰写者可以从文化底蕴入手，将景点与文化融合在一起，不过这样的软文可能需要比较好的文笔，最好将文章写成唯美型，将文化的气氛铺设在文章的每个角落，让读者被文化给吸引住，从而将旅游景点给记住。

9.3.4　【案例】"五一"小长假，一站玩转苏州乐园

下面是一篇抓住假期的旅游软文，让我们来欣赏此篇软文。

"五一"小长假，一站玩转苏州乐园

4月28日，轨道交通1号线即将正式通车，其中"苏州乐园"站的设置给游客带来了极大的交通便利，以家住苏州工业园区的居民为例，原本一个多小时的公交车程缩短到了30分钟；而且坐轨道交通更可以解除节假日自驾车找不到停车位之忧。借助这一良机，苏州乐园在今年"五一"期间推出"奇幻梦剧场"等一批新项目，并开出温泉直通车等，让游客可以轻松玩转乐园旗下多个主题世界。

跟"XD影院"走进童话世界

不少游客对苏州乐园欢乐世界内的未来世界、欧美城镇、夏威夷港湾等主题区已经非常熟悉，而今年"五一"期间，可以去探索一个新的主题游乐区，即"奇幻梦剧场"。在这个策划两年、投资五千万元、历时一年施工打造的全新主题区内，主要有三项游乐项目，包括：Jellystone XD影院、玩转瑜伽和谷木飞艇。

XD影院是在4D影院基础上的升级，凭借先进的互动视听装备，给观看者带来集视觉、听觉、触觉、感觉等于一体的感官体验。在"五一"期间，乐园的XD影院将给游客带来《绿野仙踪》和《瑜伽熊》两部动画电影的精彩片段，把游客带入一个立体的童话世界之中，使观众与影片的主人公们一起冒险、一起开怀大笑。

首先，是在小女孩多罗茜和她的小狗托托带领之下展开的《绿野仙踪》奇妙之旅。观影过程中，呼啸的狂风和漫天飞舞的沙石将使观众产生置身狂暴龙卷风的错觉；而在善良的北方女巫和邪恶的东方女巫展开较量之时，身边还会涌来成片的蝙蝠；行进途中，飘落的雪花、雨丝，可以让观众更深入地融入漫天大雪、倾盆大雨等场景之中。

影片《瑜伽熊》则十分有趣，调皮的瑜伽熊和波波熊总是想要偷取游客野餐用的食物，虽然自称是"全世界最聪明的熊"，但它们笨手笨脚的行为，害得所有游客不得不跟他们一起经历在天空的惊险滑翔和在大瀑布的逃命漂流。突然蹿出的火球、冷不丁被激到一脸水，都是难得的刺激体验。

领略了精彩的XD影院，陪瑜伽熊一同"游玩"后，不妨乘坐一下"谷木飞艇"，再次与淘气的瑜伽熊在郁郁葱葱的生态丛林中"经历"一场疯狂追逐。这其实是一个小型的过山车，这条全长300米、落差9米的轨道，可以制造出90秒瞬间飞越的刺激感受，只是少了过山车360度的旋转。

"瑜伽"是一项健身运动，苏州乐园花重金从意大利引进的高科技游乐项目，却用了"玩转瑜伽"之名。作为旁观者，看到的是两条巨大的机器臂在做类似瑜伽的运动，而坐在臂弯里的游客是如何天旋地转，坐了才知道。

坐免费直通车奔赴温泉

"五一"期间，从苏州乐园的欢乐世界至温泉世界的免费接送班车也将正式开通，每天下午先试开两班，让游客在尽情玩耍之后，再享受一下温泉的惬意悠闲。

在苏州乐园的温泉世界里，除了能够泡温泉，还能享受水上项目带来的独有乐趣。"疯狂海岸"上不时会有浪头袭来，置身忽高忽低、忽急忽缓的波浪中，仿佛来到了海边。色彩绚丽的巨兽碗滑道，旋转下滑的刺激与其他室外水上项目相比毫不逊色。还有充满童趣的儿童游乐区，这里有琳琅满目的玩偶道具，等待小朋友凭自身的勇气和智慧去获得。

如果不想动弹，可以躺在恒温加热的石板廊或木椅上，透过巨大的玻璃穹顶遥望天空，而综合服务区的自助餐厅、电影放映厅、健身房，则可在泡汤后尽情享受。（本文来自admin18）

【分析】：

此篇旅游行业软文抓住了"五一假期"的气氛，正好是旅游高峰期的五一小长假，再搭配这样的文章，可谓是效果极佳，下面来分析一下这篇旅游软文写作：

（1）此篇旅游行业软文的标题直接奔入主题，将核心关键词"苏州乐园"和"五一小长假"联系在一起，一般能吸引到想要在五一假期出游的人群。

（2）文章一开头直接进入主题，道出"苏州乐园在今年'五一'期间推出'奇幻梦剧场'等一批新项目"，并以交通便利来吸引读者的兴趣，抓住了读者的心理，一般人们出去旅游的景点都会选择交通比较便利的地方。

（3）运用了两个"二级小标题"，能让读者快速理解文章中所说的大概意思，并且以"童话世界"、"免费"这样的字眼，容易吸引读者的注意力。

9.3.5 【案例】白象湾春游内容丰富多彩

下面来欣赏一篇明确读者的口味的旅游软文。

白象湾春游内容丰富多彩

风生水起的陈式太极拳、气贯长虹的三十二式太极剑、柔中带刚的集体功夫扇……2月25日，各路"武林高手"在白象湾中"以武会友"，出神入化的中国功夫让远道而来的游客大开眼界。

记者了解，本届"武林大会"是由吴中区体育总会、吴中区武术协会主办，木渎镇人民政府承办的。来自苏州市各区县14支代表队200多名"武林高手"应邀参加一显身手。记者看到，这些武林高手表演了集体推手、陈式太极拳、太极剑、功夫扇等精彩节目，吸引了上千游客前来欣赏。

白象湾清幽的自然风光配以动感十足的功夫，将现代人"低碳、绿色、健康"的生活理念体现得淋漓尽致，同时也展示了新时代苏州人"崇文尚武"的精神风貌。吴中区体育总会秘书长洪敏介绍，太极拳在苏州地区是一项参与人数较多的体育项目，目前仅吴中区就有拳友近万人，木渎镇也有数千人，各类拳馆、俱乐部等民间培训和交流机构也显现出逐年大幅上升的趋势。

据悉，今年白象湾景区除了通过举办"武林大会"向游客展示武术魅力外，还将"开馆"向市民传授"真功夫"。根据计划，今年白象湾将打造一系列集科普、教育、体验为一体的灾害逃生训练场馆，让广大市民通过亲身体验，掌握防灾减灾知识，练就应急逃生本领。其中"火灾逃生馆"、"高楼速降逃生墙"和"模拟地震体验馆"已经完成建设，3月底即可向游客开放。

此外，五月的乌米饭文化节、中小学生航模比赛等精彩活动也将陆续举行。3月8日～11日游木渎古镇、白象湾景区、灵岩山景区，所有女性游客门票5折，3月8日结婚、出生及生肖为龙的女性游客免费入园，陪同的男性游客也可享受5折优惠。（本文来自admin18）

【分析】：

此篇软文抓住了读者的口味，是一篇促销类型的旅游软文，不过此篇的促销内容不是特别的突出，而只是在文章的最后一段才突显出来，这样的写法扣住了软文的"软"字，接着以"舞林大会"为噱头，并以记者的口吻描述出来，以记者描述"舞林大会"场景为铺垫，慢慢引申出白象湾的自然风光，最后道出白象湾之后的促销活动，来引起读者的旅游欲望。

TIPS:

软文撰写者在撰写促销类型的旅游软文时，可以直接将促销给体现出来，也可以像此篇旅游行业软文一样，将促销信息放置文章的结尾处，这样的做法其实更加聪明、有效果。

9.3.6　【案例】香格里拉旅游攻略

下面来欣赏一篇旅游软文。

香格里拉旅游攻略

除5~7月和9~10月外，迪庆的雨季路况不好，不利于出行，冬季气温太低，如果遇到下雨，那么除了等待就是打道回府。雪后的山路不好走，等着雪化，更是一件需要耐心和时间的事。

不要在春节期间贸然前往迪庆，因为那几天室外的温度只有-3~8℃，室内如果没有取暖设备是1~9℃。夜间的气温就更低，室外温度为-7℃，室内为-1℃。除了温度低之外，街上人和车都少得可怜，结冰的路面会让司机望而生畏。

去迪庆建议带上外套、羽绒服、手套、防滑靴。加上气候干燥，紫外线辐射强，女士应准备好防晒霜、遮阳帽、太阳镜，特别是在10月份以后探访更要带足御寒的衣物。

每年6~9月是迪庆高原的雨季，高原天气多变，你可以多带几个塑料袋（或浴帽），逢雨天时罩在相机上，既防雨又防尘，还可以保护设备。夏季在草原上宿帐篷时，一定要燃篝火。

迪庆属高海拔地区（3 300米），不宜剧烈运动，不宜饮酒，多食蔬菜、水果，以防发生高原反应。

如果没有特别的原因，普通的邮政服务在迪庆的任何一个乡都能完成，只是时间方面会有所不同。在香格里拉县城里，邮政通信与大城市一样完备。但是到了交通不便的地区，平时只需要两天就能寄到的信件，在那里就需要5天，或者是5天以上的时间。

梅里雪山在连续的雨天之后的第一个日出往往绝美，朝霞布满天空，灵动飘逸的云雾，宛如仙境。而黄昏时的满天红云，或者雪峰上金色的华盖云，都是不可多见。彩虹是值得一提的，雨季的时候，在黄昏时分往往能见到彩虹，这个时候，如果是在飞来寺，需要回头向东南拍摄，彩虹的位置通常是在德钦河谷之上，背景是白玛雪山。（白玛雪山的位置较梅里东南，在晴朗的黄昏，从飞来寺拍摄，这里才是日照金山）如果是在雾浓顶（雾浓顶在梅里雪山和飞来寺东南），彩虹横跨河谷，背景恰好是梅里雪山，如果上虹下霓，那简直是神山的礼物了。

当地的特产是牦牛干巴、藏刀和藏药，牦牛干巴很多是黄牛做的，味道差很多。要是想买牦牛肉干，可以去当地的大超市买，价格公道很多，那些旅游商店只能说一个字——贵。藏刀记得到专卖店买，可以放心一点，然后需要通过邮局邮寄。

如果有体质较弱的朋友，可以在酒店租用小型的氧气瓶，大小和空气清新剂差不多，瓶子押金20元，氧气5元。不过如果连续吸的话，两分钟就用完了。还要准备一些巧克力之类的高热量食物，在高原地区这是必备的东西。衣服一定要带够，香格里拉常年气温都比较低，特别当在雪山玩耍的时候就更需要了。另外一副墨镜也是必不可少的，避免患雪盲症。（本文来自游多多旅行网）

【分析】：

这是一篇比较简短的攻略类旅游行业软文，此篇旅游行业的软文在标题上就直接突出了主题，并将"攻略"二字简短明了地放置在标题处，这样的标题能让读者一眼就知晓其大概的内容走向，并且一般"攻略"型的软文，属于放送知识型的软文。

💡 **TIPS:**

软文撰写者在撰写攻略类型的旅游行业软文时，最好将攻略写全一些，写得越多景点其曝光率就越大，比较攻略类型的软文也是读者最喜爱阅读的一种类型，这样的文章既能学习，又能感受在作者笔下的景点场景，何乐而不为呢！

9.3.7　【案例】你知道涪陵，你又不知道

下面来欣赏一篇的旅游软文。

你知道涪陵，你又不知道

说起"涪陵"，全国人民应该都比较熟悉，因为"涪陵榨菜"确实是享誉海内外，老少皆知。但说起涪陵的其他，其实很多人对它还不是很熟，包括很多重庆本地人。

涪陵地处大重庆市中部，离市区一个半小时的车程，长江、乌江交汇，整个大区地处北纬30°，所以气候宜人，植被丰富，除了榨菜产地，也有很多森林。我是9月底的中秋前，再次来到涪陵，这次待了几天，意外打探到许多美丽的不为人所熟知的美景。

第一天起了个大早，驱车赶到了距离涪陵城42公里的青羊镇，一睹曾经晚清时期的四川巨富"陈万宝"的一处庄园。当年的四川地区流传着"川东陈万宝，川西刘文彩"，我却一直不知道陈万宝的豪宅就在涪陵地界的农村。

来到名为"石龙井"的宅子，只是陈斤宝十四所庄园的其中一座，却已经让人唏嘘不已。

走进古香古色的庄园，里边戏楼、天井、花园、水池、仓库、碾场、槽坊、圈舍等一应俱全，仿佛就是进入了一个封闭的小世界。

岁月蹉跎，空旷的石坝，寂静的戏台，人去楼空只剩衰败。但建筑物的气势依然恢宏。

第二站，我来到的是"武陵山大裂谷"，涪陵城区东南边的武陵山乡境内。

景区很有意思的是，景区正门的大门在山头，进入大门后，要先下行徒步一直走到大裂谷的腹地。

步道依山而下，各种奇幻景观，有铜墙铁壁。

你不知道的还有涪陵还有民歌节。

　　路过焦石镇，恰逢听说涪陵焦石民歌节晚上有民歌听。赶到现场，人山人海。舞台是实景背景，是个不大的小山坡。有点武隆的感觉，却比其有过之而不及。

　　这完全是此次旅行途中意外的收获，因为这些地地道道的民间歌曲，朗朗上口，非常有趣，十分接地气，纯朴的方言歌词通俗易懂，诙谐幽默。

　　听完印象深刻的山歌，意犹未尽。第二天睡了个懒觉，起床时发现天空下起毛毛细雨。我来到了大木乡的"林下花园"。

　　我一个人慢慢步行其间，呼吸着一千多米海拔的林间空气，整个身心从未有过的轻松，假如时间可以停止，我希望就是这个瞬间。

　　临别前，好友带我们来到涪陵南陀镇，这里可是水果之乡，可惜来的节点刚好在中间，龙眼采摘已过，柚子还差一点月份，所以，大家就来采竹笋。

　　离开涪陵的时候，吃的是特色农家菜，农村有一种特色美食：糍粑，需要靠人工棒槌糯米制作，不知道外地其他地方还有没有这种风俗，反正这都是大家感兴趣的，抢着来试。

三天匆匆而过，历史沧桑陈万宝故居，鬼斧神工大裂谷，唯美林下花园，质朴的山歌，这些都是我不知道的涪陵，第一次走进，打量不完的却是涪陵的美好，如果有机会，我会继续去发现不一样的，你不知道的涪陵。（来自艺龙旅游指南）

【分析】：

此篇旅游行业软文，是一篇比较常见，也非常受欢迎的攻略类软文，因为这一篇旅游行业软文，利用图文并茂的方式呈现旅游景点的特色，这样的做法能增添读者视觉上的效果，图片唯美，更能激发读者想要去旅游的欲望。

此篇旅游行业软文是以3天游记的方式将旅游攻略给体现出来，记录了作者3天在涪陵的所见所闻，下面来详细分析此篇旅游行业软文的写作：

（1）此篇旅游行业软文的标题是一种对比式标题，以"知道"和"不知道"产生对比性，让读者在阅读时产生"差异感"，并且会产生疑问"那么涪陵到底是怎样的呢？"，使得读者产生阅读兴趣。

（2）此篇旅游行业软文一开篇就道出除了涪陵和涪陵榨菜之外，涪陵的其他连重庆人都不知道的地方，这就点了题，告诉读者"你会知道涪陵和涪陵榨菜，你不会知道涪陵的其他"。

（3）第二段开始粗略地描述涪陵的环境，随之就开始详略地描写作者游记的所见所闻，利用图文并茂的模式，来展开读者对涪陵的视野，并且描述图片的文字不是很多，拿捏得当，文字优美，这种铺设方式特别容易让读者进入作者的描写场景中。需要注意的是，软文撰写者在进行图文并茂的描写中，其文字描述和图片一定要对上号，不能图不对文。

（4）此篇旅游行业软文的一大特性就是读者是跟着作者的"脚步"阅读，如"第一天来到→第二站我来到→你不知道的还有"，这样的铺设特别容易让读者觉得自己仿佛跟着作者亲身经历般，感受着涪陵的一点一滴，特别容易勾起读者想要去涪陵看一看的意愿。

（5）此篇旅游行业软文的结尾处，以"如果有机会，我会继续去发现不一样的，你不知道的涪陵"为最后的断句，这样会给读者营造出意犹未尽的感觉，这样的结尾可谓是点睛之笔，也是催发读者自己去发现涪陵的冲动。

在结尾以简练的语句描写涪陵环境的优美，算是在总结涪陵的美，最后以"这些都是我不知道的涪陵"再一次点题，让文章没有跑偏的迹象。

TIPS：

从这篇旅游行业软文中还可以学会以下几点：

● 软文撰写者在撰写旅游行业软文中运用图文并茂时，描写图片的文字无须太多，应尽量优美，并且文字最好配置在图片的上方或者下方，这样才能让读者将文字和图片相互对应起来。

● 软文撰写者在撰写旅游行业软文的标题时，可以从"新"、"趣"、"亮眼"等方面出发，将标题尽量与其他行业的软文标题的风格区别开来，并且在标题中最好是体现出景色的地点，这样才能精准到读者。

9.3.8 【案例】查济古镇，画中烟雨

下面来欣赏一篇旅游软文。

查济古镇，画中烟雨

有人说查济是一个典藏在深山幽谷中的璞玉，岁月的浸润使它变得灰白、雅致；四座群山像巨掌环绕着它，而它就是手掌中一件修炼千年的珍宝。也有人把它看作一位恬淡隐忍的老者，他虚怀若谷，敦厚古朴，不与世俗争锋，怡然自得。

查济是一个典藏在深山幽谷中的璞玉

李白乘舟将欲行，忽闻岸上踏歌声。 桃花潭水深千尺，不及汪伦送我情。——李白《赠汪伦》

应该说，很多人知道这首诗，耳熟能背，知道汪伦在桃花潭送别李白，但却少有人知道李白告别后来到了离桃花潭不到二十公里的查济古村，一连数日流连忘返，并挥毫写下"问余何意栖碧山，笑而不答心自闲。桃花流水杳然去，别有天地非人间"的千古佳句。

查济，"查"念"zhā"，而不是"chá"，因为这里的大部分人都姓查。查姓的老祖先原来姓姬，名叫姬延，在周朝的时候，封于山东济阳查地，后来到这里就由姬姓改为查姓。自唐宋以来，查氏族人在这里开始建立一系列的家规、家训及家理。明嘉靖年，查绛又进行了整理，订立家规十条、家训十四条和家理五条。而事实上，这些家规、家训和家理就是查济的法律，氏族拥有对其成员立法的权利，这种权利具有超越当局法律的效力，在宗教礼仪上，它还具有抗拒法律的效力。今天来看，在查济，除了居住需要外的民居之外，现存的遗迹主要是祠堂和牌坊，它们都深深地打上了氏族时代里彰显孝道和祖先崇拜的烙印。（本文来自艺龙旅游指南）

【分析】：

此篇旅游行业软文，是一篇非常有意境的软文，整篇文章所运用的辞藻都比较有深度，能体现出作者的文字功底。下面来详细分析此篇旅游行业软文的写作：

（1）此篇旅游行业软文的标题，具有"新颖"、"有意境"的特点，让读者一眼望去就能从众多标题中找到它。

（2）此篇旅游行业软文的开头，就体现出了此篇软文的写作氛围，是那种富有"诗意"、"歌颂古老"的气氛，让读者能浓浓地感受到"古老而又肃静的气息"，感受到古镇的"古老"，并且在描述完查济古镇之后，立即配上了两张古镇的景色图，就是那种非常随意的生活图，让读者能进一步感觉到古镇的"真"。

（3）以李白的《赠汪伦》来将读者带入李白对"查济古村"的情感，并以"问余何意栖碧山，笑而不答心自闲。桃花流水杳然去，别有天地非人间"的千古佳句，来表达李白对这里景色的喜爱之情。这是借用了古代诗人"李白"的名气，来让读者自己去揣度"查济古村"的美景。

（4）介绍"查济古村"的由来，让读者进一步了解"查济古村"，并且让读者对留下来的遗迹产生好奇之感，以及产生想去看一看的兴趣。

（5）文章的最后一段，实现了首尾呼应，继续阐述"查济古村"是一块璞玉的论证，让读者产生自己应该去看一看这块璞玉，亲自去挖掘这块璞玉的美的好奇之感。

TIPS：

软文撰写者若想要写出这篇旅游行业软文一般的意境，就必须有过硬的文字功底，以及资料的收集，并且软文标题上都能体现出"新颖"、"有意境"，这样的标题下面的内容必然还是需要有诗意，有阅读的美感，这样标题和文章才有相互符合的氛围，不会给读者"标题党"的感觉。

第10章

汽车类软文

伴随着网络的不断发展，软文已经成为汽车销售
及汽车租赁中最为重要的营销推广手段，一篇优
秀的软文不管在宣传推广上，还是在提升客户转
化率上都起着举足轻重的作用。

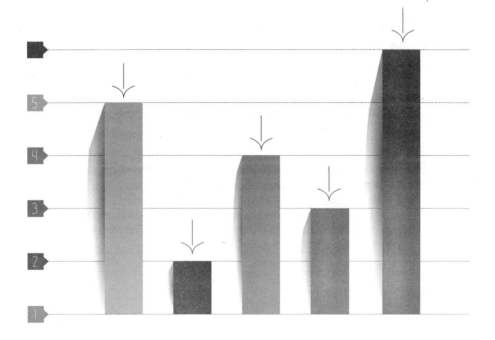

10.1 需要有的方法

一篇成功的汽车软文，可以带来难以预料的销量提升，但要发布一篇合格甚至优秀的网络软文，需要注意很多的技巧方法。下面来了解汽车行业软文常用的4种写作方法。

10.1.1 字数需要合理分配

汽车行业软文的篇幅最好不要太长，字数要得当合理。一般来说，汽车行业软文将正文字数控制在500～1 500字之间是最为合适的，如果字数太少无法传播足够的信息，太长很多浏览者也没有太多的耐心看完，基本上看个大概意思，反而起不到软文的写作目的。

而汽车行业软文的标题，字数最好是控制在8～20个字之间，例如《华夏幸福携手北方车辆 撬动整车智能制造产业支点》、《专家探讨电动汽车创新与发展》，如图10-1所示。

华夏幸福携手北方车辆 撬动整车智能制造产业支点

2015年10月10日 11:01

　　中新网10月10日电 昨天，华夏幸福基业股份有限公司(以下简称"华夏幸福")和中国兵器工业集团公司旗下的北京北方车辆集团有限公司(以下简称"北方车辆")宣布达成战略合作。华夏幸福将携手北方车辆，共同打造北方车辆汽车产业园，以北方尼奥普兰客车和北方旅居房车两大民品为重点业务，构建车辆研发生产平台、智能制造平台、信息化管理平台等三大平台，最终形成客车、房车等一体化的汽车研发制造产业基地。

专家探讨电动汽车创新与发展

2015年10月12日 04:21:26

　　本报北京10月11日电（记者龚亮）由新华每日电讯社主办，河南沃隆车业公司、中国传媒科技杂志协办，主题为"更节能、更环保、更经济"的2015电动汽车创新与发展论坛日前在京举行。来自电动汽车行业的相关专家学者、主流制造商、供应商等共同探讨在国家"节能环保"大政方针下低速电动汽车面临的市场机遇与挑战。中国汽车工程学会理事长付于武认为，从目前可选择的交通工具上看，低速电动汽车以其"购买及维护成本低廉，燃料获取简单"成为最佳选择。

图10-1　汽车行业把控好字数的软文标题

10.1.2　根据类型进行分段

汽车行业软文需要明确清晰地将软文的段落分清楚，这样才便于读者进行简洁、明了地阅读。一般来说，常见的企业行业软文分为4种类型，如图10-2所示。

图10-2　汽车行业软文的类型

汽车行业软文的分段又需要根据软文的类型进行操作，如图10-3所示。

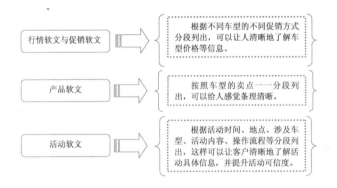

图10-3　根据软文类型分段

10.1.3　关键词出现的频率

在汽车行业软文中，需要控制好"关键词"的出现频率，根据中文搜索引擎的搜索习惯，如百度、搜狗、谷歌等，在文章开头和结尾处添加能代表软文的主要关键词：表达信息的关键词，大概3～7个字，不要选择太长的字眼，全篇文章中出现3～12次即可。

这样一来可以提高读者对此软文主题的关注度和记忆度，并且还可以提高搜索引擎的排名。例如，一篇名为《丢失的奥迪A3跑车》的汽车行业软文，其"关键词"在全文中出现了9次，如图10-4所示。

丢失的奥迪 A3 跑车

2005 年，在美国纽约举办的车展上，当其他品牌车展台上的香车美女争奇斗艳时，奥迪 A3 跑车的展台上却是空的，取而代之的是 3 个告示牌。在好奇心的驱动下，人们都去观看告示的内容，上面写着"注意：如果你有关于丢失的奥迪 A3 跑车的任何线索，请即致电 1-866-657-3268。"这是一个语音信箱号码，打进电话者将被要求提供丢失的奥迪 A3 跑车的信息。

随后，关于奥迪 A3 跑车的信息和图片在企业博客上发布，一时间，"丢车"成了博客的热门话题，并在互联网上迅速蔓延，动员起了数十万美国人寻找丢失的跑车。由此，这款新车被炒得沸沸扬扬，妇孺皆知。尽管在车展上奥迪 A3 没有露面，但其形象却借博客之势深入人心。奥迪就这样不费吹灰之力达到了目的——新车的知名度迅速建立起来。

这篇软文不得不说是汽车行业的一篇经典的软文营销，奥迪 A3 跑车采用的这种营销方式，牵动了数十万美国人的心，寻找奥迪 A3，无疑是达到了一种品牌的宣传效果。奥迪 A3 跑车显著的营销效果，得益于营销思想的创新。这对于不仅是汽车行业，还有很多行业都具有借鉴的意义。

假如当时你在车展上，你会不会也如那激十万的美国人一样去寻找奥迪 A3 呢？飘零想，飘零会吧。奥迪实施差异化营销，使得新品 A3 的关注度提升，在老掉牙的"香车+美女"套路上看奥迪的这种营销方式，的确是标新立异，吊足了观展人的胃口。奥迪 A3 充满戏剧性的游戏设计，顿时引起了人们的好奇心。由好奇心产生的关注，再从关注到进一步的了解，奥迪 A3 一步步的走入目标群体的心中，因此使奥迪 A3 在众多品牌车上脱颖而出。

图10-4　汽车行业软文关键词出现的频率

10.1.4　配图不可缺少

不管是哪一种行业，其软文中若有图文并茂的运用，能让文章显得更直观。汽车行业软文也不例外，在软文内容中如果可以添加图片的话，其效果会更加显著。

汽车行业软文通过图文并茂的诠释，不仅增加了文章的说服力，还达到直观形象的效果，更容易增添读者对汽车的喜爱。

例如，一篇名为《1.5T预售10.99万起 新瑞虎5将于21日上市》的汽车行业软文，其利用图文并茂的模式，将篇幅变得饱满起来，并且更加形象地将汽车展现出来，同时还增添了读者视觉上的阅读效果，如图10-5所示。

图10-5　图文并茂的汽车行业软文

10.2　写作技巧

汽车行业软文面对的受众可能不像其他行业一样那么广泛，毕竟汽车是一种高消费产品。因此，其写作的方式应该切合消费者的心理，这样的汽车软文才能获得精准人群的关注，软文效果才能体现出来。

下面来了解两种汽车行业软文写作技巧。

10.2.1　活动才是硬道理

如今，汽车对于人们来说算是一种比较"烧钱"的产品，对于那些有想法购车、准备购车的人群来说，活动是最为能吸引他们眼球的营销招数。

一般来说，活动对于汽车行业来说，有以下两种作用：

● 增添企业和消费者的互动性。

● 以活动价格来激起消费者的购买欲望。

因此，软文撰写者需要从抓住活动对汽车行业的作用点来着手，撰写出有"场景"、"有促销"的活动汽车行业软文。只有这样的汽车行业软文，才能紧紧地抓住读者想要购买汽车的欲望。

10.2.2　凸显汽车的价值

汽车行业也是一种更新换代的行业，因此，汽车的价值体现在软文中尤为重要，软文撰写者可以从汽车的价值方面进行软文的撰写，将汽车的价值体现得淋漓尽致，才能让读者有兴趣进一步了解汽车的其他性能，若是能让读者感觉到其汽车是一辆性价比较高的汽车，那么一定能引起读者对汽车的浓厚兴趣。

10.3　汽车类软文写作案例

在生活中，汽车行业不管是软文还是广告，几乎随处可见，但并不是每一篇都能达到企业想要的效果。下面来欣赏8篇汽车行业软文，从中学习汽车行软文的写作。

10.3.1 【案例】解读东风悦达起亚K5

下面是一篇汽车行业软文，通过结合该实例，对汽车软文进行更加深入的了解。

解读东风悦达起亚K5

每次写试驾的稿子都是免不了介绍外观内饰，内饰也免不了按照传统的套路一番修饰，今天我也推翻了更多的常态，用一个女人看待男人的标准，解读K5，这样会有不同的一番感受。

仪表盘设计采用了运动款设计方式，镀铬元素的加入加重了色调的动感，前中控台的设计整体充满了机械感，坐在驾驶位总有错觉是在飞机驾驶舱，最经典的是中控台的9.6度驾驶位倾斜设计，驾驶者充分感受操控感十足的同时，更有尊贵独享的感受。K5的座椅也是一个亮点，人体工程学设计理念将驾乘者包裹在座椅中，有良好的支撑性和包裹性，真皮透气孔支持了冷暖调节的功能，非常完美地解决了真皮座椅中散热不佳的缺点。

K5最袭人眼球的就是方向盘的设计，推翻了普通四幅方向盘的设计理念，多功能方向盘装载了定速巡航、蓝牙电话、语音控制等多项功能，并且真皮手握感非常的舒适，整体内饰中难以找到不足之处。如果是一个刚刚拥有K5的买家一定要仔细阅读说明书，了解各个按键功能，不然一定不能玩转K5。

在能源紧张的今天，更多的高端车型都采用的先进的技术，节省能源提升动力，K5也是吸纳了这样的理念。无论选择EX还是SX车型，你都将获得一套表现优异的动力系统。发动机舱下是最大可输出274马力的2.0升涡轮增压直喷发动机。与发动机相搭配的是在现代/起亚车型中广泛应用的6挡自动变速箱。

起亚汽车希望采用一台拥有V6发动机动力水平，同时在油耗和排放方面又能与四缸发动机相抗衡的机型。对于涡轮增压发动机机来说，温度是影响其性能和寿命的关键。工程师为这台2.0升发动机设计了独特的中冷系统。

空气通过特殊设计的管路通过中冷器，其温度比未通过特殊管路传递的空气低50度。这些低温空气进入发动机缸体后可与燃油气体充分混合燃烧，降低油耗，提升发动机响应。

236

这台发动机采用的是具有革新意义的双涡管涡轮，并且将其与不锈钢材质的排气歧管连接为一个整体。这样设计可以减轻重量，同时达到比分体式铸铁部件更长久的使用寿命。

起亚汽车甚至自信地表示他们将不准备向客户提供定期更换涡轮增压器的服务。工程师在汽缸套上也采用了独特设计。铝材通过特殊手段进行延展，大幅增加了汽缸套接触空气的面积，提升了冷却效果。而相对较低的温度也减低了缸体变形的风险。

【分析】：

此篇汽车行业软文完全是一篇以介绍汽车为主的软文，这类软文是比较有针对性的，最能吸引那些本就对"东风悦达起亚K5"感兴趣的消费者。下面来详细分析此篇汽车行业软的写作：

（1）此篇汽车行业软文标题以"解读"来告诉读者一些信息，这可能是一篇"分析汽车构造"、"分析汽车性能"的文章，并且直接将"关键词"突出在标题中"东方悦达起亚K5"，这非常能吸引喜欢"东方悦达起亚K5"、汽车发骚友以及喜欢东方系列汽车的人群，具有精准人群的功效。

（2）软文开篇就以"每次写试驾的稿子都是免不了介绍外观内饰"，从这一句就能体现出作者是专门撰写这类稿子的，相对于解析汽车这个行业来说，算是一位资深人士，从而提高了此篇汽车软文的权威性。

（3）作者以一个新的角度"女人看待男人的标准"来解读汽车，给那些喜欢汽车的、研究汽车的"发烧友"，一种新的视觉，给足了新鲜感，让他们有想阅读下去的理由。

（4）此篇汽车行业软文总共有900多字，其标题有9个字，都符合汽车行业软文的常用标准，并且其关键字的铺设也不是非常密集，但绝不疏松，刚好得当，能让读者不会忘记K5的存在。

TIPS：

在这篇汽车行业软文中，还可以学会以下几点：

● 尽可能地将汽车比较具有特色的性能给展现出来。

● 段与段之间一定要衔接有度，不能出现"你头我尾"的情况，这样的文章之后是一盘散沙，毫无阅读的价值感。

10.3.2　【案例】"T"动精彩，2014款S6提车作业

下面是一篇汽车行业软文，此文利用图文并茂的魔力，来将汽车软文诠释出来，让我们来欣赏此篇汽车行业软文。

"T"动精彩 2014款S6提车作业

对SUV的关注从未间断过，相信不少读者也和我一样有个越野梦：开着一辆霸气十足的SUV，纵情山水间，心游尘世外。

机会终于来了，说服了爱人批准换车后，我根据10万元左右的预算圈定了一些车型进行比较：比亚迪S6、长城H6、奇瑞瑞虎、吉利GX7、中华V5。但瑞虎、GX7的外观确实是硬伤，直接否决掉。中华V5，各方面都挺好，但就是空间太小，3年的小轿经验让我无比渴望体验一下大空间。

既要外观好看、配置不寒碜，又要满足大空间，剩下的就只有S6和H6了。2014款S6刚上市不久，新推了TI动力车型，配置也有提升，颜色还多了非常流行的香槟金色，其实我内心已经偏向S6，加上差不多配置的H6价格上贵了一万多元，最终我还是选择了S6 1.5TI 旗舰型。本来对TI动力倾慕已久，10万元就能享受到涡轮增压加缸内直喷带来的激情，怎能不心动？提车过程还算顺利，下面直接晒晒咱家的大六吧。

外观，不用多讲，一个字"帅"！这前脸、这侧面、这尾部，俊朗而不失霸气，越野的气息扑面而来，等我把厂家出厂配送的侧身拉花贴上，就更炫酷了。还有米其林轮胎的配备也得赞一个。

内饰，深色内饰给人一种低调的奢华，很有质感。亮点是皮质座椅的红色压线以及中控台的银色装饰条，让纯黑的内饰不至于太沉闷，凸显运动风格。S6的多媒体功能非常强大，比亚迪一直以丰富配置著称，这下亲身感受到了。

空间，长宽高分别为4 810mm、1 855mm以及1 680mm，轴距为2 720mm，看数据可能没什么感觉，要亲身坐进去体验一把，才知道什么是SUV该有的驾乘空间。另外，各种储物格也非常便利。

行李箱容积是衡量一辆SUV的重要标准，大伙感受一下!1 084L的容量，第二排座椅放倒后增至2 398L，完全可以满足自驾游所需的大行李运载量。

动力，相信很多朋友都会在1.5TI与2.0L之间纠结一下，其实买车之前我也开过2.0L的S6，普通家用也足够了。

但这次我是奔着TI来的，S6搭载的这款型号为BYD476ZQA的1.5TI发动机采用了涡轮增压、缸内直喷和可变气门正时等技术，最大功率达到了113kW，峰值扭矩也达到了240N.m。它的优势是以更低的油耗带来更强劲澎湃的动力表现，搭配6MT手动变速器，操控更灵活，完全满足我越野的愿望。

总体而言，对这次入手的2014款S6还是挺满意的。马上要"五一"小长假了，已经计划好载着全家人来一次说走就走的自驾游，敬请大伙期待我的自驾游作业吧!

【分析】：

此篇汽车行业软文，运用了图文并茂的模式，将汽车形象地展现在了读者的面前，下面来详细分析此篇汽车行业软文的写作：

（1）此篇汽车行业软文的标题，以"'T'动"来吸引那些资深爱车人士的注意力，而后面的"2014款S6提车作业"也能让那些不懂汽车的读者明白标题的大概意思，然后以"作业"来使读者产生"什么作业？"、"提车是作者要完成的作业吗？"等疑问，届时读者会带着一系列的问题进行文章的阅读。

TIPS:

标题中所指的 " 'T' 动"代表着汽车的发动机采用了涡轮增压技术，而涡轮增压技术是如今比较受欢迎的一种技术，这种技术能提高发动机进气量，让气缸内的油气混合气燃烧更充分，进而提高发动机的功率和扭矩，提高幅度可达40%甚至更高。涡轮增压技术在一定程度上扭转了"排量大小决定功率"的传统观念。

（2）文章的开篇就道出作者对SUV的喜爱，然后道出自己爱人终于肯让自己换车了，于是就开始进行汽车与汽车之间的对比，并点出自己需要"空间大"的要求，也隐晦地突出了S6的特点，经过各种的对比，挑选之后，作者最终决定了S6。这样的写作手法，比较接近真实感，很切合人们在生活中选车所要想到的方面，并且开篇就以"爱人终于批准我换车"来引起不少读者的共鸣，在生活中一定也有跟作者一样的读者。

TIPS:

SUV的全称是Sport Utility Vehicle（运动型多用途汽车）。这是一种拥有旅行车般的空间机能，配以货卡车的越野能力的车型。

按照SUV的功能性，通常分为城市型SUV与越野车，文中的SUV，是指那些以轿车平台为基础、在一定程度上既具有轿车的舒适性，又具有一定越野性的车型。

（3）此篇软文从汽车的空间、价格、外观、配置这4个人们必会考虑的方面入手，催动了读者关注S6的欲望。

（4）以图文并茂的方式，将S6的大致情况给展现出来，让读者更加形象地去感受S6的魅力。

（5）文章的结尾，是作者的一个小总结，并道出自己即将进行自驾游，以"敬请大伙期待我的自驾游作业吧"来点出标题中的"作业"两字，虽然标准中的"作业"并没有在文章内特别的体现出来，可是在文章最后的点睛之笔，让读者知道此"作业"其实是一种"攻略"。

TIPS:

此篇汽车行业软文,可以说是比较常见的一种,也是效果比较好的一种类型,软文撰写者在进行图文并茂的汽车行业软文的撰写时,需要比较全面地展示出汽车的特点,这样读者才能更加全面地了解汽车的特点。

当然最好是针对几个比较有特色的地方来进行描写,这样就能让读者快速地知道软文中的汽车与其他汽车相比之下的不同之处,抑或是亮点,这样的汽车展示效果会比较显著。

10.3.3 【案例】全新凯美瑞苏州试驾团购会圆满成功

下面是一篇产品软文,让我们来欣赏此篇汽车行业软文的写作。

全新凯美瑞苏州试驾团购会圆满成功

2015年5月31日广汽丰田全新凯美瑞试驾团购会在苏州运河公园成功举行,众多客户在现场参与了试驾活动,零距离体验了这款广汽丰田主打车型,其中多组客户现场下订。

2015款凯美瑞与以往不同,它不仅外观变化明显,还采用了新的2.0缸内直喷发动机和6AT变速箱动力组合,可谓是一次家族史上最大的中期改款。此次我们来体验一下它的实际表现如何。

外观:前脸更犀利有感

此次全新凯美瑞在外观方面最大的变化就是前脸了。它遵循了丰田家族脸谱设计,整体看上去类似美规混动版凯美瑞,不过在细节上还是有所创新的。和之前那种看上去方方正正的车头造型相比,新车采用了活跃的曲线,镀铬材质的使用量也有所降低,与此同时车身包围也加入了强烈的运动元素,使得整辆车显得更年轻时尚。车身尺寸方面,全新凯美瑞的长宽高分别为4 850毫米、1 825毫米和1 480毫米,这样的车身尺寸在目前的同级别中属于主流水平。它的轴距仍维持2 775毫米不变,与雅阁和天籁持平。

内饰:整体氛围没有变化

内饰方面,全新凯美瑞的中控台造型有小幅改动,不过看上去也与之前差不多,各种功能操作布局都基本维持原样,按键还是大方块造型,操作起来非常直观,上手毫无难度。中控台用料以软性搪塑材质为主,只是摸起来还是有点硬。车内的做工表现不错,各种部件都装配得很细致。座椅和各种扶手均由皮革材质包裹,质感很舒适,令人满意。豪华版内饰为上深下浅的配色,比较居家一些。而且它的配置更丰富,装备6英寸触摸显示屏DVD娱乐系统，带倒车影像功能，还有座椅加热、副驾驶座椅电动调节和老板键，满足家用和一部分商用功能。

动力系统：双擎是亮点

全新2.0L直列四缸发动机在技术上拥有许多亮点。其最大功率达到了（167马力）123千瓦/6 500rpm，最大扭矩199N·m/4 600rpm，同级车中变速箱方面，现款的4AT变速箱终于完成了历史使命，取而代之的则是经过全新调校和优化的6速手自一体变速箱。这是丰田标志性的D-4S双喷射系统首次出现在国产车型上，系统提供了两个喷油嘴，除了缸内直喷的喷嘴以外，还在进气歧管内设计了一个喷嘴。该系统可以根据行驶状况在缸内直喷与歧管喷射之间进行智能切换，综合缸内直喷和歧管喷射二者的优点，在提升动力的同时达到更出色的经济性。发动机冷启动时，采用进气歧管喷射，使油气混合更均匀并降低氮氧化物排放；低中负荷时，采用混合喷射，提升扭矩，降低油耗；高负荷时，采用缸内直喷，可有效降低气缸内温度，提升功率。

驾驶感受：平顺舒适仍是基调

D挡下，油门初段丝毫没有轻快的感觉，反而十分沉稳，变速箱非常乐于升挡，这样能让发动机在低负荷工况时尽量以阿特金森循环来降低油耗。转向系统并没有发生变化，方向盘直径仍是几款主流日系中型车中最大的，转向比也不小，左右打满整整三圈。转向助力沉稳，日常驾驶给人轻松惬意的感觉，但在激烈驾驶时显得不够灵活。悬架仍是前麦弗逊后双连杆的结构，运动潜力有限，不过论舒适性，它依旧维持着现款的高水准，对此我们完全无须担心。为了提升操控性，丰田还在2.0S车型上增加了带压力平衡装置的动态平衡稳定杆，它可以有效增加车身的横向刚性，使其在极限状态，获得更好的稳定性。

此外，凯美瑞的车内的静谧性也得到了提升，中低速行驶过程中，噪声值相比现款都有所降低。在我们一天的体验中，凯美瑞确实在隔音降噪上给人留下很不错的印象，即使在下着雨的高速公路上，车内仍然足够安静。

总结：

2015款凯美瑞的变化充满了惊喜，它不仅外观变得更加时尚动感，动力方面，现款凯美瑞共计有2.0L、2.5L和2.5L混动三款动力总成，新款凯美瑞将用全新的2.0L发动机替换现款，全新发动机（6AR）最大功率167马力（123kW），相比现款的150马力1AZ发动机提升不少，值得一提的是这款新发动机还采用全球首发的双喷射系统直喷引擎（缸内直喷+歧管喷射），最大扭矩则达到199N·m，最低油耗7.0升/百公里。

【分析】：

此篇汽车行业软文是一篇促销+活动+产品软文，可是重点还是在介绍产品的功能，其他亮点只具有辅助效果，下面来详细分析此篇汽车行业软文的写作：

（1）此篇汽车行业软文的标题，可以让读者觉得这是一篇行业新闻的文章，并且以"团购"、"试驾"、"圆满成功"这3个方面体现出"活动"与"促销"的意味，让读者想知道自己错过了哪些比较实惠的活动，从而点击阅读。

（2）文章的一开篇就表明了活动的时间、地点、主角、事件，与标题形成了呼应。

（3）此篇汽车行业软文，从3个方面介绍"2015款凯美瑞"，对产品的功能进行了分段并且还分出了4个"二级小标题"，让读者更加形象、快速地了解"2015款凯美瑞"的性能。

（4）最后以"总结"作为全文的结束语，用几句短短的话语将"2015款凯美瑞"给人们带来的惊喜，总结表达出来，让读者更加深刻地记住此款汽车。

TIPS：

软文撰写者在进行"产品汽车软文"的撰写时，可以充分地运用其汽车的性能，将汽车比较突显的性能诠释出来，并以汽车性能分段，命名二级小标题，这样便于读者进行阅读，更能将汽车性能给体现出来。

10.3.4 【案例】2016年引入2款新能源车，福特发展计划发布

下面来欣赏一篇新闻式汽车行业软文。

2016年引入2款新能源车 福特发展计划发布

2015年10月12日，福特创新大会在上海举办，本次活动中，福特中国发布了在中国"1515"战略之后的未来计划，其中2016年福特将引入C-MAX Energi（太阳能概念车）和蒙迪欧混动版两款新能源车

型。并计划在2020年年底之前在中国投资114亿元人民币用于产品研发，主要用于提升本土开发能力和研发设施，尤其是福特南京工程研发中心。

背景阅读：什么是福特中国"1515"战略

2011年，那时的长安福特只在重庆有一个整车工厂，年产能力在25万辆左右，而15X15计划就是在这种背景下诞生的，2011年4月，韩瑞麒在上海车展正式宣布福特中国的"1515"战略，也就是在2015年，福特将在中国推出15款车型，此外全年产能提高至120万辆，授权经销商数量超过680家。

在四年之后，2015年的尾声，福特在中国市场已经拥有福克斯、蒙迪欧、金牛座、嘉年华、翼虎等其他15款车型。在完成目标之后，福特将在今天的创新大会上发布未来的产品计划，并且面对当前的互联网化以及自动驾驶等趋势，展示自己的创新技术。

新能源产品引入计划

在2016年，福特将引入C-MAX Energi和蒙迪欧混动版两款车型，其中在本次活动上，福特C-MAX Energi首次亮相国内，该车于2012年洛杉矶车展正式发布，这款车型搭载一套插电式混合动力系统，根据之前报道该车加满油后总计可行驶885公里，而纯电动模式下也可行驶超过32公里。

福特新款C-MAX

不过值得一提的是，福特C-MAX在2014年巴黎车展迎来了中期改款，所以我们猜测，将于2016年进口国内的C-MAX混动版或将是新款车型。

福特创新科技

在创新科技方面，功能更加强大的SYNC 3系统将于2016年正式推出，而福特AppLink已经成为首个支持腾讯车连的车载互联系统。

此外，未来福特将在全球范围内研发完全自动驾驶汽车，相信在不久的将来，福特研发的自动驾驶技术将得到普及。

福特未来合作

其中在环保方面，福特将与海尔、天合光能、台达三家公司共同致力于节能减排方面的优化，使能源指出减少60%，二氧化碳排放量降低50%。而在出行方面，福特将联合嘀嗒拼车，共同致力于寻找行之有效的拼车出行方式。此外，福特还将在天猫商城上开设福特汽车在线购车旗舰店，打造便捷购车体验。

除此之外，福特将推进自己的快修服务，建设福特快服中心，该服务包括制动系统、悬架系统、轮胎等维修检测和定期保养服务等。

编辑总结：

在"1515"战略之后，福特在2015年的尾声发布了最新的企业战略部署，对于中国汽车市场投入更多的精力，而在技术创新方面，福特也在此次活动上向我们展示了其在安全和自动驾驶方面所做出的成绩。（本文来自汽车之家）

【分析】：

此篇汽车行业软文，以新闻的方式呈现在读者的面前，下面来详细分析此篇汽车行业软文的写作：

（1）此篇汽车行业软文，以"福特创新大会"为主题，将福特继"1515"战略之后的未来计划预告给大众，并告知大众福特在2016年将引入C-MAX Energi（太阳能概念车）和蒙迪欧混动版两款新能源车型。让那些喜欢福特汽车的读者，进一步了解福特汽车之后的战略计划，了解福特即将推出的车型，从而扩充自己对汽车行业的知识。

（2）此文分为4个"二级小标题"，能让读者快速了解文章的核心内容。

（3）此文的布局非常的聪明，首先从"什么是1515"开始讲起，这个布局就是让那些不了解"1515"的读者，能从中获知一些"1515"的内容，也让那些了解"1515"的读者，进一步加深对"1515"的认识。

（4）其次介绍未来计划的车型，将C-MAX Energi（太阳能概念车）和蒙迪欧混动版两款新能源车型推到读者的面前，并简略地介绍了它们的特性，让读者产生对这两款车型的期待感。

（5）既然是以"未来计划"为主题，定然不能缺少其创新性，将创新性的亮点展现出来，对读者能有比较大的冲击性。

（6）从"节能减排方面的优化"到"便捷购车体验"再到"新的服务体系"，这三个方面都是消费者所看重的，可以说此篇软文是从消费者的角度出发，进行文章的撰写，增强了读者阅读的体验。

（7）最后以编辑总结结尾，寥寥几句将福特品牌打上了"光环效应"："安全"、"自动驾驶方面"、"中国汽车市场的投入"，让读者进一步改观了对福特产品的看法。

💡 **TIPS：**

软文撰写者在撰写新闻式的汽车行业软文时，最好利用"抓住一个点扩散成多个面"的写法，如同此篇汽车行业软文一样，以"福特创新大会"为点，扩散出了"新能源产品引入计划"、"福特创新科技"等多个面，实际上就是为福特即将推出的新产品来做预热式宣传，这样的做法，就是想引起读者的期待感。

此篇汽车行业软文从本质上来讲，就是为了"凸显汽车的价值"，从而使得读者对汽车产生期待与喜爱之情。

10.3.5 【案例】80后的年终奖，奋斗路上的好伙伴

下面来欣赏一篇以"80后"为精准人群的汽车行业软文。

80后的年终奖 奋斗路上的好伙伴

新年将至，正奋斗在路上的80后，想不想将一年的忙碌变成幸福？要不要送一件大礼犒劳一下自己？是一款心仪已久的包包？还是一块魅力十足的腕表？不如买一辆能陪伴自己奋斗的汽车，既是对自己奋斗生活的奖励，又是对未来不错的鼓励。越来越务实的80后奋斗一族，在买车时更看重汽车所能带来的"省心、安心、舒心"生活，而威驰，恰恰就是这样一款车。

内外兼修：高综合性为奋斗加油

80后渐成社会中坚力量，正处于人生的奋斗期，他们既努力拼搏，又兼顾生活；他们坚持理想又活在当下，在他们眼中，事物并无单纯的好与不好之分，他们理智消费，在选车时，关注外观更关注内在；兼顾实用又重视舒适，内外兼修的威驰，正是他们的"菜"。

作为一款入门级的高品质车型，威驰与当前正在社会中干劲十足、积极进取的80后有着许多不谋而合的特质，无论是VVT-i（智能可变气门正时系统）发动机带来的澎湃动力与经济省油，还是美观大方的外观带来的审美诉求，都与80后人群的追求与需求相吻合，这样一款贴心的车，对正奋斗在路上的80后来说，实在是再合适不过了。

刚到而立之年的车主刘先生拥有威驰4年，问及爱车，他的感激之情溢于言表："四年来，小V随时随地为我带来便捷，走在路上，它动力十足，转弯入库，它灵活自如，1 000多个日夜，小V从没给我添过麻烦，跟着我走南闯北，就像个好兄弟！"刘先生尤其称赞了威驰的油耗："小V出了名的省油，谁用谁知道！"最后，刘先生总结道："一句话，开威驰，安心又省心。"

有张有弛：努力拼搏又兼顾生活

在生活中，80后人群虽努力奋斗，但也会兼顾生活，他们崇尚张弛有度的生活，他们的理想座驾，也应该既是奋斗路上的好帮手，又是能够带来高品质生活的好伙伴。"既上得厅堂，又下得厨房"的威驰，不仅能为80后的奋斗加油，还能为80后提供"舒心"的用车感受。

无论是内饰，还是空间，抑或是丰富的配置，威驰处处贴心。富有张力的T字型仪表板，自发光式仪表盘，纵列设计的银色中控台操控区，以及银色装饰条的方向盘，让人一见倾心；在同级中极为出色的空间，让车内及行李箱更为开阔；符合人体工学的舒适座椅，让舒适感一路相伴；后排地板平整无起伏，为用户提供了更为开放、舒适的乘坐体验；超强的静谧性及环保的内饰材料，营造出安静而又惬意的车内世界。

热爱自驾游的某网站副主编苏女士说："平时的工作折磨得我看上去完全不像80后了，但一有时间，我就驾着威驰，约上朋友出去旅游，每次旅行之后，我感觉整个人都焕然一新了。"她还说："工作压力大或心情不好的时候，我就在车里听听音乐，享受我自己的小V世界。"

车主的真实感受，成为威驰受80后人群欢迎的最好注脚，"省心、安心、舒心"三大特点，勾勒出了威驰这款小车的迷人轮廓，如果你也是一个正奋斗在生活路上的80后，如果你也想要一款这样既符合自己生活品位，又能为奋斗加油的理想小车，就别再犹豫，选威驰吧，给自己一份最合适的年终奖！

据悉，12月31日之前购买威驰，还有机会享受到一汽丰田"亿万豪礼，万人同享"年末促销活动所带来的试驾礼、购车礼及旅游大奖！

【分析】：

此篇汽车行业软文是一篇以80后为核心的汽车行业软文，下面详细了解此篇软文的写作：

（1）此篇汽车行业软文从标题上就明确了目标人群"80后"，身为80后的读者几乎会点击查看，然后以"年终奖"、"奋斗"这类具有激励的词汇，给读者一种积极向上的力量，还以"好伙伴"为标题的结束词汇，很容易引起读者的疑问"好伙伴指的是什么？"，并促使读者带着疑问去阅读文章。

（2）此篇汽车行业软文的开头是一个非常有意思的开头，连续用了4个疑问句，来吸引读者，并且在问题之后就开始给读者一个答案"车"，这就有自问自答的意味，也会给读者留下一个有趣的印象，并且问题和答案之间衔接得不粗糙，所以整体阅读感觉不会很差。

开头以"而威驰，恰恰就是这样一款车"而结尾，就点出了软文的关键词"威驰"，并为以下介绍威驰汽车的特点进行了铺垫。

（3）以80后为主角，提出80后选车的要求"关注外观更关注内在，兼顾实用又重视舒适"来作为铺垫，将威驰内外兼顾的特点就此突显出来。

（4）以80后勇于奋斗的精神，以"不仅能为80后的奋斗加油，还能为80后提供"舒心"的用车感受"来进一步突出威驰的特点。

（5）以复述"热爱自驾游的某网站副主编"对威驰的体验，来增加文章中所诉说威驰特点的权威性和真实性。

（6）以"奋斗"、"符合自己的生活品味"等词汇来呼吁读者对威驰的购买与关注。

（7）结尾段以促销活动结尾，催动了读者去了解、购买威驰汽车的欲望。

TIPS:

软文撰写者在撰写汽车行业软文时，不妨也学学此篇汽车软文的做法，以某个特点人群为主角，根据这些特定人群对挑选汽车的要求进行扩张与连接，将汽车品牌嵌入其中，并且以积极向上的态度来铺设文章，这样既能提高品牌的美誉度又能精确人群。

10.3.6 【案例】双电机入门四驱，测试特斯拉MODEL S 70D

下面来欣赏一篇评测汽车行业软文。此类软文的篇幅较长，下面只截取了前半部分。

双电机入门四驱 测试特斯拉MODEL S 70D

在2015年上半年，特斯拉推出了MODEL S 70D（以下简称70D）。顾名思义，70D的电池容量为70kWh，与之前我们测试过的P85D相比，最大功率从772马力下降至333马力。不过，这辆具备双电机的四驱车型，还是具备442km的理论续航能力，售价为71.88万元起。

这次我们除了常规的动力测试之外，还测试了续航里程，看看电池容量缩水的70D是不是能满足大家出行时的需求。关于这点，应该是准车主们最关心的一个环节，毕竟在大城市中（如北京），续航能力是一件很重要的事情，我们将在第三页为您介绍70D的实际能耗表现。但是，依照惯例，让我们先简单介绍70D的外观与内饰吧！

70D的外观与内饰并没有什么变化，与之前P85D的表现其实毫无差别，好的地方依旧维持。不好的地方也仍然存在，因此本篇文章仅就外观内饰做简单的介绍（P85D外观、内饰介绍请看这里）。在外观方面，70D的车身尺寸与之前我们所测试的P85D完全相同，长宽高分别是4 970mm×1 964mm×1 445mm，轴距为2 960mm。如果不看车尾的型号车标，应该很难分辨出这到底是70D、85D或者P85D。另外，我们试驾的70D搭配的是19英寸的轮圈，虽然已经是非常霸气的尺寸了，但是与之前我们测试P85D所配置的21英寸轮圈相比，还是显得"秀气"了些。不过，这些对于特斯拉而言都不算什么，因为您可以透过选装搭配出自己喜欢的外观。

轮胎为245/45 R19的固特异Eagle RS-A，前刹车盘直径为355mm，采用对向四活塞卡钳。

后轮尺寸与前轮相同。后刹车盘的直径为365mm（没错，后刹车盘的直径比前刹车盘更大），除了对向四活塞卡钳，还有一个专门给驻车制动用的卡钳。

说到内饰，70D内饰的风格可说是毫无变化，维持了与以往相同的造型，换句话来说，就是和我们之前所测试过的P85D完全一样，只有配色上的差异。那块十七英寸的中控台屏幕还是一样引人注意，但是同样的还是有易沾染指纹的问题，久了之后多少影响清晰度（尤其是在太阳斜射的时候），还有就是虽然原厂将很多实体按键整合至屏幕中，不过你也可以自定义方向盘上的滚轮功能，来控制许多常用功能，连续按两下挡把顶端的按键，则会使门把升起，不用再透过屏幕中的选单操作，其实也没有那么不方便（感谢网友MercedesGLK558的指正）。而乘坐空间方面，由于车身尺寸没有任何变化，内饰也没有任何改进，所以与之前P85D的感受也是完全相同的，最让人觉得不习惯的一点，就是当你想调整驾驶座位置的时候，会发现座椅与门板之间的距离非常近，让你很难伸手进去摸到开关……（本文来自汽车之家）

【分析】：

此篇汽车行业软文，是一篇评测类型的软文，这样的文章对读者来说，具有比较高的阅读性和借鉴性，读者可以通过这样的文章来进一步了解汽车的构造、优点、缺点等。下面来详细分析此篇软文：

（1）此篇汽车行业软文，在标题上就直接告诉读者这是一篇测试"特斯拉MODEL S 70D"汽车的文章，这样的做法，便于文章的撰写，也便于读者在选择标题的环节上节省时间。

（2）开篇就介绍特斯拉MODEL S 70D的特点以及其价格，并且还简略介绍测试汽车的环节，让读者能有一个简略的大纲，进一步了解文章的脉络。

（3）此篇汽车行业软文将评测类型汽车软文的一个重要特点突显了出来，那就是图文并茂，最为重要的是图片上还有详细描写，让读者觉得图片并不空洞，而是非常生动。

（4）此类评测类型的汽车软文，会不惜篇幅、图文并茂、非常详细地将汽车的各个方面都展示到读者的面前，这也是此类汽车行业软文被读者喜爱的重要原因之一。

（5）有时，撰写出评测类型的汽车软文，需要与各大网友、朋友等一部分人群进行交流才能写出一篇实用的文章，而届时若是引用了别人的观点、建议还是可以在文章中提出来，这样鼓动人们为自己提供资料，也更能体现文章的真实性。

TIPS：

软文撰写者在撰写评测类型的汽车软文时，不需要华丽的辞藻来堆砌文章，也不需要多余的铺垫来引出核心关键词，只需实打实地将读者想要知道的内容给展示出来，扣准主题，踏实写出汽车产品的评测内容即可，就算要将汽车的价格体现出来，都能大大方方、非常直接地加入文章中，只要合理，无须隐晦，但切记文章中一定以评测为主，这样的评测汽车软文才有阅读的价值。

10.3.7　【案例】一个消费者的年底购车"经"

下面来欣赏一篇以作者自己的角度撰写的汽车行业软文。

一个消费者的年底购车"经"

我是北京一家IT公司的白领，今年31岁，几年前我就拿到了车本，无奈当时刚刚参加工作，囊中羞涩，只好暂时压抑住自己购车的梦想。谁知后来北京又实施了摇号购车政策，经过了一年多的等待之后，我终于在上个月幸运地抽到了购车资格，有机会拥有一辆属于自己的家用轿车了。

由于10月起刚刚实行新的购车"三包"政策，加上到了年底，各厂商购车促销活动又力度空前，这时候的购车资格来得可谓正是时候。近半个月来，我奔波流连于各大车行间，通过反复比较，最终我选择了2013款Mazda6。对于像我这样月收入不超过1万元的工薪阶层来说，选择一辆让自己很心仪的爱车也不是一件很容易的事情，在这里，我将自己选择2013款Mazda6的经历和心得跟大伙儿共享，并强烈推介这款具有超性价比的车型，算是对我爱车的回报。

"好车"成选车首因

一直以来，驾着一款时尚、安全性能良好的爱车自由驰骋于都市丛林间就是我的梦想。虽然前几年还一直无法入手，但我一直都在关注车市的动向。2013款Mazda6于7月上市之后，很快就吸引了我的目光。

我也算是一个资深车迷了，之前对于汽车的各项指标也颇有些研究。新款Mazda6首先吸引我的是它的时尚外观。在安全性和动力方面的突出表现也是它令我心动的原因。新款Mazda6拥有37米的制动距离和完备的高科技电子装备以及6安全气囊等高科技配置，加上其传承了"弯道王"的优秀驾控基因，在弯道行驶更加稳定，这无疑等于给我的驾车出行上了一份保险。

"好价、好礼"成下单催化剂

在选中了2013款Mazda6这款车型之后，我还要了解一下它的售价以及促销力度，才能决定是否值得入手。因为我近期还有贷款买房的打算，因此买车也打算申请贷款，此时谁家的促销最能让我得到实惠，肯定会成为我最终拍板的一大砝码。

2013款Mazda6的起价为12.98万元，说实话，这对我颇有吸引力。因为我早就听说过Mazda6是一款货真价实的经典B级车，现在价格下探到了12万～16万元价位的经济型A级车区间，性价比高得让我心动不已。而前不久听说2013款Mazda6又推出了多重金融大礼政策，最低首付仅2.8万元、最低月供仅为2 000元，性价比再次被刷新，这等于我不用3个月的工资就可以开回一辆B级车。

就这样，我在心里将选择的天平毫不犹豫地倾向了Mazda6，最终，我首付了2.8万元、办理了相关手续后就将2013款Mazda6开回了家。Mazda6不仅实现了我的购车梦想，而且还大大降低了我之前的购车预算，我现在的心情就像终于找到了一位处处合我心意的女朋友一样开心。

【分析】：

此篇汽车行业软文，一开篇就介绍主人公的身份，全文以"主人公自身的角度诉述购车的过程"→"购车的要求"→"购车的选择"→"了解汽车的价格"→"成功购车"来铺设全文的脉络，并从中插入Mazda6汽车的基本信息，而且这样的一种铺设，是按照消费者购车过程而写的，非常贴近消费者的生活，因此容易让读者放下戒备心，并深入文章中的场景中。

TIPS:

软文撰写者在撰写汽车软文时，可以从购车者的角度出发，以消费者的购车需求着手，然后从产品自身角度去描写产品的性能、优点。

10.3.8 【案例】赢在起跑线奔跑吧兄弟奔跑吧凌渡

下面来欣赏一篇抓住热点时事的汽车行业软文。

赢在起跑线奔跑吧兄弟奔跑吧凌渡

日前，Lamando凌渡《奔跑吧兄弟》在浙江卫视火热开播。上海大众汽车中高级轿跑凌渡携手奔跑团的明星成员们一路向前，共同为青春呐喊，为梦想喝彩。凭借锋芒动感的时尚轿跑造型、强劲高效的动力总成与智能前瞻的科技配置，相信凌渡将点燃驾驭激情，与奔跑团一同享受挑战，纵情完胜。

锋芒动感 点燃激情

凌渡以锋芒大气的外观造型与简约精致的内饰塑造出非凡的轿跑气质，成为一道时尚的风景线，令人一见倾心。

凌渡俯冲下压动感车头与横向扩展的前脸造型，锋芒毕现。发动机舱盖上两条立体感十足的肌力线，与从车头贯穿至后尾灯的肩线相得益彰，勾勒出更具冲击力的型面关系，凸显更低的视觉重心，轿跑气质油然而生。双炮筒排气尾管豪迈大气，进一步凸显其运动基因。

内饰方面，Lamando凌渡提供三款内饰配色方案，满足不同消费者的审美需求：劲黑内饰炫酷动感、韵灰内饰大气清爽、魅棕内饰质感十足。T型中控台简约纯粹，凸显横向延展视觉效果。扁平三辐条设计的动感真皮多功能方向盘极具赛车风格，让人跃跃欲试。适度升高的运动换挡手柄，握感舒适、操控便捷。12向电动调节运动真皮座椅，兼顾舒适性与支撑性。值得一提的是，前排座椅两侧还提供运动支撑面，具有出色的包裹感。

实力尽显凌风渡越

明星队员们在寻找开启宝藏密码的过程中遇到重重艰难险阻，Lamando凌渡化身为他们的"魅力战袍"，凭借高效强劲的动力总成与智能前瞻的科技配置，带给他们舒适惬意的驾乘体验，从容应对各项挑战。

Lamando凌渡1.8TSI车型搭载全新第三代EA888发动机，在输出充沛动力的同时兼顾出色的燃油经济性。与之匹配的DQ380DSG七挡双离合器变速箱，换挡响应积极，反馈敏锐顺畅。配合全系标配的独立灵动悬架，Lamando凌渡能够轻松应对各种复杂路况，集灵巧操控与动态平稳感于一体。

此外，以MKE疲劳提醒、ACC自适应巡航、BSD盲点监测以及LDW车道保持功能为代表的驾驶辅助系统，令消费者感受到Lamando凌渡的全方位安全理念。同时，其领先同级的MirrorLink手机屏幕映射功能、MIB第二代影音系统，为消费者带来更加舒适便捷的驾享体验；5.1声道10扬声器丹拿高保真立体声音响，则让每一次旅程都拥有影剧院般的舒心享受。

融合艺术美感与前瞻科技的Lamando凌渡，渡越想象与现实的临界点，蓄势而发。展望未来，相信凌渡将以其时尚轿跑的魅力风范，让车主尽享驾控激情，纵情完胜。（本文来自易车网）

【分析】：

此篇汽车行业软文，以热播综艺节目《奔跑吧兄弟》为噱头，将凌渡汽车以"携手奔跑团的明星成员们一路向前，共同为青春呐喊，为梦想喝彩"，将核心关键词"凌渡"体现出来，并且在开头就点题。

文章分为两个部分：

● 描述凌渡汽车的外观与内饰，让读者进一步了解凌渡汽车的信息。

● 描述凌渡汽车的性能，并与《奔跑吧兄弟》联系在一起，从而体现出凌渡架控体验。

TIPS:

软文撰写者在撰写汽车行业软文时，可以利用热门的综艺节目，一定要抓准角度来与热点时事相结合，若汽车是热门节目的赞助商，那么就完全可以围绕热门节目来撰写软文；若不是热门节目的赞助商，可以从其他热点事件入手，找到事件与自己汽车的结合点，即可撰写出一篇借助热点时事的汽车行业软文。

第11章

教育类软文

教育行业在软文中，永远都是势不可当的，它的权威性特别能在软文中体现，从而更容易让读者信服，使得企业软文的写作目的更容易达到。

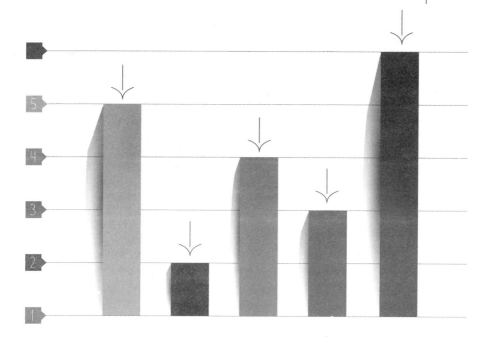

11.1 必须要会的法则

教育行业软文其实并不难写，只要掌握以下3大法则，撰写教育行业的软文就不会存在很大的问题。

11.1.1 成功法则

所谓的"成功"法则，是指软文撰写者在进行教育行业软文撰写时，可以将教育行业的成功事迹体现出来，来增添教育的权威性。

一般来说，想要实现"成功"法则，需要5要素，如图11-1所示。

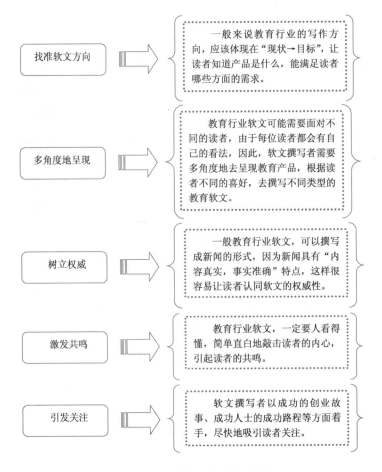

找准软文方向	一般来说教育行业的写作方向，应该体现在"现状→目标"，让读者知道产品是什么，能满足读者哪些方面的需求。
多角度地呈现	教育行业软文可能需要面对不同的读者，由于每位读者都会有自己的看法，因此，软文撰写者需要多角度地去呈现教育产品，根据读者不同的喜好，去撰写不同类型的教育软文。
树立权威	一般教育行业软文，可以撰写成新闻的形式，因为新闻具有"内容真实，事实准确"特点，这样很容易让读者认同软文的权威性。
激发共鸣	教育行业软文，一定要人看得懂，简单直白地敲击读者的内心，引起读者的共鸣。
引发关注	软文撰写者以成功的创业故事、成功人士的成功路程等方面着手，尽快地吸引读者关注。

图11-1 "成功"法则的5要素

11.1.2　专家法则

教育行业软文最好是能体现其专业性，才能引起比较多的读者关注，一定要告诉读者"市面上用很多教育行业产品，为什么选择自己的产品"的原因，并且以教育方面专家的口吻来叙述专业性知识，这样能让读者有一种真实性、权威性比较强的阅读氛围，让读者容易接受教育产品。

一般来说可以从3个方面入手，来将"专家"法则体现在教育行业软文中，如图11-2所示。

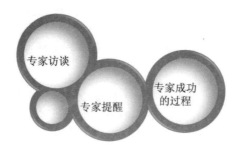

图11-2　"专家"法则体现方式

11.1.3　自赞法则

所谓"自赞"法则，是在教育行业软文中以"自己赞美自己"、"自己捧红自己"为主，顺势告诉读者自己教育产品的特点。

软文撰写者在运用"自赞"法则时，不能捏造事实，应该把握好度，在已有的事实上面进行加工修饰，将事实以不同的方式展现在读者的面前，只要软文撰写者不跨越道德的底线，就能撰写出一篇效果不错的"自赞"教育行业软文。

一篇好的"自赞"软文能够让教育行业迅速增长，并引来大量读者的关注，以此达到增添教育行业的知名度。那么"自赞"法则到底该如何使用呢？其实非常简单，只要掌握以下几点即可将"自赞"法则，流畅自如地运用在教育行业软文中，如图11-3所示。

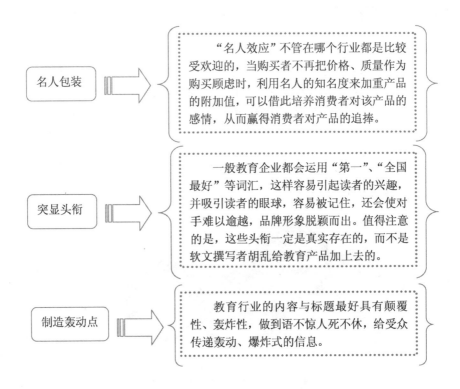

名人包装 ➡ "名人效应"不管在哪个行业都是比较受欢迎的，当购买者不再把价格、质量作为购买顾虑时，利用名人的知名度来加重产品的附加值，可以借此培养消费者对该产品的感情，从而赢得消费者对产品的追捧。

突显头衔 ➡ 一般教育企业都会运用"第一"、"全国最好"等词汇，这样容易引起读者的兴趣，并吸引读者的眼球，容易被记住，还会使对手难以逾越，品牌形象脱颖而出。值得注意的是，这些头衔一定是真实存在的，而不是软文撰写者胡乱给教育产品加上去的。

制造轰动点 ➡ 教育行业的内容与标题最好具有颠覆性、轰炸性，做到语不惊人死不休，给受众传递轰动、爆炸式的信息。

图11-3 "自赞"法则的运用方法

11.2 写作技巧

每个行业都有适合自己的软文写作技巧，教育行业也不例外，下面来了解教育行业软文写作的技巧。

11.2.1 以"利"诱人

"以'利'诱人"，是指以"能给读者带来什么"为出发点，让读者知道自己阅读这篇文章能得到哪方面的知识，这样的教育行业软文，对于读者来说具有一定的诱惑力。

这样的教育行业软文，在标题上一定要突出对读者来说的"利益点"，才能获得不少读者的注目礼，如图11-4所示。

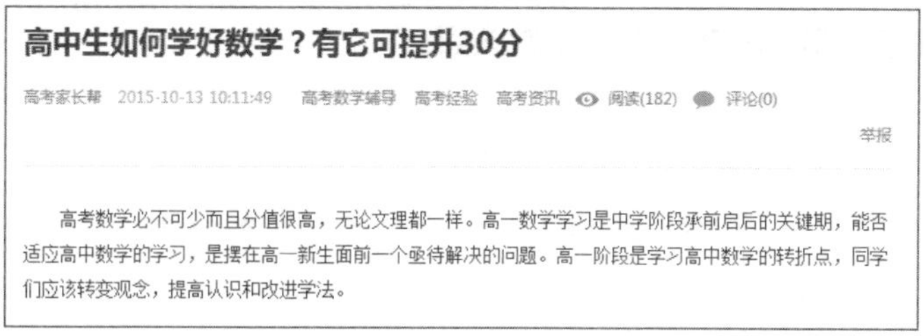
高中生如何学好数学？有它可提升30分

高考家长帮　2015-10-13 10:11:49　高考数学辅导　高考经验　高考资讯　阅读(182)　评论(0)

举报

高考数学必不可少而且分值很高，无论文理都一样。高一数学学习是中学阶段承前启后的关键期，能否适应高中数学的学习，是摆在高一新生面前一个亟待解决的问题。高一阶段是学习高中数学的转折点，同学们应该转变观念，提高认识和改进学法。

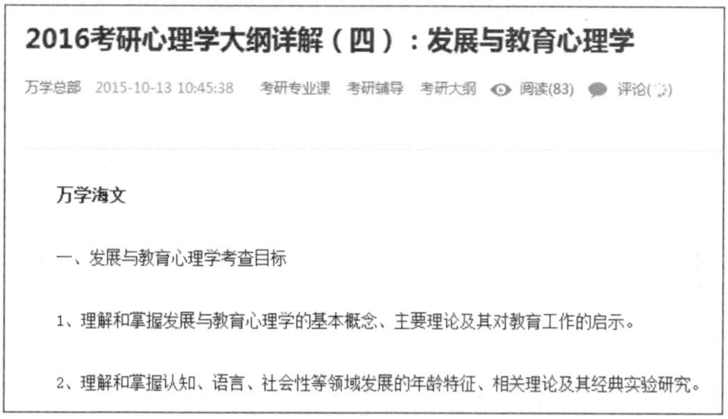
2016考研心理学大纲详解（四）：发展与教育心理学

万学总部　2015-10-13 10:45:38　考研专业课　考研辅导　考研大纲　阅读(83)　评论()

万学海文

一、发展与教育心理学考查目标

1、理解和掌握发展与教育心理学的基本概念、主要理论及其对教育工作的启示。

2、理解和掌握认知、语言、社会性等领域发展的年龄特征、相关理论及其经典实验研究。

图11-4　以“利”诱人的标题

TIPS:

以“利”诱人的教育软文，其标题和内容的“利益点”一定要是相同的，不然就会产生文不对题的情况，让读者产生厌恶就得不偿失了。

11.2.2　以“情”动人

人类是一种情感丰富的物种，因此亲情、爱情、友情，对于软文撰写者来说，是3大宝藏，只要软文撰写者在教育行软文中抓住“情”，将情感投入软文中去，以此来打动读者。

11.2.3　以“学”引人

以“学”引入，是指用学习来引导读者对教育产品的重视，可以从人们学习时会遇到的难点、疑点着手，告诉读者应该学习的方法，又或者利用成功人士的学习方法来吸引读者的注意力，如图11-5所示。

英国留学：好专业和好学校如何选择？

澳际留学　2015-10-13 09:30:38　英国留学　留学选校　留学攻略　👁 阅读(0)　💬 评论()　　　　　举报

英国留学，好学校和好专业该如何选择？当好学校与好专业不能兼得的时候，又该作何选择？澳际留学专家为您解答。

应届生就业必知15问答盘点

vtalking教育白聪　2015-10-13 09:26:06　👁 阅读(0)　💬 评论()　　　　　举报

就业季，小编特意为大家盘点了应届生就业必知15问答，这些问题是由教育部全国高等学校学生信息咨询与就业指导中心主任张凤有、清华大学学生职业发展指导中心主任张其光、中国人民大学就业指导中心主任周荣等专业人士来贴心解答的！

图11-5　以"学"引人的标题

11.3　教育类软文写作案例

教育行业软文其实都是抓住了一点来吸引读者的注意力，即"学习"，那些能让读者学习到某些知识的文章，会非常受读者的欢迎，这样的文章比较有阅读的价值，下面来欣赏8篇教育行业软文，来进一步学习、巩固教育行业软文的写作。

11.3.1　【案例】IT职场新规则："一技在身"胜过"虚高学历"

下面来欣赏一篇结构清晰的教育行业软文。

IT职场新规则："一技在身"胜过"虚高学历"

中国人民大学劳动人事学院院长曾湘泉曾对美国《华尔街日报》上的部分招聘广告研究后发现，只有2%的公司在招聘中要求硕士学历，4%要求学士，其余则没有学历要求。曾湘泉分析认为，美国不设置学历门槛，为的是让每一个求职者都有公平竞争的机会，从而不至于错漏虽不具备相关学历但却一技在身的可用之材，这更能体现出美国人才市场的成熟以及用人机制上的灵活。

"学历虚高"有望远离职场

在国家公务员考试中笔者发现包括国务院机关在内的10家国家公务员招考单位的部分职位要求正悄然降低。其中商务部等机关对于学历要求有所降低，原先要求博士的改为硕士，原先要求硕士的则改为本科及以上。

有专家认为，国家公务员考试招考要求的微调可以看作国家对存在已久的学历虚高问题"开刀"的信号。随着组织机构自身管理水平和对人力资源认识的提升，我国的人才消费必将呈现出价值回归的趋势，而学历虚高将会逐渐远离职场。

"技能靠前、学历靠后"

目前中国很多企业也逐步认同这样的人才价值观念。在企业更加看重职业技能的同时，以培训技能为基础的职业教育被摆在越发重要的地位。以中国电脑教育第一品牌云南新华电脑学院为例，自1988年成立至今已培养近60万的IT人才。毕业学子分布于国内各个大型IT企业，如联想集团、方正集团、上海得搜网络有限公司、中国国家图书馆以及业内知名公司等。

技能型IT人才前景更广

IT行业在业内一直被公认为是以职业技能性为基础的行业。因此，IT企业在招聘人才时，会着重关注应聘者的职业技能水平。然而目前，仍有很多理工类高校毕业的应届大学生面临就业困难的问题，虽专业对口，技能却不对口。对此，云南新华电脑学院实行"做学合一"的教学方法，重视学生实践能力的培养，确保"学即能用，教学符合技术进步和市场需求"。使学生最终成为在职场上独当一面的IT专业人才，技能素质具优，实现人生的价值。

同时，从另外一个角度来看，企业人才"学历虚高"的危害是显而易见的。它一方面使员工不能人尽其才，影响企业日常经营和管理；另一方面，也容易使企业经营者产生高学历必有高素质的错觉。事实上很多人徒有高学历，却未必能给企业带来高效益，所以"高学历"必将越来越远离职场。（本文来自百度文库）

【分析】：

此篇教育行业软文运用了"专家"法则，文章的开篇就借势"中国人民大学劳动人事学院院长曾湘泉"的"名人效应"，将文章的权威性上升了一个高度，让读者觉得此篇文章是一篇比较真实的文章，下面来详细分析此篇教育行业软文的写作：

（1）此篇教育行业软文标题体现了"以'学'引入"的特点，让读者看到标题后，就进一步能学习到"IT职场的新规则"，这对于那些初入IT职场、准备入IT职场、想要入IT职场的人群来说，是一剂"强心针"，定然能吸引他们的注意力。

（2）文章一开篇就运用了专家研究，来展示出"美国人才市场的成熟以及用人机制上的灵活"的原因是因为其不设置学历门槛，也进一步点题。

（3）后文就开始利用时事"国家公务员考试招考学历要求的微调"来论证国内对学历门槛要求的降低。

（4）提出"企业更加看重职业技能"的观点，并以"例如"将教育产品"云南新华电脑学院"推出来，用案例的方式将"关键词"体现出来，是聪明的写作方式，这也是为文章中的"IT行业"做引用语的妙招。

（5）文章中巧妙地将IT行业"理工类高校毕业的应届大学生面临就业难"的社会现实，与"云南新华电脑学院实行'做学合一'，使学生最终成为在职场上独当一面的IT专业人才"进行对比，再一次论证了标题"一技在身"胜过"虚高学历"的观点。

（6）在文章的结尾处，没有选择直接赞美"一技在身"，而是从企业的日常经营、管理的角度突显"学历虚高"的危害，这种写法就是所谓的"从一个事物上的缺点来突显核心内容的特点"。

⌨ TIPS:

当软文撰写者在撰写教育行业软文时，可以从"就业"的角度出发，来引申出教育产品的好处，也是不错的想法。

11.3.2 【案例】大学第一课——那些你的前辈至今还在纠结不清的人生内容

下面来欣赏一篇教育行业软文。

大学第一课——那些你的前辈至今还在纠结不清的人生内容

前几天看到一则新闻，一个状元的妈妈写了一封长信叮嘱儿子生活细节，比如衣服怎么洗，洗衣粉怎么放等。很多人觉得可笑，这么大的孩子连这些都不知道。

大学，作为一个人18年第一次离开家的个人自由生活的开始，会生活比会学习要重要得多。在网上一搜，大学应该学什么，英语？电脑？都过时了，学会生活技能才是王道，这可是关乎自己未来生活有序幸福的重要因素。但是都有哪些内容需要在大学第一课时立刻掌握呢？让我来说说，那些很多人四年都没学会的幸福秘籍。

1．理财与记账

第一次带着几千元甚至上万元游走"江湖"，内心激动得不得了。该怎么有序地消费，有序地花钱是个挺大的学问。天天记账？还是平均分配？遇到很贵但自己喜欢的东西该怎么选择？如何做到月底不借钱？这门学问，你值得马上学一学，否则月底饭卡没钱了怎么办？

2．得体的穿衣打扮

大学生，特别是大学女生在四年中最大的一门功课，就是穿衣打扮。很多人说，学习是关键，不要老打扮。这句话放在过去是对的，可如今不同了。现在企业很注重大学生的社会实践，走进社会，老穿着卡通衣服，或者搭配得乱七八糟可怎么好？这也是当年星姐的弱势，一直到毕业很多年都没学好，因为上学时候一心扑在学习上啊……眼泪都流到了"裤腿"里。

3．整理内务

在家都有勤劳的妈妈，在宿舍就随手乱丢乱放吗？特别是对于男生来讲，有一个整齐的内务，绝对是吸引心仪女孩的利器。整理内务，不仅仅指叠被子，还包括书桌、衣柜以及勤换洗衣服并叠整齐。千万别觉得这是女孩子的事情，一屋不扫何以扫天下？内务整齐，才会显得爱家，才会让女孩子顿生不一般的倾慕之情。

4．职业规划

虽然一进校园还没站稳，但也可以展望一下未来自己的市场。参加一些大三或大四的宣讲会，多和学长学姐聊天，或许这一切让你跃跃欲试，抑或者让你垂头丧气立刻准备规划一个新的人生方向。总之，提前了解市场不是坏处，而且还能尽早地制定你的实践计划。

5. 社交礼仪

进入大学，就免不了会参加各种活动接触社会。学校里的各种社团也会让你有机会实践成年人的社交礼仪方面的内容。比如酒会、舞会、演讲比赛等。你不再是背着书包，拿着暖水瓶进教室的高中生了，你的一言一行，大家会用成年人的标准来要求你，更何况良好的沟通能力可是未来不管你走向哪里都需要的必备神器。

大学里，课堂上的硬实力固然重要，但如今这个讲究情商的社会里，软实力更能彰显一个人的能力与素养。可到哪里能学到这些知识呢？你可以买相关的书籍，也可以上网学习，比如最近比较火爆的百度传课第一堂课，有一些相关的课堂都可以学习；再或者你还可以与父母、学长学姐多沟通，也可以起到事半功倍的效果。

大学第一课，那些你的前辈至今还在纠结不清的人生内容，你值得马上就知道！

补充，百度传课第一堂课地址：www.****.com（本文来自新浪博客：一直特立独行的猫的博客）

【分析】：

此篇教育行业软文，其实没有什么特别的写作技巧，此篇作者用了一种在文章的最后，以"补充"来添加链接进行"软"推广的写作手法，并且还运用了"以'学'引人"的写作方法。下面来分析此篇软文的写作：

（1）此篇教育行业软文的标题，运用了破折号，使较长的标题变得美观起来，也有一个承接的作用，其内容特别容易吸引那些即将入学的大学生来进行阅读。

（2）文章的开头就以"状元妈妈叮嘱儿子生活细节"的新闻事件开篇，反映了"大学生不会照护自己的生活"现象，从而引出"进入大学应该掌握的幸福生活秘籍"，引申出下文的5点大学生需要学习的事项。

（3）在文章中的后篇就提出，大学生除了学习"课堂上的硬实力"之外，还需要"彰显个人的能力与素养"，从而引申出提升能力和素养可以去"百度传课第一堂课"进行学习，在这里就点出了关键词"百度传课第一堂课"，并在结尾处，以"补充"作为特别提醒，将"百度传课第一堂课"的跳转链接放上去。

TIPS:

此类教育行业软文的写作手法，其实以"先大量放学习事项，最后再提及关键词"的写作手法，来吸引读者的注意力，并贴心地放上链接，让读者能快速跳转到教育产品处。

11.3.3 【案例】读书郎不挤独木桥，学技能也圆成材梦

下面来欣赏一篇教育行业软文的写作。

读书郎不挤独木桥，学技能也圆成材梦

随着教育产业的发展，高等教育的入学率从1997年9.1%提升到2010年的26.5%，2015年将达到36%，这说明我国已进入大众化阶段。高校毕业生不再是"金字塔上阳春白雪"，每年数百万毕业生的就业都牵动着万千家庭的心。

而持续低迷的就业率则让公众对高考有了更理性的认识，上大学已不再是成材的唯一途径。正所谓："读书郎不挤'独木桥'，学技能也圆成材梦"。陕西新华电脑软件学校资深教育工作者刘老师："我认为学生没有必要千军万马去挤高考这条独木桥，不同的学生有不同的实际情况，学技能同样是一条很好的出路。"

对于当今环境下学哪样技能，刘老师给同学们以下建议：IT行业可以说是时下发展前景最好的行业之一，数字艺术、电子商务、影视动漫等IT延伸行业已成为很多城市新的经济增长点。受此影响，IT人才的需求量仍在以每年近百万人的速度呈递增趋势。

陕西新华电脑软件学校创就业指导中心负责人罗主管也证实了这一点。他说，2012年上半年，新华通过校园专场招聘会、驻外就业办代招等方式推荐毕业生数千人，仅各类校园专场招聘会就举办了10余场，让学子不出校门就找到了工作，真正实现了毕业即轻松就业。

谈起新华学子受"热捧"的原因，刘老师分析说，随着市场经济的成熟，企业用人也越来越脚踏实地，学历、毕业学校等已不再是纳才的唯一标准，能够胜任工作才是用人单位青睐的人才，而新华学子扎实的动手能力、精湛的IT技能和良好的职业素质更是让新华学子在竞争中很容易脱颖而出！（本文来自百度文库）

【分析】：

此篇教育行业软文将"自赞"法则与"专家"法则应用在一起，下面来详细分析此篇软文的写作：

（1）此篇教育行业软文的标题，就表明了文中的观点"不止读书才是出路，学习技能也能成就梦想"，这样的写作手法，就是将主要观点体现在标题上，让读者在阅读文章之前，就带着观点进行阅读，然后产生潜移默化的效果，使读者在脑海中隐隐约约地认同文章中的观点。

（2）开篇就体现出了"就业"的重要性，第二段就立马点题，以低迷的"就业率"指出"上大学已不再是成材的唯一途径"，并点题。在教育行业老师也算是此行业的专家，于是此篇软文就以"陕西新华电脑软件学校资深教育工作者刘老师的叙述"来将"陕西新华电脑软件学校"展现在了读者的面前。

（3）下文延续用"刘老师"的叙述，来指引读者了解IT行业的人才紧缺状况，并且以"陕西新华电脑软件学校创就业指导中心负责人罗主管"的叙述，来体现出"陕西新华电脑软件学校让学子不出校门就找到了工作"的特点，给读者展现出能解决学生就业的优点。

（4）文章的最后以"刘老师"的分析，来铺设结尾，将"新华学子"的特点体现出来："扎实的动手能力、精湛的IT技能和良好的职业素质"，进一步告诉读者"陕西新华电脑软件学校"能解决学生就业的问题。

（5）此篇软文总体来讲，就是以"老师"的角度来赞美"陕西新华电脑软件学校"，让读者知晓其学校的学生无须担心就业问题。

TIPS:

软文撰写者在撰写教育行业软文时，将文章的观点体现在标题上，在一开篇就进行观点的陈述，然后以"专家"的口吻来论证观点，这样下文就可以一直引用"专家"的口吻，将软文关键词体现出来。

11.3.4 【案例】屠呦呦母校效实中学走红，多年坚持不补课

下面来欣赏一篇运用"专家"法则的教育行业软文。

屠呦呦母校效实中学走红，多年坚持不补课

中国科学家屠呦呦与其他两名科学家同获2015年诺贝尔生理学或医学奖。连日来，关于"诺奖得主的周边"尤其是事关屠呦呦学习成长的信息备受社会关注，屠呦呦曾就读的中学——宁波效实中学，在当下高考竞争激烈的环境中依旧坚持"不补课"的传统做法也获网民赞赏。

位于浙江宁波的效实中学创办于1912年，百年来培养出童第周等十多位两院院士。据学校官网，屠呦呦曾于1948年到1950年在效实中学学习。2012年效实中学百年校庆前夕，屠呦呦以《青蒿及青蒿素类药物》一书捐赠学校，表达对母校的感激。

2015年暑假，这所百年名校曾遭质疑。有人在网上以《效实：你该醒醒了》为题发文，指责效实中学"近几年成绩越来越差，以素质教育为名散养学生，使学生越来越退步"。

针对质疑，效实中学负责人在网上回以数千字长信：效实作为一所百年名校，不可能不重视教育质量，只不过，我们的行动，可能被成见、偏见所遮挡着。谈及效实，总有人说抓得不够紧，其实不就是双休日没有违规补课吗？如果，社会上可以把违规补课的要求作为正常要求向学校公开呼吁，这是效实之错，还是社会之病，抑或是教育之痛？

长信最末写道：效实是一所有教育理想的学校，我们希望，教育不曾完全被功利所引导，教育能够把眼光看向更远，教育能够给学生充实美丽的三年和幸福的三十年！我们希望，每一个效实的学生，都能在老师的教育下，发现自己发展的可能性，学会规划，学会利用相对自主的时间，学会专注，学会积极思考，承担对自己、对家庭、对社会的责任，为自己建立一个良好的起点，更为以后的人生奠定基础。

屠呦呦获诺贝尔奖后，这封关于学校"不补课"的"自白信"在新浪微博等网络社区被再度热议，获得多数网民的赞赏。

网民"人岁月生活"说，女儿毕业于效实中学，作为家长也曾抱怨学校"管得太松"：按时上课、按时下课，节假日不补课，假期不提前开学，高三才分文理科，还有辩论、交响乐团等社团……当然抱怨的背后有自己的心思：学校多管点，家长就可以轻松些了。女儿最终考上了心仪的大学，成绩优秀，学有余力。

一名30多岁的效实中学校友告诉记者："给出各种可能性，让孩子自己选择最好的成长方向，远比将孩子绑在应试教育的柱子上强百倍。记得当年校长说过，与其进行题海战术和课外补习，不如'向45

分钟要效率'。感谢效实，教会我们掌握未知的能力和探索世界的勇气。"（本文来自于新华网）

【分析】：

此篇教育行业软文运用"专家法则"，下面来详细分析此篇软文的写作：

（1）此篇教育行业软文的标题，道出了"屠呦呦"坚持"不补课"的观点，而屠呦呦是一名2015年诺贝尔生理学或医学奖的中国女药学家，其专业性是人们所敬重的，因此以她的名字来命名标题，定能获得不少读者的关注。

（2）开篇就点题，道出屠呦呦的中学校园"宁波效实中学"，并且还道出屠呦呦"高考竞争激烈的环境中依旧坚持'不补课'"的观点。

（3）第三段简略介绍"宁波效实中学"，并以"屠呦呦《青蒿及青蒿素类药物》一书捐赠学校，表达对母校的感激"，来表达出屠呦呦对"宁波效实中学"的喜爱，以及感激之情。

（4）文章中还以"宁波效实中学不进行补课行为"而遭质疑事件，并将以"效实中学负责人在网上回以数千字长信"来体现出学校的教育理念。

（5）接着回到屠呦呦的身上，道出是因屠呦呦获奖后此篇千字长信又在新浪微博上重温了一遍，再一次引发广大网友的赞赏。

（6）文章的结尾处，以曾经是"宁波效实中学"的家长的口吻告知记者，"宁波效实中学"不补课也能让自己的孩子考入理想的大学，并以"宁波效实中学"校长的话语而结尾，提出"45分钟效率"战术。

TIPS:

从这篇教育行业软文中，可以学会以下几点：

● 软文撰写者在运用"专家"法则进行教育行业的撰写时，最好是找在当时比较出名的"专家"，这样软文的曝光率才能大大的提高。

● 可以用新闻软文的方式将"专家"法则运用出来，可以增强软文的权威性和真实性。

11.3.5 【案例】天空中的雪花

下面来欣赏一篇故事式的教育行业软文。

天空中的雪花

武汉的冬天是那么的肃杀，雪花依然在天空中飞舞，时不时咆哮着经过耳边，伸出手去轻轻地采撷一片，却发现这雪的残骸早已融化，抬头望向前方，只剩下昏黄的路灯孤独地站在风中……小闵是一个大四的学生，由于是个女生，而且自己毕业于一个二本大学，所以找份合适的工作显得异常困难，而如今，离自己毕业的日期只有两个月了，眼看着日子一天一天地过，可工作却依然没有着落，现在的心可以说和武汉的温度一样，冷到了冰点，无力感充满了全身。

站在寒风中瑟瑟发抖，身体越发缩紧在一起，终于等到了公交车，两眼无神地跟随着人群挤上嘈杂的车中，小闵此时脑海一片空白，再次遭受了面试失败的打击后，她已不知道应该怎么去面对明天了……坐在公交车上，望向窗外，仿佛这个世界上的所有事物都静止下来，只剩下脸庞上的发丝打击在眉梢，让自己知道并不是一切都是死气沉沉的，还有些许希望升起在心中。

就这样坐着，突然耳边响起了两个男孩说话的声音，"呵呵，今天玩得好爽啊，第一次感觉自己能像个领导一样在讲台上演讲，真是一开始所没想到的"，其中一个男生道。小闵心想，这不正是我所想要的吗！正是因为自己在面试时的紧张，导致自己本能够回答出来的问题全都想不出来，如果我也能像那样去演讲，那么我面试时就肯定没问题了啊！想到这里，小闵转过身，一眼就看到了那位男生，在那一瞬间，时间仿佛定格了，就如萧瑟的冬风将湖水冻结了一般，因为两个人都被对方深深地吸引住了，两人随即醒悟过来，脸却在寒冷的车上显得是那么红。

"你……你好，我想问一下"，小闵率先开口，"你那个演讲是在哪里举行的，我能参加吗？"。"可以呀，只要想去就可以参加的"，男生显得很热情，"这个活动的名字是魔鬼训练营，好像是智轩教育公司开办的"。"好呀，实在是太棒了，我也想参加，还有机会吗？"小闵道。"这个训练营是每周一次的，下次我和你一起去吧"，男生面带微笑地说，"行啊，那先谢谢你了"，小闵不好意思地说。最后两人互留了电话号码，小闵也头一次感到如此的开心与期待。

到了约定时间，男孩如约地用电话联系上了小闵，并约好一起再次前往参加魔鬼训练营，来到训练营里，小闵发现好多人跟她一样，都是大学生，也都是抱着一颗想突破自己的心来到此。

活动开始了，首先是演讲与口才的培训，每个人都得上讲台做一番自我介绍，过了一会儿轮到小闵了，小闵很害羞，很害怕自己将演讲搞砸了，于是战战兢兢地在下面不知所措，这时，男孩走过来，拍了拍小闵的肩膀，有力地说："你行的，相信自己！"小闵听了之后，受到莫大地鼓舞，终于鼓起勇气，口中默默念起，"你行的，相信自己；你行的，相信自己……"，走上了讲台。

如今，已身为一家大型公司公关部门经理的小闵每当想起这段尘封已久的往事时总是唏嘘不已，感慨道，"如果当初没有那次经历，我现在还不知道在哪里，很感谢那次魔鬼训练营，让我重新认识找到自己"。小闵下班后在公司门口站了一会儿，这时来了一辆轿车，小闵很自然地拉开车门，坐了进去，一看司机，竟然就是那次的男孩，而现在他与小闵是一对甜蜜的夫妻。武汉的雪依旧下得紧，可在小闵心中，这雪不像上次一般那么冷，而是温暖、美丽的。（本文来自百度文库）

【分析】：

此篇教育行业软文，是一篇故事性的软文，下面来详细分析此篇软文的写作：

（1）此篇教育行业软文的标题以"天空的雪花"为题，可是此篇文章并不是一篇描写雪花的文章，所以很容易让读者产生"标题党"的怀疑，但是文章巧妙的地方在于开头、结尾都有提及"雪花"，而雪花是开篇的引子，只要读者将文章读完，就会觉得标题的命名是一个取巧的做法。

（2）文章开头以"天空中飘舞的雪花"，展示主人公在当时孤独、无助的心情，而在结尾以"雪不像上次一般那么冷，而是温暖、美丽的"，展示出主人公在当时内心是非常温暖、快乐的。这样的写作方法既是首尾呼应，又点题，并且还展示出主人公不同的心境，这样的写法也是此篇文章取巧的地方。

（3）文章正文处的内容，关键词只出现了一次"智轩教育公司开办的魔鬼训练营"，而这样的设计却非常独到。因为文章本就与标题不是特别的契合，读者若是看到大量与"广告"相关的词汇，定然会不高兴，从而弃之。所以，巧妙地布置关键词，也是撰写教育行业软文的一种学问。

TIPS：

　　软文撰写者若想撰写出此类教育行业软文，一定要注意关键词铺设的频率，最多铺设3个；若是以第三者的角度来描述文章中的剧情，那么需要软文撰写者把握好主人公的心理变化，这样才能让读者感到真实感并有兴趣继续阅读下去。

11.3.6　【案例】广东商学院学生创业年赚百万

　　下面来欣赏一篇运用了"成功"法则的教育行业软文。

广东商学院学生创业年赚百万

　　广东商学院的一群大学生，在短短一年半内就获得三百万元的资金！在近日举行的第一届"U势界"创业项目大赛上，广东商学院2008届市场营销专业的毕业生颜锦泉代表他的尚客团队与"普派"服饰品牌，从共青团广东省委书记谭君铁的手里接过了特等奖证书与一张300万元的支票。

网售平价西服　低投资高收入

　　颜锦泉回忆，在2008年7月，刚毕业的他和广商04级工商管理江伟民、马昂宇与另外两位高中的同学搭档组成尚客团队。刚开始的3个月，结合团队成员经营面料的家庭背景，他们确定了经营服饰生意。不过，当时国内服装电子商务正处于蓬勃发展时期，这些"学生哥"们怎样才能"杀出血路"来呢？团队成员经过调查发现，目前针对毕业生的求职服饰市场仍是几乎空白，市面上的西服样式老气、尺寸偏大，不能凸显大学生的活力。

　　颜锦泉便由此入手确定了"普派"品牌的市场定位：推出适合大学生风格、时尚而不失稳重的正装服饰，再通过电子商务而非实体店的方式降低产品的成本。"我们做的是电子商务在线销售，需要的人手不多，所以产品成本低、价格便宜，性价比非常高！"颜锦泉还分析道："北京大学调查发现全国大学生花在求职服装上的平均成本接近1 700元，而我们为大学生打造的套装只需要1 000元！"就如在这次创业项目大赛上，颜锦泉身着的这套自创品牌正装面料考究、款式新颖，但整套服装从上衣到鞋子的总体价格却不到500元。

　　因此，颜锦泉总结他的成功经验："大学生创业面临经验不足、缺乏资金、无法与大公司竞争的难题，但可以用'细分市场'这一策略，通过创新来提高竞争力！"

为一颗纽扣忙一晚　　百万所得献公益

如今的普派已在广州的大学生中小有名气，而尚客团队也由最初的5人发展到了100多人，并在北京与上海设立了公司办事处。

尽管生意越做越大，但颜锦泉依然坚持"对用户负责这是重要的，我们的产品绝对层层把关，并且承诺30天无理由退货。"有时为了一颗纽扣的问题，颜锦泉与他的队友可以忙一个晚上。

难能可贵的是，颜锦泉还强调"创业，需要有承担社会责任的勇气！"对于获得300万元资金，颜锦泉准备拿出100万元，从10月15号开始启动"百万衬衫送学子，百场讲座助就业"的全国性大型公益活动，将举行100场求职正装礼仪讲座，并对即将毕业的大学生送出1万件衬衫，用以回馈社会各界对他们创业的鼎力支持。（本文来自浩网赢通软文博客的博客）

【分析】：

此篇教育行业软文，是一篇运用"成功法则"的软文，此文的标题以"学生"、"创业"、"年赚百万"这几个字眼来吸引读者的注意力。下面来详细分析此篇软文的写作：

（1）一般人们都会有一个创业的梦想，因此人们对于"创业"这个字眼是非常敏感的，而对于那些正在创业又遇到瓶颈的读者来说，带有"创业年赚"的标题，是他们所渴望看到的，因为他们迫不及待地想从别人的创业案例中学习到一招半式。

（2）文章的开头就以"广东商学院的一群大学生，在短短一年半内就获得300万元的资金！"让读者一开始就感到惊奇，越发勾起读者想要阅读下文的欲望。

（3）文章以"网售平价西服 低投资高收入"、"为一颗纽扣忙一晚 百万所得献公益"两个"二级小标题"，节省读者阅读的时间，使得读者能快速了解文章中的核心内容。

这两个"二级小标题"可以让读者快速了解到，文章中的主人公是以"网售平价西服"而赚钱的，并且"网售平价西服"是一种"低投资高收入"的一种创意路数，这也算是给读者指出了一条容易赚钱的道路。

接着以"为一颗纽扣忙一晚"来突显出主人公对自己产品的重视感，以及对质量的看重，不放过一点小细节，"百万所得献公益"可以体现出主人公的身价比较富裕，对公益事业的支持。

这些全部都是读者值得学习的，也是促使读者继续阅读的动力。

（4）此篇教育行业软文，将关键词放置在对主人公介绍的方面，以"广东商学院学生"为噱头，将"广东商学院"突显出来。

💡 TIPS:

软文撰写者在运用"成功"法则进行教育行业软文的撰写时，可以多用于"二级小标题"的写作手法，这样便于读者快速阅读文章的脉络，更在最短的时间内引起读者想要仔细阅读全文的欲望。

11.3.7　【案例】北京画室成功案例在新梦想

下面来欣赏一篇运用"自赞"法则的教育行业软文。

北京画室成功案例在新梦想

自古以来，通往高等学府的路都是千军万马涌过独木桥的壮观场景再现。那么，那些数理化文每一科都一般般的人，在这"宏伟"的无声的战场上，如何找到一席之地呢？是不是这些人就必须随波逐流，哪里有空缺，自己就只能是那个补缺的绝不被显现的，那个注定碌碌无为的人呢？其实不然，还是有很多人注意到，除去数理化文这样的基础学科以外，国家还设置了专业学科。比如：艺术类学科就是近几年大家关注的焦点。

就此类考试而言，专业课也占据了一定的比例，而文化课成绩的要求比一般要低些，这就给艺术考生们创造了一定的有利条件，高考美术集训、高考美术集训班等机构便应运而生。而在不胜枚举的考前培训班中，新梦想艺术教育占据着领先地位。

为了弥补在学校中精力不够、专业教师能力参差不齐等问题，很多学子选择了高考美术专业培训班。而全国的艺考培训机构数不胜数，找到一家符合自身实际要求、教学水平较高的培训机构不是一件容易的事。

这时，很多家长和学生便向着聚集优质的教学资源的北京进发，缩小选择范围。然而，北京画室有很多，哪一个培训机构才是名符其实对学生的成绩有帮助的呢？为此，笔者走访了一些求学的考生，他们的回答都是——新梦想艺术教育，说该机构是美术考前培训等艺考教育行业中顶尖的优质品牌，能全心全意地帮助学生实现艺术梦想。那么，新梦想为何能让学生们赞叹不已，其中到底有何缘由？

经过笔者的详细了解，答案其实很简单：因为新梦想科学的管理模式、合理的课程设置、标准化教学等，全方位地保证了教学质量。新梦想艺考起步于2006年，经过8年的不断奋斗，如今来培训的学子遍布全国各地，涉及美术等众多艺术教育专业，且取得了非常突出的成绩，升学率达到了90%以上，共计有10 759名学生受益。

新梦想艺术教育的课程管理体系是经过机构领导与核心教师多年的教学经验、对高考政策的研究而创建的，通过这套体系的科学管控，大大提高了教学效率，这成为该机构在历年高考中制胜的关键要素。

也许有人会质疑：响亮的口号谁都会喊，只有切实的执行与优异的教学成绩才是硬道理。广大的家长和学子们大可放心，新梦想艺术教育标准的教学体系是在实践的严格贯彻落实下构建的，主要体现在教师培训、教学计划、教材选定三个方面，只有将完美的蓝图变为现实，才是新梦想艺术教育助力学子圆梦的有效途径。

据悉，为了方便学生上学，新梦想艺术教育机构从原来的育荣园区搬迁到了现在的北京市朝阳区立水桥立军路甲1号 学员楼4层。

在笔者看来，新梦想教育机构无论是在老校区还是新校址，都是以学生成绩的提高为立足点的，它的办学宗旨不会变，它的教学模式不会变。同样，该机构为梦想插上翅膀的终极目标亦不变。承载着无数学子热切的期望、家长们满满的寄托，新梦想将在圆梦的道路上奋进。

虽说，新梦想艺术教育在艺术教学方面有独到之处，但也是需要家长与学子们去亲身感受与领悟，希望大家在进取的道路上能够选对助手！

新梦想助你梦想起航！（本文来自搜狐教育）

【分析】：

此篇教育行业软文运用"自赞"法则，将"新梦想艺术教育"赞美了一番。文章的结构以"提出'艺术类学科'被人们关注的事实"→"艺考培训机构数不胜数，难选择合适的" →"提出家长选择北京画室，并且赞叹新梦想艺术教育的好" →"赞美、介绍新梦想艺术教育"进行铺设，文章中段与段之间、句与句之间的衔接都比较好，没有突兀的内容出现，说明此篇软文的写作手法非常成功。

💡 **TIPS:**

软文撰写者在进行教育行业软文的撰写时，需要将文章中的内容连接在一起，不要出现前后不搭的现象，一定要承上启下，这样的教育行业软文才能不被读者所厌恶。

11.3.8 【案例】学霸姐遇到"心机婊"，谁笑到最后？真相结局让人笑不出来

下面来欣赏一篇运用了以"情"动人写作手法的教育行业软文。

学霸姐遇到"心机婊"，谁笑到最后？真相结局让人笑不出来

今天是小可进G公司做管培生。G公司是出了名的严格淘汰。

"大家好，我是你们的培训经理，你们叫我阿伟好了。"

话音未落，小可已经听到身边的小美轻轻叫出了声："长腿欧巴，下巴好迷人！"。

小可抬眼过去，身高180cm的阿伟脸庞轮廓分明，侧脸有点像吴亦凡，小可正胡思乱想着，阿伟也正好看过来，双目对视，不知道为什么小可的脸一下子就红了，似乎犯了错一样，不过阿伟很快就看向别人，没有注意到小可的窘态。

才几天，小美和小可似乎是多年的好闺蜜了。一得空她就拉着小可一起，一边说着她打听到的趣事。"阿伟才来公司三年，可业绩超好，还有你知道吗，阿伟还没有女朋友呢！"

"这你也能打听到？"小可惊讶了。

"你心动了吧？不过人家未必能看上你喔！"

"明明是你在打听他的消息！"

"小美，你中午帮我把大家的身份证复印一下，还有U盘里的培训资料也打印给大家。"阿伟是工作狂，吃饭时间也不忘安排任务："记住公司规定双面打印。"

"好的，领导放心，保证完成任务。"

"小可，快来帮我！"

"怎么回事，这打印机和复印机怎么和我们学校的不一样，双面打印不是自动的吗？还有身份证两面要复印到一面，怎么用啊？你会

不会？"。

"好，我来吧！"

"小可，你真是太棒了，这次真亏有你！"

上课前小美一见阿伟："领导，你要的资料弄好了！"。阿伟扬眉扫了一眼："真不错啊，点个赞！你们都要向小美学习！"

"哪里，都是领导教育有方！"小美嘻嘻哈哈客气着，似乎完全忘了小可中午帮忙的事情。

G公司的培训非常严格，可阿伟一刻也不放松："今天晚上写一份培训心得，晚上就得发给我，我明天早上看。"

"小可，你在吗？"小美头像突然闪了一闪："培训心得写好了没有？能不能给我参考一下啊，今天我学校好多事，耽误了。"

"这样不好吧，领导看到我们心得一样，会不会有看法？"

"哎呀，我们是不是朋友？再说了培训心得人人都要交，我觉得阿伟才没有空认真看。"

"好吧！"

"小可，你来一下。"阿伟突然让小可去他的办公室。

"你的总结和小美的一模一样，我想请你解释一下？"

小可一惊，这才想起刚刚小美已经去了阿伟的办公室，她出来时表情复杂地看了小可一眼，却什么也没说。

小可有点慌，说小美是抄自己的，似乎自己做了出卖朋友的人。不说出实情，阿伟肯定误会自己，该怎么回答呢？小可有点嗫嚅了："这个总结，这个总结其实是我……"

突然电话响起，"您好，王总，上次项目的事情我正要给您汇报呢……"阿伟用眼神示意小可先出去做事。

整个下午小可心烦意乱，阿伟会不会以为自己是抄小美的笔记？阿伟是不是问了小美同样的问题？她想问小美，但小美一副若无其事在忙的样子。

事情就这么过去了，但小美被阿伟喊去做事的频率明显高了。

"今天下午3点王总要来公司谈一项合作，你们谁有空做一下会议记录？"阿伟突然走进办公室对大家说。

小美跳起来："我可以！"

角落里的小可不知道哪里来的勇气也站起来说："我有空。"

"你不是安排整理Y总的办公室吗？"小美似乎是好心提醒小可。

小可咬咬牙："我已经做好了。"

"这么快？"阿伟似乎也有点不相信："我看看，咦，真清爽，说说，你怎样整理的？"

"我学过5S整理，我把Y总桌面东西分三类，常用的放桌面，不常用的收纳到抽屉或者档案袋，抽屉内资料放在不同的盒子里，这样很好找，档案袋资料全部加上标签便于检索，另外有些东西积压很久了，我和Y总确认后，全部用碎纸机打碎当垃圾处理，这样办公桌空间就出来了。"

"你居然也知道5S，好，等一下你和小美一起来做会议记录，各做各的，也避免一个人听漏了重点。"阿伟说完就这么走了，剩下小美和小可在办公室，空气中似乎隐约有了一股暗战的味道。

会议结束了，阿伟对小美和小可说："下班前把会议记录整理好。"阿伟突然像想起了什么，有意无意地对着小可说："对了，你们的会议记录分别用邮件发给我。"

小可注意到，小美的表情开始有点不自然。

一进公司，小可就感觉到异样，小美的眼睛红红的。

"小可，你来一下"阿伟把小可喊进办公室。"嗯，你的会议记录做得非常好，信息详细，居然还是结构化记录的，真不像是刚刚毕业大学生的水平。"

小可心里一阵狂喜。

"对了，还有一件事情要和你说。我昨天晚上看到小美的会议记录，只能说是一笔流水账，还记漏了不少信息。幸亏有你，不然耽误事情了。我已经问了小美，为什么会议记录完全达不到她学习总结的水平，她已经告诉我实情了，你不要有心理压力，公司需要你这样能做事的人。"

"谢谢领导！其实小美还是蛮努力的。"

"嗯，公司最看重诚信，小美我已经通知她办离职手续去了。"

"啊！"

"对了，还有一件事情，我很好奇，我发现你待人接物，工作总结，整理桌面，会议记录，包括每次给我发邮件，都表现得很专业，你还是大学应届毕业生，怎么会这么强？学校专门有教吗？"

因为我认识一个人，他有教我。"

"喔，他是谁？"

"他叫秋叶，他在网易云课堂有一门课叫作《和秋叶一起学职场技能》"。（本文来自秋叶）

【分析】：

此篇教育行业软文，运用了"以'情'动人"的写作方法，以友情为基准。下面来详细分析此篇软文的写作：

（1）此篇教育行业软文的标题运用了"流行式标题"的写作手法，以"学霸姐"、"心机婊"来夺取读者的眼球。

（2）此篇教育行业软文是一篇非常有趣的文章，其以"对话"的方式来铺设全文，给读者一种看"情景剧"一样的感觉，很容易感染到读者。

（3）此篇教育行业软文的选材非常巧妙，以"办公室友情"为主题，描述出"在办公室里被自己朋友算计" → "主人公被自己朋友算计后的无奈" → "主人公的工作能力得到展现机会" → "老板发现朋友的不诚实" → "主人公成功被老板赏识" → "老板询问主人公超年纪的知识由来" → "道出核心关键词'和秋叶一起学职场技能'"。

（4）此篇教育软文的结局"他叫秋叶，他在网易云课堂有一门课叫作《和秋叶一起学职场技能》"，让本是一场"职场生存风波"、"友情被冲淡"的主题，突然转为曝光"《和秋叶一起学职场技能》的广告"，就这样点出标题，将"真相结局让人笑不出来"给展示出来。

TIPS:

软文撰写者在进行此类教育行业软文写作时，题材一定要选好，最好是贴近人们的生活，并且标题一定要有新意，这样才能充分地吸引到读者的目光，提高软文的曝光率，并且结尾的出现不要太过于突兀，还是需要衔接前文。

第12章

游戏类软文

软文对于游戏行业来说，应该是一种"家常便饭"的营销手段，并且其软文有写得特别直白的，有运用情感故事的、有借势明星的等写作技巧。

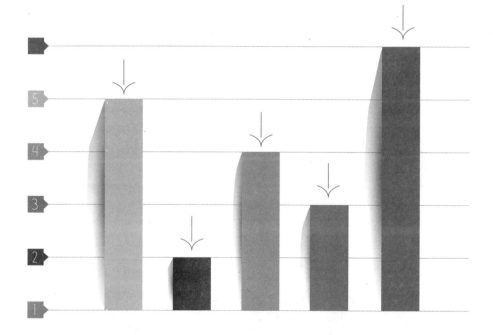

12.1 必须要会的类型

游戏行业软文的类型不多也不少，大体上能分为攻略、曝光、评测3种类型的软文，下面来了解这3种类型的游戏行业软文。

12.1.1 攻略类型

攻略类型游戏行业软文，是指可以为玩家提供一些游戏经验与心得的文字、图片、视频类的教材。一般来说，攻略类型的软文都会在标题上明确"攻略"两字，由此让读者能一目了然地明白文章的类型，如图12-1所示。

《魔法科高校的劣等生》游戏攻略及心得分享

导读：大家在玩游戏遇到了看不懂的图文或是过不去的关卡、不熟练的技巧攻略的时候是不是很着急呢？没关系，游戏攻略吧为你解答。本文给大家分享一……

关键词：PSV攻略，魔法科高校的劣等生攻略

《鬼泣4》任务攻略 隐藏任务解析

导读：《鬼泣4》中除了主线支线剧情以外，还有不少的隐藏剧情，不知道各位玩家们是否知道，为了增强游戏的可玩性。游戏攻略吧今天要告诉大家《鬼……

关键词：隐藏任务，鬼泣4

游戏视频攻略

我的世界故事模式第一章视频攻略 秩序之石视频

自虐症全章节通关视频攻略 精神病的世界是这样

亚尔斯兰战记无双视频攻略 兴夏帕尔斯王国！

图12-1 攻略类型的游戏行业软文

TIPS:

攻略类型游戏行业软文，可以引导玩家特别是新手玩家熟悉并能尽快地对相关游戏进行更多深入了解的文章，或者也可以说是一些玩家自己的游戏心得，与大家一起分享。有些玩家也会称之为游戏秘籍。

12.1.2　曝光类型

曝光类型的游戏软文，是指将还未发行的游戏，体现告知大家，通过将游戏里的特色、亮点、游戏画质一点点的展示出来。其最终的目的是让读者对曝光出来的游戏产生期待心理。

一般来说，曝光类型的游戏软文，会在标题上直接将“曝光”两字体现出来，以此让读者明白所介绍的游戏是还未发行的，也能让读者明白文章的类型，如图12-2所示。

华丽魔幻之作《暗黑之旅》曝光

加关注　收听　关注

导读：Dark Quest《暗黑之旅》是大鱼一款最新的寻物解谜游戏，画面依旧是大鱼华丽的风格。游戏中你从自己的富豪叔叔手中得到一大笔丰厚的财产，可是这笔财产可并没有看上去那么简单，你需要挑选财产中的宝物装饰一座上世纪30年代的古宅。游戏的最大亮点就是昼夜同时存在的魔幻

关键词：华丽魔幻之作大鱼新游《暗黑之旅》曝光　《暗黑之旅》曝光

像素风射击游戏《放马过来》首次曝光

近日，一款2D射击游戏Let Them Come《放马过来》曝光了，游戏画面采用复古像素风格，色调晦暗阴森，结合刺激惊险的射击玩法，可谓是形成极大反差。

网易正式公布魔兽争霸官方对战平台《魔兽争霸3》归来！

北京时间2015年10月14日，网易公布全新魔兽争霸平台，命名为“魔兽争霸官方对战平台”，本平台由网易自主研发，是暴雪官方唯一授权的对战平台。

图12-2　曝光类型的游戏行业软文

12.1.3 评测类型

评测类型游戏软文，是指撰写者对游戏进行测试，然后给予评论和评价，并将评价和自己的游戏体验分析给玩家。

这种类型的软文对玩家、厂商都有不同的作用，如图12-3所示。

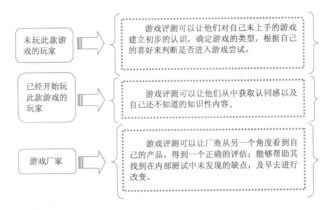

图12-3 评测类型游戏行业软文的作用

一般来说，评测类型的游戏软文，会在标题上直接将"评测"两字体现出来，以此来让读者明白文章的类型，如图12-4所示。

图12-4 评测类型游戏行业软文

《暗黑3：死神之镰》详细点评：晚节保住的暗黑破坏神

3月25日凌晨2点，我们的《暗黑破坏神3》第一部资料片《夺魂之镰》亚服开放了，暴雪早已将所有内容"注入"到游戏本体，所以在那个时段给我们更新了几个补丁就让我们可以随便玩了。

图12-4　评测类型游戏行业软文（续）

12.2　写作技巧

游戏软文的写作技巧其实和其他行业软文差别不大，下面来了解两种常用的写作方法。

12.2.1　借势明星

随着游戏行业的发展，很多的网游公司都将推广范围放到了明星代言上，凭借着明星的名气，来获取大家的目光。

届时，软文撰写者就可以抓住这一点，作为软文撰写题材，并且软文的标题上会突显出明星的名字，下面来看几则借势明星的示例，如图12-5所示。

谢霆锋代言神兵传奇9月27日开放测试

久游网即日于上海总部宣布，由久游网自主研发，改编自亚洲漫画宗师黄玉郎经典系列漫画《神兵玄奇》，中国第一虚幻3网游《神兵传奇》将于国庆强档9月27日全面开放测试（自由注册，无需激活码不删档），由亚洲天王巨星谢霆锋出任《神兵传奇》大中华区形象代言人，首张代言人形象照已同文公布。久游网新闻发言人同时宣布，将于9月20日在上海举办精彩纷呈的《神兵传奇》全球开测盛典，将邀请国内外合作伙伴、媒体、游戏公会代表等千名嘉宾与谢霆锋、黄玉郎共同见证网游次世代巨幕拉开的精彩一刻。

《成吉思汗2》孙俪公主照曝光　邀玩家组队PK

点击评论　[投稿]

2010年网游扛鼎巨作《成吉思汗2》即将于9月10日开启不删档内测，阳光女星代言人孙俪在游戏宣传视频拍摄现场为广大玩家送出祝福，孙俪演绎的是游戏女主角李儿帖，随千古帝王成吉思汗踏向征战世界之旅，也诚邀玩家一起在游戏中组队PK。

周杰伦确认代言《英雄联盟》　将为游戏谱写战歌

爱玩网 > 正文

《英雄联盟》官方网站已于6月20日正式宣布将邀请周杰伦代言，同时也将邀请周杰伦为《英雄联盟》玩家谱写主题曲。

图12-5　借势明星的示例

TIPS:

软文撰写者在运用借势明星的方法撰写游戏行业软文时，需要明星一定是真的代言了游戏，才能撰写相关的内容，不然就是一篇虚假的文章。

12.2.2 节日活动

软文撰写者可以从节假日着手，借助假日气氛，以庆祝、迎接节假日为由，来推出游戏活动，给读者足够的吸引力，让读者能积极参与活动中去，这样就能达到软文的写作目的。

软文撰写者在撰写活动软文时，需要将活动的时间、地点、事件、规则、奖品全部出现在文章里。

12.3 游戏软文写作案例

知识、概念谁都懂，就是当自己动手撰写时，却不知如何下手，抑或是不能达到自己理想中的效果，下面欣赏10篇游戏类软文案例，从案例中了解游戏类软文的魅力以及学习游戏类软文的写作。

12.3.1 【案例】九尾妖狐阿狸，对各中单英雄对线心得

下面欣赏一篇分享游戏心得的游戏行业软文。

九尾妖狐阿狸，对各中单英雄对线心得

前天，写了一个英雄联盟中单阿狸的简明的初级进阶攻略，有不少朋友在回复中探讨阿狸的优缺点，让笔者也有了不少对阿狸新的认识。很感谢各位评论者的帮助与见解分享。在这篇帖子里，我就着重阿狸对线英雄进行分析，而不再对阿狸自身的技能，符文天赋分析了。有需要的朋友可以点这里哟！

对于出装跟对线问题，我相信每一个热爱阿狸的玩家都有自己独到的见解和思路。现在笔者就为大家分享，我玩阿狸时所对线英雄的拙见。纯属个人愚见，欢迎探讨，不喜勿喷。

希望能帮助到更多的新手玩家。我会虚心接受大家的宝贵意见，

以便自身操作，认知的提高。高爆发型的中单英雄一般情况下都挺克制阿狸的，先从最难对线，比较无解的开始。

1. 妖姬：相对于高爆发的妖姬，还是比较压制狐狸的。一个会玩的妖姬出杀人书可以形成雪球效应。基本对线2级左右，阿狸就很难打过妖姬了，4级的妖姬足以单杀阿狸。但妖姬最大的缺点就是推线能力差。注意走位，跟她推线把。不过一定注意自己的血量，因为妖姬是高爆发英雄，你有3/4血的情况下，足以被妖姬一套带走。6级后，推线，游走GANK（偷袭）。

2. 卡特：卡特这个版本依旧是最OP（给力）的中单英雄。打卡特，一般我黄色符文会是护甲。卡特的Q技能是相当容易躲避的，只要不站在小兵身后。如果说技术性的完爆，只能说我也只是个彩笔，6级前尽量压制卡特补兵，推线，然后6级后游走。阿狸的E可以用来打断卡特的大。对线，除非技术性压制，暂时我还没有很好的压制办法。因为BUFF（增益状态）后的操作好的卡特实在无解。不过卡特怕控制，可以呼唤打野爸爸多加照顾。

3. 安妮：如果对线安妮，请务必带魔抗符文。暴力流的阿狸真不够安妮一套秒的。好吧，如果你说你的走位无懈可击，那当我没说。因为不是你一套带走她，就是被她一套带走。一般对线我会先出圣杯或深渊。注意安妮的BUFF层数。一个随时又晕有大的安妮，是很可怕的。对线6级后，血过半请及时回家补给。闪现大招的安妮根本不给你任何存活的机会。安妮没有阿狸机动性强。腿短，相对比较怕GANK。

4. 戴安娜：前期的补兵压制很重要。皎月的R技能CD短，反应快的话Q技能还是很好躲的。皎月是左撇子，起手Q技能的时候它过来的方向你偏右走。Q连不上的皎月就算RE住你，等她ECD结束，可以回头WEQ打她一套。不中皎月的Q其实对线她还是很轻松的。交完Q的皎月基本就是半废没有太高的伤害。所以，躲好Q的阿狸完全可以不虚她。

5. 卡萨丁：相对补兵来说，近战的英雄肯定没阿狸的清线能力强。补兵的同时可以不断A他。前期的卡萨丁补兵是很难的，平A和Q技能可以很好地对卡萨丁做出压制。没大招前的卡萨丁除了Q技能基本没有能伤害到阿狸的技能。圣杯这种赖线的装备还是有必要出的，加上阿狸的被动，打消耗把。

6. 斯维因：乌鸦属于持续伤害型英雄，跟阿狸一样。只是，有蓝BUFF的乌鸦开了R之后回血回蓝。加上W的束缚。被打一套不死也伤。注意走位的话其实阿狸跟乌鸦5.5开，阿狸的R技能可以很好的躲开乌鸦的大。乌鸦的大各种回血，真心让人头疼。对线的乌鸦其实挺少见。

7. 奥利安娜：发条的被动使其平A的技能带有比阿狸更高的法术伤害。所以，千万别跟发条比平A。发条的单挑能力其实没阿狸这么强，所以没R前的发条其实阿狸是一点都不虚的。后期，阿狸可以用R很好的躲开发条的大。

8. 卡西奥佩娅：蛇女的清线能力是不弱于阿狸的，注意躲好QEEE的蛇女，你是耗不过她的。蛇女是很好的团控。注意如果跟蛇女越塔的话，请注意她是否有大。被定在塔下而被反杀可是一件很愚蠢的事情。

9. 维迦：阿狸对线小法的话我觉得一点也不虚。小法对蓝的需求远远高于阿狸。小法的技能非常好躲。一般我喜欢先出水银鞋。前期兵线的压制可以很好的压制敌方的经济。注意小法的E虽然阿狸不虚小法，但是小法依旧还是可以秒掉阿狸的。（本文来自英雄联盟论坛：大冰鸟）

【分析】：

此篇游戏行业软文用游戏心得来吸引读者的注意力，让读者进一步了解游戏里面的人物玩法。并能提升读者玩英雄联盟人物阿狸的操作，让读者能在玩游戏的过程中，知道如何用阿狸去攻打其他游戏里面的英雄，这样的攻略文章，是读者最为喜爱的。

此篇游戏行业软文以数字罗列的方式铺设软文，没有一丝无关紧要的废话，直奔最为核心的、有价值的内容，将它们展现在读者的面前，让读者能快速、直观地学到东西。

此篇游戏行业软文的开头部分以"前天，写了一个英雄联盟中单阿狸的简明的初级进阶攻略，有不少朋友在回复中探讨阿狸的优缺点，让笔者也有了不少对阿狸新的认识。很感谢各位评论者的帮助与见解分享。"来体现出，此篇文章的作者经常撰写此类文章，并且体现出作者在玩英雄联盟上有比较大的造诣，增强了文章的权威性以及读者的信赖度。

💡 TIPS:

软文撰写者在撰写游戏心得类型的游戏行业软文时，一定要放送比较实用、有价值的心得体会，不然读者会产生失望感，甚至会再也不玩文章中所提及的游戏。

12.3.2 【案例】甜蜜惊喜，《恋舞OL》开启双节感恩回馈活动

下面来欣赏一篇以大型节日作为主题的游戏行业软文。

甜蜜惊喜，《恋舞OL》开启双节感恩回馈活动

元宵节的龙灯已然出现在大街上，情人节的玫瑰也已鲜嫩绽放。恰逢情人节、元宵节双节降临！恋舞少不了要给各位小伙伴们准备情人节礼物，赶快带着自己心爱的人一起舞动起来，获得意想不到的浪漫惊喜。

惊喜一：美丽爱情拼出恋舞幸福

玩家可以通过【累计签到】、【充值活动】、【累计在线】、【恋舞币兑换】等方式获得【情意浓浓】和【满分浪漫】2款代表爱情的拼图碎片，和你的爱人一起拼出幸福，获得情人节专属梦幻光效服饰。

惊喜二："浪漫满分"秀出爱情

绚丽的衣服只是基础，要是能再配上情侣徽章岂不是更好！前100名完成拼图活动的玩家即可轻松获得只属于你们的一款情侣主题的限量版光效徽章——粉恋轻风。让彼此更加爱意浓浓，让别人羡慕不已。

惊喜三：温馨情人节 恋舞送甜蜜

爱情是靠日积月累才会更加的甜蜜温馨，所以小恋也准备了累计在线和累计签到活动，除了拼图碎片，还有大量金券、欢乐卡等超值礼物，送High全场。

惊喜四：浪漫情人节 充值得好礼

光羽心动，浪漫的情人节正在进行时。想让你和他在这个夜晚成为最闪亮的明星吗？那么赶紧参与充值活动，除了大量金券、舞团资源等常规奖励，更有拼图碎片、限量版光效翅膀、肩部宠物等情人节专属礼物任你拿！

惊喜五：爱情大转盘 玩转乐不停

相信小伙伴们对幸运欢乐转不陌生了吧！情人节期间，为了大家更好更快地完成拼图游戏，小恋特意在原先兑换奖励的基础上增加了两款拼图碎片，还等什么呢，心动就行动起来吧！

惊喜六：灯明月圆，倾情而动

情人节当天小恋精心为大家准备了情人节专属任务，只需花上短短的几分钟，你就可以获得大量奖励，更可以把【粉恋轻风】和【百花幻想】情人节情侣主题光效徽章带回家。绝对不容错过！

任务一：恋舞情意绵绵

活动时间：2014年2月14日

任务内容

1. 任务条件：2人或2人以上完成2局任意模式游戏局。

   任务难度：简单

   任务奖励：金券*100+情意浓浓碎片*1

2. 任务条件：2人或2人以上完成2局任意模式游戏局。

   任务难度：普通

   任务奖励：金券*150+粉恋轻风*7天

任务二：恋舞欢度元宵

活动时间：2014年2月14日

任务内容

1. 任务条件：2人或2人以上完成2局任意模式游戏局。

   任务难度：简单

   任务奖励：金券*100+情意浓浓碎片*1

2. 任务条件：2人或2人以上完成2局任意模式游戏局。

   任务难度：普通

   任务奖励：金券*150+百花幻想*7天

2013年手机炫舞来啦，寂寞的心灵终于不再独舞，用爱的音符编织浪漫情缘。来吧，舞出最具人气装扮Style！清新萝莉风、成熟女王范、闪亮女孩心中的"男神"，是可爱正太，还是扮帅花美男？随着节奏滑动屏幕，结合舞蹈触击音符，多种音乐玩法满足挑剔的你；港台风、日韩流、欧美潮，随时漫游音乐世界。最重要的是，神马手机都能玩！

《恋舞OL》免费下载：http://www.＊＊＊＊.html（本文来自手机之家）

【分析】:

此篇游戏行业软文，借助元宵节和情人节的气氛来推出游戏活动，文章正文将活动详情一条条地罗列出来，这样的写作形式，便于读者快速阅读文章，也便于文章内容的展现。

这类游戏活动软文，一定要将活动的力度全部展示在软文中，此篇游戏行业软文，能让读者通过文章来了解，自己参与这个活动能得到哪些东西、好处有哪些、活动的时间、活动规则，让读者一目了然地了解活动的全部内容。

在文章的最后，介绍了《恋舞OL》的相关信息，并在结尾处添加了《恋舞OL》游戏的下载链接，这样便于读者快速下载游戏。

TIPS:

软文撰写者在撰写以大型节日作为主题的游戏行业软文时，需要注意的是，文章中的正文内容需要紧扣所借势的节日，千万不要只是在文章的开头或者标题上显示而已，这样能防止文章不出现跑题的状况。

12.3.3　【案例】《六龙争霸3D》评测，见证传说的诞生

下面来欣赏一篇评测游戏行业软文。

《六龙争霸3D》评测：见证传说的诞生

侠之大者，为国为民，多少英雄豪杰置生死于不顾，只为家国天下。现在，你就是那位英雄！六国混战，等待你来拯救自己的国家。《六龙争霸3D》已经开战，如果你是一个资深的国战迷，绝对不容错过，快和小编加入这乱世战火，称霸六国！

《六龙争霸3D》的世界就如同游戏的名字一般霸气十足，视野十分开阔。不论是旷野、山林、村庄还是主城，无一不是建模精致，贴图细腻，CG动画的与4K电影画质的画面并无二致，打破了许多玩家对于手游画面的惯性思维。画面整体的适配与优化做得相当出色，细致入微的人物、大气精致的场景、流畅爽快的动作、主机级逼真光影特效，配上古风悠扬的背景音乐，让人对这款手游一下好感倍增，用户体验极佳。

既然画面这么完美，不禁让人对于游戏的流畅性抱有疑虑。小编在试玩游戏时，即使在人多的地方也丝毫没有感受到卡顿，不过游戏还在测试，小编还未体验到国战。国战肯定人多才好玩，精美的画质加上多人同时在线，这游戏的流畅度究竟如何？小编内心先小小期待一下，一切还是拭目以待。

游戏内现在能够选择的共有四个职业，擅长近身物理进攻的破军、远程物理支援的九曜、还有惯用近身法术的苍龙和远程法术的天煌。各个职业之间相辅相成，配合之后的伤害不容小觑。这么多的选择，总有一个能满足你的喜好。

　　操作方面，《六龙争霸3D》采用了目前动作手游中非常流行的一套系统，左下方是虚拟摇杆来控制方向，右下方是各个功能键进行组合攻击。人物的视角能够进行随意转换，移动时系统会辅助星的自动帮助判定方向，这样的设定既能多角度观看战局，也方便玩家快速选取对象。

　　在攻击上面，技能设定还是值得肯定的，各式各样的招数、技能表现得十分酷炫。游戏攻击的打击感非常强，每释放一个技能，怪物还会有相应的动作回应。不过，就这几个技能也不是很简单就能变身大神，大侠还需勤加苦练。

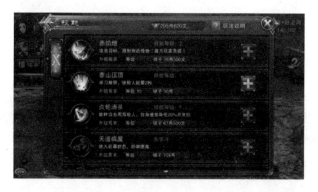

游戏的主要升级路线还是以主线剧情为主，玩家可以获得大量的经验、装备。游修得一身武艺后，也可去参加挑战，其实与副本没有多大差别，但是还是需要玩家具有一定的操作与释放顺序的。二项式装备的升级与玩家技能的升级和同类游戏采用了相同的模式，方便、简单而且快捷。还有许多后续的内容小编还未体验到，但这也正给大家留了悬念，更多敌人和宝藏等待大侠们自己去挖掘！

总体来说，《六龙争霸3D》这款热血国战手游给了我们不少惊喜。3D画面和主机级的视觉效果以及流畅的游戏体验都为这款游戏带来了很好的口碑。游戏将带你进入全新的手游国战时代，通过等级提升、装备精炼、技能升级、招募武将、加入帮会等，一步步成长为一骑当千霸气的将军。还等什么？赶紧一起前往那段英雄还未成英雄的岁月，见证传说的诞生吧！（本文来自游戏多：二喵）

【分析】：

此篇游戏行业软文是一篇评测型的软文，对从未接触过《六龙争霸3D》的读者来说，这样的评测软文能让读者对《六龙争霸3D》建立初步的认识，确定游戏的类型。届时，读者可以根据自己的喜好来判断是否进入游戏尝试。

而对在玩《六龙争霸3D》的读者来说，这样的评测软文可以让读者从中获取认同感以及自己还不知道的知识性内容。

此篇软文虽然文字并不是很多，但是它全面地介绍并以图文并茂的写作手法展示出《六龙争霸3D》的画面质感、游戏人物、操作简单、攻击招数多、游戏升级路线，让读者能简单地通过文字和图片的展示，将《六龙争霸3D》快速了解了一番。

文章还以"还有许多后续的内容小编还未体验到，但这也正给大家留下了悬念，更多敌人和宝藏等待大侠们自己去挖掘！"来鼓动读者自己去挖掘《六龙争霸3D》里的奥秘。

在文章的最后一段，总结性地将《六龙争霸3D》游戏的特点描述出来，进一步推动读者对《六龙争霸3D》游戏的好奇心理。

TIPS:

软文撰写者在撰写评测型游戏行业软文时，最好是运用图文并茂的手法来展现全文的内容，这样既能增强读者的阅读体验，又能增强内容的阐述，让读者能快速、形象地了解游戏的内容、画面。

12.3.4 【案例】唤起爱情回忆，男生制作专属游戏求婚成功

下面来欣赏一篇以爱情故事为噱头的游戏行业软文。

唤起爱情回忆，男生制作专属游戏求婚成功

长期沉迷游戏，总是会忽略身边的家人、朋友甚至是另一半。因此有许多女生强烈禁止自己的另一半玩游戏，认为游戏不仅伤害身体，能相处的时间也会因此而变少。据外媒报道，近来国外一名男生奥斯汀，为女友劳伦设计了一款独一无二的"求婚创意"游戏，劳伦闯关成功后当场感动流泪。

据报道，游戏过程的设计是两人认识交往的点点滴滴，让劳伦能在每一个关卡回忆当时的甜蜜与两人同甘共苦的时光。游戏的玩法与《超级玛丽》类似。

最特别的是，这款游戏在结尾的时候，屏幕秀出字幕"一个人前进太危险了，拿好这个！"

劳伦起初以为只是简单测试一下奥斯汀写的第一款游戏而已，因为他只是个普通的游戏爱好者，并没有接触过游戏的制作。但她瞬间发现这远远不止测试游戏这么简单。当她打通整个游戏的时候，游戏中开始播放当年奥斯汀祖父向祖母求婚的音乐，她也瞬间明白了男朋友的意思。此时，奥斯汀拿出一枚钻戒，向劳伦求婚，"你愿意嫁给我吗？"答案当然是"我愿意"。

许多女网友直呼，"好啦！以后让男友玩游戏，但要设计一款给我才可以！"而不少男网友则对游戏设计师喊话，"帮我设计一个，拜托！"

其实制作游戏并不需要什么"装备"的高技能，男生们并不用求助于他人，完全可以自己制作出一款融入自己情感的游戏作品。

现在很多人把游戏当作一种媒体，来表达自己的喜怒哀乐。游戏不一定是很复杂的战斗系统，哪怕是一个片段、一段剧情，都可以让我们真情流露。

国内知名厂商启云软件推出的免费"零编码"游戏创作软件GameMei（游戏魅），出自游戏魅官网的发布。全程采用可视化操作，通过鼠标点击、拖放、拉伸，即可完成游戏的创作。降低了玩家做游戏的门槛和成本，让更多的人能够参与进来。

其中还包含各种原生态模板近千款，《超级玛丽》、《刀塔传奇》、《捕鱼达人》、《天天酷跑》等经典或热门游戏都能够实现创作，我们完全可以使用GameMei提供的游戏模板，轻松更换图片、游戏文字、背景图，甚至定制关卡，释放自己的创意，快速开发属于自己的游戏。

虽然GameMei是一款简单的游戏制作工具，除了想要做出质量上乘的游戏，它更多是为了满足大家自己创作并与他人分享的热情。（本文来自72G）

【分析】：

此篇游戏行业软文，引用了爱情故事来吸引读者的目光。下面来详细分析此篇游戏行业软文的写作：

（1）此篇游戏行业软文的标题运用了"情感式标题"的写作手法，以"爱情回忆"、"求婚成功"这些字眼，夺取读者内心对爱情的渴望、好奇，就此成功赢得了读者的阅读欲望。

（2）此篇游戏行业软文的开头，从叙述生活现象"女友强烈禁止自己的另一半玩游戏"，到"男生奥斯汀为女友劳拉制作了求婚游戏"，来告诉读者一个道理："游戏也能增进情侣之间的感情"。这样一种先表述生活常态到推翻常态的写作手法，为读者的阅读体验增添了一丝波澜起伏的感觉，不会让读者觉得无趣。

（3）文章以"据外媒体报道"，来彰显出事情的真实性、权威性。

（4）开始介绍"奥斯汀为女友制作游戏"的内容，让读者能通过文字来脑补出劳伦玩游戏的过程、游戏中会出现的关卡，以及劳伦玩通关、被男友求婚的幸福心情，这一切都能能让读者进入文章的情景中。

（5）以"许多女网友直呼，'好啦！以后让男友玩游戏，但要设计一款给我才可以！'而不少男网友则对游戏设计师喊话，'帮我设计一个，拜托！'"作为一个承上启下的句式，为下文引出"免费'零编码'游戏创作软件GameMei"做铺垫，让"免费'零编码'游戏创作软件GameMei"的出现，不显尴尬。

（6）下文就开始介绍"免费'零编码'游戏创作软件GameMei"，充分告诉读者可以自己无门槛地制作"求婚创意"游戏，让读者也能做到为自己的另一半制作独一无二的游戏。这能引起读者对"免费'零编码'游戏创作软件GameMei"的兴趣。

TIPS:

从这篇游戏行业软文中可以学会以下几点：

- 软文撰写者学会在游戏行业软文中运用"情感式标题"，可关乎于亲情、友情、爱情甚至对游戏的喜爱之情。
- 软文撰写者在撰写游戏行业软文时，学会运用故事，将故事里所有表达的情感、感触充分体现出来，让读者在这样的氛围下，阅读"关键词"时，不会去刻意在乎其广告性。
- 软文撰写者在运用故事时，还要保证游戏行业的关键词要与故事相互挂钩才能撰写在一起，不然就会出现内容不切合的情况。

12.3.5 【案例】死亡岛2开发者倾心打造：《猛犸象：岩洞壁画》

下面来欣赏一篇直接介绍内容的游戏行业软文。

死亡岛2开发者倾心打造：《猛犸象：岩洞壁画》

在游戏里是由原先开发《死亡岛2》的成员自己组成的游戏开发工作室，而现在，他们终于公布了自己的处女作——《猛犸象：岩洞壁画》（The Mammoth: A Cave Painting）。

大家都能看得出来，本作的游戏画面中蕴含着一种沧桑感，略带犹豫的格调贯穿始终。这注定是一个漫长的旅程，你将遇到野兽、人类等在那个时代可能会威胁到长毛象族群安危的生物与族群，唯有殊死一搏才能让你博得一线生机。但无论如何，我们在游戏中都会向着希望前进，游戏时会让人潜移默化地感受到仿佛有一股正能量在心底涌动。

该游戏现已上架iOS（网际操作系统）和Android（安卓系统）双平台，玩家可以前往应用商店内免费下载。（本文来自太平洋游戏）

【分析】：

此篇游戏行业软文是一篇直接介绍游戏内容的软文，下面来详细分析此篇软文的写作：

（1）此篇游戏行业软文的标题以"死亡岛2开发者"、"倾心打造"来夺取读者的眼球，这样的标题，特别能引起那些"死亡岛2"游戏的忠实玩家和"骨灰级"玩家的关注。

（2）开篇就直入主题，简易地介绍了《猛犸象：岩洞壁画》的开发背景。

（3）下文以图文并茂的形式将内容诠释出来，将游戏里的画面展现给读者，让读者感受其游戏的画质感，以及游戏本身设定的沧桑之感。

（4）简单介绍游戏的大概理念，让读者了解到此款游戏是一款比较励志、富有正能量的游戏。

（5）在文章的最后，带有提醒的意味，告诉读者现在游戏可以免费下载，这能催动读者去下载、玩游戏的欲望。

TIPS:

软文撰写者在撰写直入主题式的游戏行业软文时，最好是应用图文并茂的写作手法，让读者能通过文字和图片的结合，更加形象地了解游戏、发掘游戏的优点。

12.3.6 【案例】Angelababy来了！10月14日《大战神》直播开始

下面来欣赏一篇借势明星的游戏行业软文。

Angelababy来了！ 10月14日《大战神》直播开始

对，就是今天，10月14日19时整，Angelababy（杨颖）全民粉丝节，在西游网盛大开启！多少大战神们日日夜夜翘首以盼，多少杨家将们痴痴念念望眼欲穿！此刻大家终于汇聚，共享盛世豪礼！下面就让小编，为你盘点这次盛典的多重惊喜。

直播地址： 1. www.****.com

2. http://kan.****.com.

[带你探索，女神闺房小秘密]

直播活动将会直接在Angelababy所在的酒店套房内进行。届时，杨家将、大战神们不仅可以实时目睹女神芳容，更能满足你潜藏已久的好奇心，和镜头一起，带你探索女神的闺房小秘密！女神的房间是否跟我们想象中的一样呢？会不会有一些意想不到的发现呢？赶快登录西游网守候吧！

[和女神一起，打《大战神》游戏]

Angelababy作为《大战神》的首席体验官，这次将和大家一起，体验战斗升级的乐趣！只要你在当天开的服务器，达到60级，就有机会和女神组队一起刷副本！女神带你飞会不会很刺激呢？她真的如外界所说是个狂热的游戏迷吗？答案由你来找寻！心动不如行动，就在今晚等你来战哦！

[打开电脑和手机，立刻与女神零距离]

只要您打开直播页面，成为西游网平台玩家，填写上您的手机号码，就极有可能和Angelababy直接通电话哦！让你亲耳聆听女神的声音！是不是想想就有点小激动呢？赶紧把想要跟女神说的话记下来吧！当然，要保持开机，说不定你就是幸运儿之一呢！如此好的机会，一定要好好把握哦！

[豪礼接地气，每15分钟一部6S送给你]

豪礼不只说说而已！西游网《大战神》最接地气最霸气。从直播一开始，每隔15分钟就会针对登录《大战神》看直播的玩家，送出一部iPhone6S（苹果6S手机）！喜欢玫瑰金？喜欢太空银？都有！咱都有！只要你来看直播，获奖机会多得多！亲，你的闹钟调好了吗？

[女神亲启，游戏终极大福利]

升级太慢？打怪太难？别着急，Angelababy将会在直播中，用那幸运之手为你开启终极大福利！元宝多不多？装备好不好？看了直播，你就知道！

直播活动期间，还有更多豪礼，一波一波奖不停！

今晚19点整，登录西游网，女神Angelababy和你不"战"不散！

《大战神》是西游网2015年度巨作，由Angelababy代言的IMAX级3D ARPG变身页游。不仅有着可以和端游媲美的精良画质，丰富多彩的游戏内容，更在剧情上大胆创新，三国与仙魔的绝妙融合引领出全新的三国传奇。它也是2015年首款首月就能冲爆千服的网页游戏，深受广大玩家的喜爱！

西游网，是目前中国影响力最大的网页游戏运营平台。旗下不仅有由国民女神Angelababy唯一代言的，2015年度最新ARPG魔幻类三国题材大作《大战神》，更是网罗了最新最酷炫最好玩的众多类型的网页游戏，如《雄霸九州》、《琅琊榜》、《天书世界》、《无上神兵》、《佛本是道》、《雷霆之怒》、《众神之神》、《莽荒纪》等。（本文来自新浪游戏）

【分析】：

此篇游戏行业软文是一篇借助明星**Angelababy**的名气，来吸引读者的注意力，下面来详细分析此篇软文的写作：

（1）此篇游戏行业软文的标题将明星搬到上面，非常能吸引到那些知道Angelababy并喜欢她的读者。

（2）此篇游戏行业软文的开头，就交代了活动的时间、地点、事件，让读者能一目了然地快速了解活动的基本信息。

（3）全文分为5个"二级小标题"，便于读者快速阅读文章，也便于文章内容的展示。

（4）文章以"直播Angelababy在酒店套房内玩《大战神》的情形"、"和Angelababy一起打游戏"、"在这次直播活动玩游戏时会放松大礼"、"Angelababy会帮助玩家获得礼物"这些亮点，来催动读者在活动期间进入《大战神》玩游戏。

（5）文章的后半部分以介绍"西游网，是目前中国影响力最大的网页游戏运营平台"来突出《大战神》游戏的制作团队的权威性。

TIPS：

软文撰写者在撰写游戏行业软文时，可以借势明星的名气来进行软文的推广，值得注意的是，内容一定要真实，只要明星真实代言过游戏、玩过游戏才能借势于他们的名气。

12.3.7 【案例】不服来战！《星座萌萌哒2》完美高分攻略

下面来欣赏一篇比较详细的攻略型游戏行业软文。

不服来战！《星座萌萌哒2》完美高分攻略

2015年最Q萌（可爱）的星座消除手游大作《星座萌萌哒2》现已开启火爆内测，很多少男少女们为了拯救星座宝宝，获得高分可谓已经玩得如痴如醉，小编周围也有许多小伙伴询问到底怎么样玩才能获得高分，小编在询问了这款游戏的绝对高手之后，总结了一个《星座萌萌哒2》的高分攻略，分享给大家。

首先大家需要了解《星座萌萌哒2》一共分为三种模式，且听小编——道来。

经典关卡

1. 天下武功，无坚不摧，唯快不破，这也是游戏的第一要点，只要你手指滑动得够快，初级的经典关卡基本难不倒你。

2. 如果出现的星座宝宝不满足过关条件，不用着急，尽快滑到下一波星座宝宝出现，不要在等待过程中浪费太多时间。

3. 关于陨石和夹子，其实是游戏的一大难度设置，这里告诉大家一个秘密，小编喜欢双手左右开弓，一只手一直保持陨石不掉落，这样效果更好且更容易得高分哦。

冒险关卡

1. 冒险关卡最主要的任务就是赚钻石，所以在游戏的过程中尽可能去点击地上的闪亮钻石，一定要把门票钱赚回来（钻石能干嘛？当然用来买更多好玩的道具）。

2. 陨石依旧是会来捣乱的，所以不要因为忙着捡钻石就让陨石掉到地上，这样可就因小失大了，所以切记，陨石一定要接住，不然就浪费门票了。

3. 冒险关卡分初级、中级、高级，越是高级赚取得钻石就越多，但是门票也是好贵的，所以大家根据自己的水平权衡一下，多赢一些钻石哦！

无限关卡

1. 无限关卡顾名思义时间是无限的，只要你水平高超，可以坐着玩到天荒地老！

2. 屏幕上方会有一个连击能力槽，只要连击到一定次数，就会进入疯狂模式，分数蹭蹭蹭就往上涨了，所以要获得高分，就要尽量地去连击保持不断。

3. 一款游戏怎么会没有大怪呢？《星座萌萌哒2》的大魔王就这样深深地隐藏在无限模式当中，点击屏幕中所有能够看到的东西去攻击他吧，打败大魔王会有更多的分数奖励。其实对于小编这样的高手来说真的一点都不难。

再附赠给大家一些游戏的小知识，了解了这些，相信大家想不拿高分都不行啊！

小知识

1. 陨石每次掉落的位置都是随机的。

2. 每一波出现的星座萌物是随机的，同一关卡也会出现不同情况，要是闯不过可以多试几次，这样过关的机会就大大增加。

3. 游戏内的百变道具等对闯关是非常有用的，条件允许的情况下尽量的多使用道具，你会发现闯关非常容易。

4. 经典模式到一定关卡开始，星座宝宝的种类会越来越多，所以要尽可能收集齐12种星座宝宝。

5. 不同的划痕等被动道具对游戏的分数也是有影响的，可以每种都试一下哦。

6. 无限模式中的大怪每过一段时间就会出现，需要提前做好战斗准备。

核心特色

1. 全宇宙超萌 1亿女生都爱的休闲游戏。

2. 星座变身 Q萌形象乐翻天。

3. 酷炫特效 滑动连消忙不停。

4. 大怪乱入 无限挑战赢大奖。

5. 每日占卜 知晓前程运势。

《星座萌萌哒》积极参与超V盛宴金手奖"最佳手机游戏"等各种游戏大奖的角逐，不断提升游戏品质，力求为亿万玩家打造一款Q萌四射的星座手游。（本文来自72G）

【分析】：

此篇游戏行业软文，是一篇游戏攻略类型的软文，下面来详细分析此篇软文的写作：

（1）此篇游戏行业软文的标题将"攻略"体现了出来，让读者能一目了然地知道这是一篇攻略类型的文章，而对于读者来说，攻略型文章是非常有阅读价值的，也是他们提升游戏技术的"开发师"。

（2）此篇游戏行业软文的开篇以"小编在询问了这款游戏的绝对高手之后总结了一个《星座萌萌哒2》的高分攻略"，来体现出此篇软文的阅读价值。

（3）此篇攻略类型的软文的写作非常详细，仔细介绍了游戏中3种模式的玩法攻略，并且运用了比较幽默的形式将游戏玩法展现在读者的面前。

（4）贴心地为读者准备了"小知识"，又进一步增添了读者玩这款游戏的闯关技能。

（5）最后以介绍游戏的"核心特色"结尾，给读者一个玩《星座萌萌哒2》的理由，同时催动读者对《星座萌萌哒2》的玩耍欲望。

💡 **TIPS:**

　　一般来说，攻略类型的游戏软文最好是能够比较详细地将游戏攻略展现出来，不过在展示攻略的过程中，还需要将游戏的亮点给体现出来，最好攻略不要一次性全部都体现出来，还是要留取一些悬念，让读者自己去摸索，或者是分时间段地将游戏攻略道出来。

12.3.8 【案例】虚幻4引擎第一人称竞技：《Heroes Genesis》曝光

下面来欣赏一篇曝光类型的游戏行业软文。

虚幻4引擎第一人称竞技：《Heroes Genesis》曝光

　　一直以来，韩国游戏向来以精细画面著称，而随着重度手游日渐成熟，不少开发商已将游戏的场景转型为3D（三维立体）建模等方式。今天小编从国外媒体得到消息，韩国游戏开发商Studio G9（G9工作室）曝光了新作《Heroes Genesis》（英雄创世纪手游）的部分内容。

　　《Heroes Genesis》中有16种英雄会登场，玩家要从中选择3人来编成分队。队中可操作1名英雄，其他2名就由AI自动控制，玩家也可对AI（人工智能）角色下达指示，也可以更换操作角色。当然也充满了RPG（角色扮演游戏）不可欠缺的培育要素，玩家可通过道具来进行进化与成长。

另外，在战斗中收集能源的话，就可以召唤玩家能搭乘的英雄兵器，据说有着可以颠覆战局的破坏力。而可以用英雄兵器来对战的"英雄兵器对战模式"则还在准备中。

本作大约有200种关卡的"冒险模式"，以及跟AI控制的18种英雄战斗的"PVP模式"（人和人之间的作战），而在正式运营后也会准备大约有100种关卡的"试炼之塔"模式。（本文来自魔方网）

【分析】：

此篇游戏行业软文是一篇曝光类型的游戏软文，下面来详细分析此篇软文的写作：

（1）此篇游戏行业软文的标题就将"曝光"体现出来，特别能吸引那些原本就对《Heroes Genesis》所期待的玩家，而"虚幻4引擎第一人称竞技"就能吸引住那些对手游充满热血的玩家。

（2）开篇就开始介绍《Heroes Genesis》游戏的画面质感以及它的

3D建模，给读者一种此款游戏的玩耍质感一定很棒的感觉。

（3）下文开始以图文并茂的方式，曝光出游戏内的画面以及玩点、游戏特色，让读者对《Heroes Genesis》有了初步的认识，对《Heroes Genesis》有所期待，这就是此篇软文的写作价值。

TIPS:

软文撰写者在撰写曝光类型的游戏行业软文时，需要将游戏的亮点、特点都突显出来，让读者产生期待心理，才是一篇成功的曝光类型的游戏行业软文。

读者意见反馈表

亲爱的读者：

感谢您对中国铁道出版社的支持，您的建议是我们不断改进工作的信息来源，您的需求是我们不断开拓创新的基础。为了更好地服务读者，出版更多的精品图书，希望您能在百忙之中抽出时间填写这份意见反馈表发给我们。随书纸制表格请在填好后剪下寄到：北京市西城区右安门西街8号中国铁道出版社综合编辑部 张亚慧 收（邮编：100054）。或者采用传真（010-63549458）方式发送。此外，读者也可以直接通过电子邮件把意见反馈给我们，E-mail地址是：lampard@vip.163.com。我们将选出意见中肯的热心读者，赠送本社的其他图书作为奖励。同时，我们将充分考虑您的意见和建议，并尽可能地给您满意的答复。谢谢！

所购书名：_____

个人资料：

姓名：_____ 性别：_____ 年龄：_____ 文化程度：_____

职业：_____ 电话：_____ E-mail：_____

通信地址：_____ 邮编：_____

您是如何得知本书的：

□书店宣传 □网络宣传 □展会促销 □出版社图书目录 □老师指定 □杂志、报纸等的介绍 □别人推荐
□其他（请指明）_____

您从何处得到本书的：

□书店 □邮购 □商场、超市等卖场 □图书销售的网站 □培训学校 □其他

影响您购买本书的因素（可多选）：

□内容实用 □价格合理 □装帧设计精美 □带多媒体教学光盘 □优惠促销 □书评广告 □出版社知名度
□作者名气 □工作、生活和学习的需要 □其他

您对本书封面设计的满意程度：

□很满意 □比较满意 □一般 □不满意 □改进建议

您对本书的总体满意程度：

从文字的角度 □很满意 □比较满意 □一般 □不满意
从技术的角度 □很满意 □比较满意 □一般 □不满意

您希望书中图的比例是多少：

□少量的图片辅以大量的文字 □图文比例相当 □大量的图片辅以少量的文字

您希望本书的定价是多少：

本书最令您满意的是：

1.

2.

您在使用本书时遇到哪些困难：

1.

2.

您希望本书在哪些方面进行改进：

1.

2.

您需要购买哪些方面的图书？对我社现有图书有什么好的建议？

您更喜欢阅读哪些类型和层次的计算机书籍（可多选）？

□入门类 □精通类 □综合类 □问答类 □图解类 □查询手册类 □实例教程类

您在学习计算机的过程中有什么困难？

您的其他要求：